사랑의 사도
로버트 채프만

사랑의 사도
로버트 채프만

로버트 피터슨 저자
정태윤 역자

Robert CHAPMAN
Apostle of Love

by Robert L. Peterson

Copyright © 1995 Robert L. Peterson

Published by Lewis & Roth Publishers
PO box 469, Little CO 80160 U.S.A
www.lewisandroth.com

All Right reserved

Korean Translation Copyright © 2014 T. Y. Chung(정태윤)

본 저작물의 한국어판 저작권은 번역자에게 있으며 한국 내에서 보호를 받는 저작물이므로 무단 전재와 무단 복제를 금합니다.

목 차

머리말 / 7
감사의 표시 / 9
추천사 / 11
연대표 / 12

1장: 긴 생애의 조감 ···15
2장: 로버트의 성장 ···21
3장: 새로운 인생의 입구 ···31
4장: 데번 사역의 개발 ···45
5장: 반스터벌 교회로부터 청빙 ·····························51
6장: '에벤에셀'에서의 초기 생활 ···························69
7장: 어려운 결정들, 경건한 선택들 ·····················81
8장: 스페인에 대한 부담감 ···································91
9장: 베어 스트리트 채플, 활기를 띠어가다 ······101
10장: 채프만의 봉사관(奉仕館) ···························111
11장: 개인 습관 ···121

로버트 채프만

12 장: 아일랜드내의 긴 전도 여행 ·····································127
13 장: 채프만 화목을 시도하다 ·····································149
14 장: 쉬지 않는 복음 전도자 ·····································169
15 장: 오랜 세월의 친구 ·····································183
16 장: 그는 언어(言語)를 바르게 사용하는 길을 안다 ··········195
17 장: 사랑의 사도 ·····································205
18 장: 친구들과 지인들 ·····································223
19 장: 본질적 교리와 비본질적 교리 ·····································235
20 장: 그의 생애의 최고의 날들 ·····································253
21 장: 로버트 채프만의 유산 ·····································269

부록 A: 채프만의 가계 / 275
부록 B: 에번스, 뮬러, 그로브스, 크레익, 패지트 / 281
Notes / 296

머리말

19세기 영국의 한 구석진 곳에서 로버트 C. 채프만이라는 탁월한 사람이 하나님을 섬겼다. 그는 마땅히 주님께 향해야할 관심의 촛점이 자신에게 돌려지는 것을 원치 않았기 때문에 의도적으로 관심의 대상에서 벗어나려 하였다. 그럼에도 불구하고 그가 인생을 마치는 때가 가까웠을 때, 그의 위대한 사랑과 지혜와 긍휼이 온 세계에 알려지게 되었다.

채프만 시대 지도자들은 미래에 출판될 것을 예상하고 매일 일기를 기록한 것이 통상이었지만, 채프만은 일기를 기록하지 않았을 뿐 아니라 그가 받은 거의 모든 편지들을 소각해 버렸다. 그는 자기 사진을 오직 한 번만 찍도록 허락했으며, 그것도 그가 이미 90세가 넘은 때였다. 그의 모습이 찍힌 불과 몇 개의 스냅사진이 남아있을 뿐이다. 심지어는 채프만이 별세했을 때 그의 생애를 정리하여 사망기사를 작성하려는 지방 신문기자 조차도 어려움을 겪었다고 한다. 이런 사실은 오랜시간이 흐른 후 입증 되었다. 1902년, 그의 별세 직후 불과 몇 개의 추모 기사들이 출판되었을 뿐, 그의 일생에 관한 기록은 짤막한 것 밖에는 없었다.

로버트 채프만

이러한 이유들 때문에 그의 인간적인 모습을 밝혀내려는 전기 작가들이 상당한 어려움을 겪고 있다. 그는 참으로 그가 이끌어 온 사람들의 지도자임과 동시에 그들의 종이기도 했다. 전기작가는 채프만의 영광을 드러내기 위해 그의 약점들을 덮어두려는 유혹을 극복해야할 것이다. 그러나 채프만 생애의 약점들은 너무 미소한 나머지 정직한 전기작가의 글은 그저 너무 좋게만 들릴 수도 있다. 대다수의 증언에 따르면 채프만은 놀라울 정도로 성스럽고 사랑이 많고 겸손한 사람이었다. 그는 참으로 그리스도를 따르기 원하는 모든 사람의 탁월한 모범이다. 하나님의 교회 안에서 그보다 더 균형 잡힌, 자비가 많은 사역자를 발견한다는 것은 결코 쉬운 일이 아니다.

그의 시련과 승리의 생애를 따라 가다보면 우리는 그의 주위에 있었던 많은 멘토와 동료들과 대적들과 형제회 운동 그리고 그가 살았던 문화 등을 접하게 될 것이다.

감사의 표시

나는 본문에서 각주(脚註)를 사용하지 않기로 결정하였다. 그러나 책 말미에 내가 사용한 자료들의 목록을 첨가하였고 몇 개의 참고자료들도 추가하였다. 본 전기에 포함된 내용의 절반 정도는 주로 회고록들과 이전의 전기들에서 발췌한 것들이다(참고 번호 1-7). 나는 또한 채프만과 직접 안면이 있었던 어떤 사람의 부모, 조부모, 혹은 친척들로부터 새로운 자료를 얻었다. 예를 들면, 루스 모리쉬, 조이 쉐프렌드, 모니카 쉐프렌드, 찰스 프레이저 스미드 및 더글러스 터너 등 모두 반스터벌 출신의 사람들이다. 반스터벌에 사는 윌리엄 모우스 내외분이 에벤에셀 교회의 초기 기간 동의 많은 자료를 제공해 주었다.

채프만이 초기에 교제를 가졌던 형제회에 관한 많은 자료들이 맨체스터에 위치한 존 라이렌드 대학 도서관에 소장되어 있었기에 데이비드 브레디 박사의 도움으로 많은 정보를 얻을수 있었다. 초기 형제회 역사를 저술한 두 분, 헤롤드 로우든 박사와, F. 로이 코우드와 그들의 저서들에서도 많은 도움을 얻을 수 있었다. 프랭크 홈스는 그가 저술한 전기 "참된 형제"라는 책의 제 2판에 포함하지 못한 많

로버트 채프만

은 자료들을 제공해 주었다. 영국 횟드비에 소재한, 횟비 박물관의 횟드비 문학 및 철학 학회, 존 게스킨 씨와 헤롤드 브라운 씨도 채프만의 가계 족보와 그의 가족에 관한 많은 상세한 정보들을 제공해 주었다. 횟드비의 교구 목사 B. A. 합킨슨 씨도, 횟드비 지역에 있는 접촉할 분들을 위해 도움을 제공해 주었다. "횟비의 프렌드 종교협회"의 E. 델 시웰과 스텔라 시웰도 채프만 가계 중 퀘이커 관계 배경에 대한 정보들을 공급해 주었다. 영국 바이드포드에 거주한 M. J. 윅스 씨로부터, 1851년 데본 시에서 실시한 종교인구 조사에 관한 정보를 얻게 되었다. 아이오와 드뷰크 소재, 엠마오 성경 대학의 데이비드 멕로이드 박사도 참고 자료들을 공급해 주었다.

알렉스 스타라우크는 특별히 이 책을 쓰도록 격려를 해주었다. 그가 저술한 "성서적 장로직"(Lewis & Roth, Denver, 1987)은 지역 교회의 지도자 역할에 관하여 성서적 근거들을 자세하고 새롭게 제공하고 나는 이 책이 경건한 지도자 상을 알기쉽게 보여줄 수 있으리라고 생각한다.

이 책을 저술하는 과정에서 내가 도움을 얻은 위에 기록한 분들과 그 외의 모든 분들에게 깊은 감사를 드린다.

나의 아내 제인은 이 책을 위한 자료 연구에 함께 수고한 나의 동역자이다. 내가 이 책을 집필하는 기간 내내 아낌없는 격려를 보내준 나의 아내에게 특별한 감사와 사랑을 표하는 바이다.

로버트 L. 피터슨
콜로라도, 볼더, 1995

추천사

본인이 저술한 『로버트 채프만』 전기를 한국어로 번역하는 일에 참여하신 우리의 사랑하는 형제 정태윤 목사의 사역을 인하여 기쁨을 표합니다.

이 전기를 통하여 영적 성장의 기회를 갖게 되는 한국 독자들을 축복해 드리는 것을 큰 영광으로 생각합니다. 독자들께서는 예수 그리스도의 발자취를 따라 살았던 위대한 종 로버트 채프만과 그의 생애를 통하여 많은 것을 배우게 되시리라고 믿습니다. 하나님께서 모든 독자들과 이 책의 출판을 도우신 모든 분들도 축복해 주시며, 로버트 채프만의 믿음의 삶을 닮기 원하는 소원을 갖게 되기를 기도합니다. 여러분 모두의 신앙 여정에 예수님의 형상이 이루어져 가기를 진심으로 바랍니다.

로버트 L. 피터슨

연대표

1730 년대	조지 윗필드와 존 웨슬리가 옥외(屋外)설교를 시작함
1780 년	주일학교 운동 시작
1783 년	엘리자베드 패지트 탄생
1785 년	제임스 해링턴 에번스 탄생
1789 년	프랑스 혁명 시작
1793 년	영불 전쟁
	윌리엄 케리 선교사 인도를 향해 출발
1795 년	안토니 노리스 그로브스 탄생
1796 년	윌리엄 헤이크 탄생
1800 년	존 넬슨 다비 탄생
1803 년	로버트 C. 채프만 탄생
1804 년	영국 및 해외 성경 선교회 조직
1805 년	조지 뮬러 탄생
	헨리 크레익 탄생
1818 년	존 스트리트 교회 건설
1823 년	로버트 C. 채프만 중생
1825-1830 년	영국 남서부와 아일랜드 지역에서 형제회 운동 시작

연대표

1832 년	로버트 C. 채프만, 반스터벌로 이주하여 에벤에셀에서 사역시작
	조지 뮬러와 헨리 크레익, 브리스털에서 사역 시작
	J. 허드슨 테일러 탄생
1834 년	로버트 C. 채프만, 제1차 스페인 선교여행
	찰스 스펄전 탄생
1838 년	로버트 C. 채프만, 제2차 스페인 선교여행
	에벤에셀 교회가 특수 침례교로 전향됨
1842 년	베어 스트리트 교회 건설
1845 년	플리머스 회중에 문제가 야기되기 시작함, 존 넬슨 다비 새로운 교회를 시작함
1848 년	로버트 C. 채프만, 아일랜드 지역 도보 선교여행
1849 년	형제회 운동이 두 계열로 분열
1850 년	제임스 해링턴 에번스 사망
1853 년	안토니 노리스 그로부스 사망
1854 년	J. 허드슨 테일러 최초로 중국에 도착
1856 년	베어 스트리트 교회, 주중 학교 시작
1863 년	엘리자베드 패지트 사망
	헤이크 가정, 반스터벌로 이주
	로버트 C. 채프만, 제3차 스페인 선교여행
1865 년	J. 허드슨 테일러 중국 내륙 선교회(CIM) 창설
1866 년	헨리 크레익 사망
1871 년	로버트 C. 채프만, 마지막으로 제4차 스페인 선교여행
1882 년	존 넬슨 다비 사망
1890 년	윌리엄 헤이크 사망

로버트 채프만

1892 년　　　찰스 스펄전 사망
1898 년　　　조지 뮬러 사망
1902 년　　　로버트 C. 채프만 사망

1
긴 생애의 조감

한 노인이 동행하는 분의 손을 붙들고 매일 반스터벌 거리를 걷는 운동을 하고 있었다. 그가 걷는 총총걸음을 보면 젊은 시절 한 때 영국 남서부의 시골지방을 종횡무진하던 인물의 모습이라고는 발견할 수 없었다. 그를 만나는 마을 사람마다 "안녕하십니까, 채프만 목사님"하는 것이 그들의 통상 인사가 되었다. 로버트 클리버 채프만은 그들의 인사를 따뜻하게 맞아주며, 때로는 몇 구절의 성경 말씀으로 대답해 주기도 했다.

지난 70년 동안, 그는 반스터벌 지역의 산골과 마을들을 돌아다니며 목양 사역을 했다. 그는 인내와 겸손으로 그가 섬기는 사람들의 종이 되었다. 채프만의 영향을 받은 많은 선교사들 중 한 분은 그에 대해 다음과 같이 기억하고 있다. "나의 할일은 내가 다른 사을 사랑하는 것이지, 다른 사람이 나를 사랑하기를 바라는 것이 아니다."

채프만의 생애에 관한 모든 이야기가 가지고 있는 "사랑"이라는 말은 그가 삶을 바쳐 돌보고 헌신하는 그의 태도를 의미하고 있다. 그가 이해한 그리스도인의 사랑이라는 개념은 매우 소수의 사람들만이 동일하게 가지고 있을 뿐이다. 그의 생애는 그리스도께서 주신 새 계명 "내가 너희를 사랑한 것같이 너희도 서로 사랑하라"(요 13:34)는 말씀을 반영하고 있다. 이 말씀은 바로 참 기독교의 심장이다.

로버트 채프만은 19세기 영국의 가장 존경받는 그리스도인들 중 한 사람이었다. 그는 브리스틀에 큰 고아원을 세워 운영했던 조지 뮬러의 평생 친구이자 멘토가 되었다. 그는 또한 J. 허드슨 테일러의 사역 상담자가 되어서 중국 내륙 선교회의 문제들을 해결해 주는 고문 역할을 했다. 그는 찰스 스펄전과도 친밀한 사이였고, 스펄전은 그를 "내가 아는 가장 성자다운 분이다."라고 평했다. 채프만의 집에서 하룻밤을 지낸 한 성공회 사제는 다음과 같은 기록을 남겼다. "나는 처음으로 로버트 채프만의 성경해설을 듣게 되었다. 그가 본문 주제를 다루어 갈 때, 내게는 깊은 바다가 서로를 부르는 소리같이 들렸다. 나는 그의 강의를 기록하지 않고 있었기 때문에 남은 것은 오직 나의 마음속에 깊숙이 박힌 그의 강력한 인상이 전부였다. 그러나 그가 성경책을 덮을 때쯤, 하나님의 지식에 관해 나는 거인 앞에 선 갓난아이와 같은 느낌이었다."

긴 생애의 조감

　부유한 가정 출신으로 명석했던 채프만은 특권층이 누릴 수 있는 여러 가지 삶 중 하나를 선택할 수도 있었다. 그러나 그는 가난의 삶을 선택하였다. 그는 가난하고 무식한 사람들과 함께 일하면서 살기를 원했다. 자신들을 사랑하는 이 한 사람에게서 그리스도의 사랑을 목격한 사람들은 훨씬 쉽게 복음을 받아드릴 수 있었다.
　채프만의 생애를 추적해 보면, 우리는 먼저 조숙한 한 아이를 보게 된다. 그 다음, 하나님을 찾으면서도 판단하는 10대 소년을 보게된다. 10대에 그는 변호사가 되도록 런던에 보내졌다. 거기서 그는 주님을 만나게 된다. 그가 회심한 후, 영국 성공회에서 갈려져 나온 한 목사로부터 훈련을 받는다. 채프만은 런던의 빈민가에 살고있는 ─ 이 빈촌은 몇 년 후 찰스 디킨스가 소설에 다룬 곳이다 ─ 빈민들의 복지에 깊은 관심을 갖게된다. 조그마한, 말썽 많은 한 시골 교회의 담임목사로 청빙을 받았을 때, 그의 나머지 생애를 영국의 한 이름 없는 시골에서 보내기 위해 상당한 재산과 전문직, 그리고 성공 가능한 모든 것들을 뒤로하고 떠났다.
　우리는 그가 성숙하지 못한 몇 명의 그리스도인들을 데리고 사랑과 본을 보이며, 그들이 성숙해 가도록 몸부림치는 모습을 본다. 그는 자기와 비슷한 신념을 가지고 신앙생활을 하려고 하는 많은 남녀 성도들의 신앙운동 속에서 자신의 모습을 발견하게 된다. 그러나 얼마 후, 그는 이 귀한 운동이 내부적인 문제가 생기자 슬퍼했고, 처음의 사랑과 열린 마음들이 사라져 가는 것을 목격하게 되었다. 그는 갈라져 나가는 것을 막을 수는 없었으나, 분열의 양쪽 사람들로부터

로버트 채프만

다 존경을 받는 몇 사람 중 하나로서, 상처받은 영혼들과 피해당한 회중들을 치유하도록 부탁을 받게 되었다.

그는 선교사들을 위한 선교사가 되었다. 그의 집은 지치고 낙담한 사역자들을 위한 안식처가 되었고, 쉼 없는 상담과 격려, 그리고 그가 사랑하는 말씀으로 그들을 치유해 갔다.

로버트 채프만은 탁월한 웅변가는 아니었지만 훌륭한 설교자가 되었고, 저명한 신학자는 아니었으나 철저한 성경 학생이었다. 그는 유명한 찬송가 작가는 아니었다. 하지만 아직도 많은 사람들이 그의 작품을 부르고 있다. 도대체 채프만이 그 시대에 그처럼 사랑을 받고, 효과적인 사역자가 되었던 이유는 무엇인가? 실로 간단하다. 그리스도께 바친 그의 전적인 헌신과 그리스도를 위해 살겠다는 그의 결의에 있다. 이것들만이 그의 생애의 원동력이었고 오직 이것들로부터 그의 다른 특성들이 흘러나왔다. 그의 균형잡힌 인생관과 채프만하면 곧 떠오르는 그의 진정한 사랑. 그 대가로 사람들은 그를 사랑했고, 하나님께서는 그에게 건강한 장수와 마음의 평안을 허락하셨다.

긴 생애의 조감

몇개 되지 않는 채프만의 사진들 중 하나

채프만 가문(家門)의 뿌리: 영국 휫비 근방

그러나 채프만의 마음의 고향은 반스터벌이다.

로버트 채프만

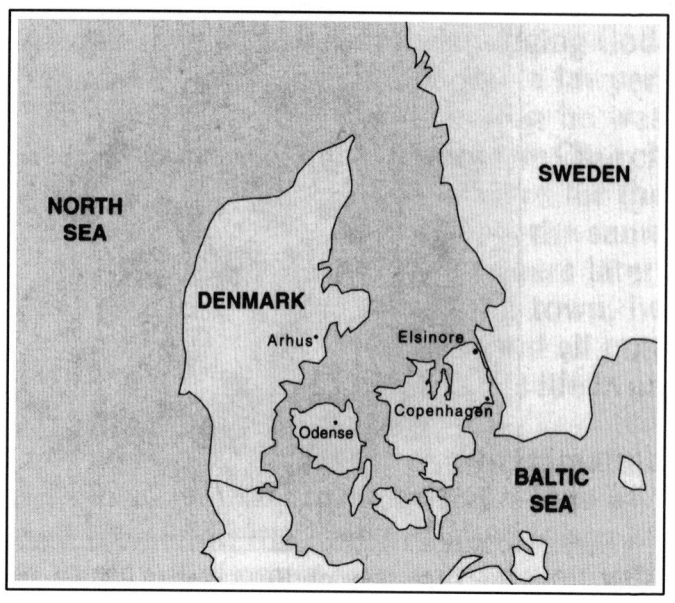

채프만의 부모는 영국인이었지만, 그의 출생지는 덴마크 엘시노어였다.

2

로버트의 성장

로버트 채프만을 성인 시절에 알게된 사람은 그가 사실은 대단히 부유한 집안 출신이라는 것을 알고 놀라게 된다. 채프만 가문은 노스 욕사이어의 휫비 지방에서 수 세기 동안 토호(土豪) 집안이었다. 그들의 생계는 바다에 있었고, 해양업은 그들에게 부와 권세를 안겨주었다. 그 가문의 사람들 중 더러는 다른 직업으로 나간 사람들도 있었다. 하지만, 로버트 클리버 채프만의 경우와 같이 복음 사역의 길을 택한 사람은 아무도 없었다.

    1803년 1월 4일, 로버트는 모두 10명의 자녀 중 6번째 아들로 태어났다. 그의 출생 시, 그의 부모 토머스와 앤은 덴마크의 엘시노어 (현재 Helsingor)에서 살고 있었으며, 그의 아버지는 번창해 가는 사업을 경영하고 있었다(아마 무역상을 하고 있었던 같다). 그들은

로버트 채프만

넓고 정교하게 치장한 대저택에서 살고 있었다. 수 많은 하인들이 가사를 돌보고, 큼직한 마굿간, 가문의 휘장을 부착한 마차 등은 그들이 살았던 욕사이어 삶을 상기시켜주고 있다－욕사이어는 채프만 가문의 중심지였다(부록 A 참조).

모친이었던 앤은 의지가 강하고 지성적인 인물이었던 듯하다. 아이들이 약 10살이 될 때까지 어머니가 가정교육을 시켰다. 물론 가정교사들이 아이들 교육을 담당할 수도 있었지만, 앤은 돈과 재물이 중요한 부분을 차지한 이 가정에서 문학과 학문에 대한 자신의 사랑을 아이들에게 직접 주입시켜주고자 했다.

예상대로 그의 생애가 진행되었더라면, 채프만은 생계를 위해서 일할 필요가 없는 젠틀맨(유산계급의 무직자)으로 살 수 있었을 것이다. 또한 그의 인생 전부를 그의 많은 조상들이 그랬던 것처럼, 지적 활동이나 예능활동 등에 전념하면서 상류 계급들이 사는 방식으로 살 수 있었다. 그러나 하나님께서는 그를 향한 다른 계획을 가지고 계셨다.

어렸을 때부터 조숙했던 로버트는 자주 시인이 되겠노라고 말했다. 그의 소망은 훗날 그의 찬송가 작사나 산문 등에 반영되었다. 그는 쉴새 없이 책을 읽었고, 식구들은 그가 너무 과다한 책벌레라고 생각했다. 그가 10살때, 그의 부모는 프랑스 출신 로마 가톨릭 사제를 가정교사로 고용하여 언어와 문학 분야를 교육시켰다가 결과를 보면, 이 가정교사는 상당히 유능한 선생이었던 것 같다. 로버트의 부모가 로마 가톨릭 사제를 1-2년간 가정교사로 청빙한 것을 보면,

로버트의 성장

그들은 아마 기독교에 대해서는 깊은 분별력이 없었던 것 같다. 아마도 이 사제는 자신의 학생과 종교문제를 다루었던 것 같다. 왜냐하면 로버트가 15세에 집을 떠날 때, 그는 성경에 대해 알고자 하는 강한 마음을 가졌기 때문이다. 종교가 그의 가정에 주요 관심사는 아니었으나, 로버트는 그의 초년기에 성공회, 로마 가톨릭교, 퀘이커교의 영향을 받은 듯하다.

그의 어머니에 대한 사랑은 극진하여 훗날 그는 말하기를, 나의 어린 시절 어머니만 내 곁에 있으면 나는 아무것도 바랄 것이 없었다고 회고한 바 있다. 아마도, 그의 어머니는 특별히 이 아이를 사랑했던 것 같다. 로버트에 대해서 그의 어머니는 한 친구에게 다음과 같이 말했다. "로버트는 항상 열정이 있었어. 문학이나, 음악이나, 그가 손을 대는 것은 무엇이든지 간에 열정을 다 했지." 그러나 다른 식구들은 이 부지런한 꼬마를 다음과 같이 혹평하곤 했다. "로버트는 훌륭한 철학자야! 다른 데는 쓸모가 없어." 이들의 혹평은 당연히 그에게 많은 영향을 미쳤고, 그는 더욱 더 어머니에게만 매달리고 책에만 깊이 파묻혀 갔다. 그리고 점점 가계의 물질적 관심에서는 멀어져 갔다.

그의 관심분야에 대한 근면성, 진지함, 그리고 열정은 그가 성장해 감에도 불구하고 사라지지 않았다. 10대에 접어들면서 그는 언어에 뛰어난 재능을 보였다. 그는 한 언어를 통달할 때까지 공부를 중단하지 않았다. 영어, 네덜란드어, 프랑스어를 모국어처럼 자연스럽게 구사할 수 있게 되었다. 이 언어들은 토마스 채프만 집안에서 일상 사용하는 언어들이었기 때문이다. 그는 또한 독일어와 이탈리아어에도 능통했다. 가정교사가 도움이 되었던 것 같다. 그가 중생한 후 그는 히브리어와 헬라어를 공부하여 원어 성경을 읽을 수 있게 되었다. 그가 스페인 선교사역에 흥미를 갖게 되면서, 그는 스페인어와 포르투갈어 공부에 전념하여 결국 그 언어들을 유창하게 구사할 수 있게 되었다.

앤 채프만의 소원이었던 문학에 대한 그녀의 사랑이 그 아들에게 성공적으로 전수되었다. 로버트의 성년 시기에 그를 아는 사람들은 그의 뛰어난 문학 실력에 놀라곤 했다. 사실 그는 15세 이후 따로 정식으로 문학 공부를 한 적은 없었다. 그는 특별히 이탈리아 문학을 좋아했다. 그가 어른이 되었을 때, 이탈리아의 위대한 화가이자 조각가인 미켈란젤로의 소네트(14 행시)를 아래와 같이 유창하게 영어로 번역하였다.

폭풍의 바다 위를 항해하는 나의 인생은
가냘픈 범선에 실려, 모든 인생이 다 같이 돌아가는
종착을 향해 다가가고 있구나.
다른 이들과 같이 나도 곧 하선하리라.
무덤 속으로 말이다. 그때, 내게 남는 유익은 무엇인가?
펜인가, 끌인가? 가장 높은 제왕(帝王)의 예술인들 무슨
유익이 있는가?
내 어찌, 죄의 삯을 요구하시는 하나님의 공의를 되돌려

로버트의 성장

무력한 내 영혼의 편을 들어서, 죄책의 사함을 받을 수 있을까?
성인들도 천사들도 내게 구속(救贖)을 공급하지는 못하는구나.
나의 눈앞에 놓인 두 개의 사망으로부터 말이다. 첫째는
내 눈앞에 놓여있는 것이고, 두 번째는 나의 마땅히 받아야할
운명이다.
그러나 십자가 위에서, 죄인이 받은 것은,
하나님의 아들의 넓게 펴신 팔이로다.
오, 그분은 나의 부르짖음을 들으시도다.
나는 그를 바라보고, 사망을 이기는 승리를 얻었도다.

상황(狀況)이 변화되다

로버트가 10대의 나이로 접어들었을 때, 덴마크는 프랑스 편에서 나폴레옹 전쟁을 돕고 있었다. 그 전쟁의 여파로 로버트 아버지의 사업은 기울어져 가고 있었다. 영국과 전쟁을 하는 동안, 나폴레옹은 그의 통제하에 있는 모든 항구들에게 영국과의 교역을 금지하는 대륙 봉쇄령을 내렸다. 이 조치로 인해 채프만 사업이 망하게 되었는지는 확실치 않지만, 채프만 가문은 큰 손실을 입고 사업을 정리하게 되었다. 덴마크의 장래는 대단히 어두운 편이어서, 토머스와 앤은 다시 영국 요크서로 귀환하였다. 물론 토머스 가문 사업이 절망적으로 망한 것은 아니지만, 그의 가정은 이전 생활수준을 유지할 수는 없었다. 이 사실이 로버트의 생애를 바꾼 결정적 계기가 되었다.

로버트 채프만

요크셔에 소재한 대학 예비학교에 등록한 로버트는 그의 뛰어난 언어 재능과 문학에 대한 사랑을 나타내기 시작하였다. 그때까지도 시인의 길을 꿈꾸고 있던 로버트는 독서와 집필과 학문적 작업에 전념하기로 결심했다. 그러나 이미 크게 기울어진 집안 형편탓에 그는 더 이상 귀족적 생활을 유지할 수가 없게 되었고, 생활전선에 뛰어들어야만 했다. 그는 무역업이나 상업에는 조금도 마음이 가지 않았다. 당연한 코스로 여겨졌던 옥스퍼드나 케임브리지에 등록했다면 그는 어렵지 않게 입학되었을 것이다. 토머스 채프만의 가문은 상류사회와 줄이 잘 닿아 있었고, 그의 집안은 성공회와 다시 인연을 맺었다. 이러한 연줄은 그 당시 입학에 결정적 요소가 되었다. 그것은 아마도 채프만 가문이 이전부터 맺어온 퀘이커교와의 관계에 문제가 될 수도 있었을 것이다. 채프만 가문은 로버트가 문학을 추구하는 것 보다는 법률 분야로 진출하기를 선호했던 것 같다.

결국 로버트는 15세에 고향을 떠나, 1818년 런던에 도착하여 5년 간의 변호사 견습수업을 시작하였다. 그 당시 영국에서는 이런 이른 나이에 집을 떠나 전문분야를 익히기 시작하는 것이 드문 일은 아니었다. 로버트는 지적으로 나이보다 성숙했고, 고향을 떠나 삶을 꾸려갈 준비가 충분히 되어있었다. 채프만 가의 다른 가족들이 런던 주변에 흩어져 살고 있었기 때문에 그의 가족들로부터 완전히 단절된 환경속에서 살게 된 것은 아니었다.

그가 선택한 이 전문직에 실망했는지는 확실치 않지만, 로버트는 그의 특유한 열정으로 새로 시작한 이 훈련에 전력을 쏟아 부

로버트의 성장

었다. 그는 변호사로 자립하고자 굳은 결심을 하였다. 그가 받는 훈련 중 일부는 그저 법률문서를 복사하는 일이었다. 이 일이 그에게는 지루할 수밖에 없었다. 유능한 변호사가 되기 위해서 사무실 뿐만 아니라, 집에 돌아가서도 판례(判例), 소송사건, 소송절차들을 공부하고 기타 세부작업을 수행하는 일은 끊임없는 시간투자를 필요로 했다. 청소년 시절, 그는 "호머를 나의 가슴에 안고 잠이 들었다."고 말할 정도로 호머의 책을 탐독했다. 그러나 그는 이제 더 이상 그가 사랑하는 이탈리아 고전(古典)들과의 긴 시간을 보낼 수가 없게 되었다.

영적 관심이 로버트의 마음을 점령해 가기 시작했다고 해도 크게 놀랄 일은 아니다. 그는 자신이 하나님 목전 어디에 서있는지 알고 싶어했다. 그는 성경을 읽고 공부하기 시작했다. 향후 수년간 그는 성경의 권위를 의심하면서도, 성경을 서너 번 통독하였다. 오랜 후에 그는 다른 사람들로부터 자신이 흠이 없고, 종교적, 헌신적 청년이라는 평을 들었다고 기록했다. "성령으로 내가 중생하기 훨씬 전에, 나는 대단히 경건한 청년으로 알려졌으며 나는 성경이 과연 진실된 책인지 알기 위하여 읽었다." 그는 친구들과 도서관에서 회의주의자들이 저술한 책을 빌려 보았고, 그러한 책들은 그를 만족시키지 못했다.

변호사 공부의 필수 과목들과 점증하는 종교적 관심에도 불구하고, 로버트는 사교 생활도 소홀히 하지 않았다. 10대 후반이 되었을 때, 로버트는 깊이 울리는 목소리를 갖게 되었다. 가족의 연줄로

로버트 채프만

그에게는 많은 가능성의 문들이 열려 있었다. 주말이나 휴일에는 런던의 명소인 서부지역 파티에도 자주 참석하였다. 재치있고 의사전달이 분명한 말 재주로 그는 많은 인기를 끌었다. 그러나 그의 자신감 넘치는 태도와 매력적인 미소에도 불구하고, 내부에 도사리고 있는 불안감과 영적 불안정을 감출길이 없었다. 그의 즐거운 사교 활동은 실상은 공허함만을 안겨 주었다. 수년 후, 그는 다음과 같이 기록하고 있다. "나는 세상에 환멸을 느꼈고, 세상은 내 영혼을 번잡케 하는 혐오의 대상이 되었으나, 버릴 수 있는 의지도, 능력도 없었다."

하나님의 성령과 성경이 그를 놓아 버리지는 않았다. 그는 성경을 읽고 또 읽으며, 판단하고, 성경의 판단을 자신에게 적용하는 것을 기피하며, 되도록 외면해 버리고자 했다. 성경은 그의 마음에 말씀을 주었으나, 성경의 많은 진리들은 그저 혼돈스럽고 난해할 뿐이었다. 혼돈과 난해란, 곧 하나님의 사랑과 진노, 하나님의 죄에 대한 거부와 죄인을 불러 하나님 당신과 교제를 하자고 부르신 초청 등이었다. 그는 확실한 소명을 위하여 쾌락을 버리지는 않았다. "나는 나의 쇠사슬을 끌어안고 있었다 — 나는 예수님의 음성 듣기를 원치도 않았고, 듣지도 못했다. 나의 잔은 나의 죄책과 내 행실의 열매로 쓴 맛이 넘치고 있었다." 그는 하나님의 목전에 자기 의를 세워보려는 엄청난 문제를 예리하게 알고 있었다. 보기에는 행복하고 유연한, 이 민감한 청년은 극심한 혼돈 가운데 있었다.

5년간의 법률 수련을 다 마치고 채프만은 일반 민사 사건을 취급하는 민사법원 변호사와 왕실최고 법원(C & K & B & Q) 민사사건

로버트의 성장

들을 담당하는 변호사 회사에 일자리를 얻어 변호사가 되었다. 그리고 3년 후, 23세 때, 그는 작은 유산을 물려받아서 은행 중심지에 있는 스로그모튼 가에 독립 법률 사무소를 개업하였다. 그는 개업 초기부터 성공적인 변호사가 되었다. 선배 변호사들은 그를 격려하며 칭찬해 주었다. 법률 분야에 눈부신 미래가 눈앞에 놓여있었다.

3

새로운 인생의 입구

로버트 채프만의 어록을 편집한 "명언집" 중에 다음과 같은 내용이 있다. "성서적 교회를 나타내는 호칭들 중에는 (그리스도의) 몸, 포도나무, 하나님의 성전, 거룩한 나라, 택하신 백성, 왕같은 제사장들 등 하늘 나라의 통일성을 증거하는 것들이 있다. 이와 같은 말들은 하나님의 교회를 세상에서 하나님을 위한 증인으로 선포하고 있지만, 인간들에 의해서 발명된 이름들은 당파들이 지어낸 이름들이며, 우리들의 수치를 선포하는 것들이다." 1832년 이후 채프만이 연루(連累)한바 있었던 형제회 운동을 잘 알고 있던 사람들은 그의 발언의 내용이 그의 동료 형제 회원들의 말을 되풀이 한 것 (혹은 반영한 것)임을 알 수 있다. 이러한 정서가 그 당시 형제회 사람들 간에 만연했던 사상이었기 때문이다. 그러나 채프만은 이 새로

로버트 채프만

운 운동이 확산되기 이전에 이미 이러한 사상을 품고 있었던 것이 분명하다. 그가 20세 때, 그를 주님께로 인도했던 사람은 이미 이러한 사상을 가진 특별한 분이었기 때문이다. 이 분이 바로 제임스 헤링턴 에번스라는 분이다.

에번스는 성공회 사제였던 그의 아버지 뜻을 따라 1809년 성공회(영국 국교회) 사제로 서품을 받았다. 아들 에번스는 안수를 받은 후에야 오직 믿음으로 의롭다 함을 받는다는 칭의 교리를 알게 되었고 그가 받아드린 이 교리야 말로 그의 생애를 변화시킨 계시(啓示)였다. 그가 회심한 후, 에번스의 설교는 이 칭의(稱義) 교리에 대단히 큰 비중을 두었으며, 이로 인하여 많은 환난을 겪었다.

그의 회중의 많은 사람들이 그의 설교로 중생하게 되었지만, 다른 사람들 곧 상류층의 교인들은 큰 시험에 빠지게 되었다. 에번스의 부친은 그의 아들이 칼빈주의자가 되지 않았나 하는 우려를 표명하였다. 1816년 에번스는 다정한 표현으로 그의 아버지에게 다음과 같은 내용의 편지를 보냈다. "나는 존 칼빈의 추종자는 아닙니다. 나는 존 칼빈이 추종했던 그분을 따르고자 원합니다. 아 참으로, 당파의 이름이나 당파의 구별이나 당파의 분열이 속히 종료되는 그 날이 언제나 오게 될는지요?" 에번스의 담임 사제와 그의 상급자들은 이 고삐가 풀려진 말과 같은 부하 사제에 대하여 당연히 불편감을 갖게 되었다. 성공회는 그 당시 복음주의자들을 지칭하는 조롱적 표현인 "열심"이라는 말을 아주 싫어했다. 에번스의 설교는 그 당시 많은 비국교도들, 국교반대자들—곧 감리교인들, 침례교인들, 회중교

새로운 인생의 입구

인들 및 영국 국교의 견해와 교회 활동을 반대하는 사람들—과 대단히 유사했다. 에번스는 교회에 순복하든지 아니면 사임하라는 압력을 받았다.

아직 30세가 되지 않은 젊은 에번스는 겸허하지도 않았다. 따라서 그는 교회에 순종할 의사도 없었다. 자신의 점증하는 신념에 반대하여 가기를 거부하고, 그는 교회가 성서적 교리로부터 이탈한 사실을 담대하게 증거했다. 그는 특별히 국가와 교회의 일치를 반대하고 교회 내부의 치리 결핍을 공격하였다. 그는 교회내 대부분 성인 교인들과 일부 교회 지도자들 중 유아세례를 받았기 때문에 스스로 구원받았다고 주장하지만, 사실은 중생하지 아니한 것이 분명한 점들을 지적하였다.

해링턴은 1815년 그의 사제직을 사임하였다. 번민의 수개월 동안, 에번스 부부는 성공회 교회를 떠날 것을 깊이 검토하였다. 이때쯤 에번스는 그의 약점—교만—에 대하여 분명한 의식을 갖게 되었다. '교만으로 취한 조치인가?'하고 그는 의문해 보았다. 많은 기도와 이미 성공회를 떠난 분들과 상담을 한 후, 에번스와 그의 아내는 그들이 바른 조치를 취한 것을 확신하게 되었다. 그는 다시 설교를 시작하였고, 이번에는 영국 서부지역의 마을들에서 사역하였다. 그의 친구들은 에번스가 놀라운 설교은사를 받은 것을 인정하고 사역지를 런던으로 옮길 것을 권하였다. 1816년 말, 그는 런던 사역을 시작하고 얼마 지나지 않아 그의 집회 장소는 그의 설교를 듣고자 하는 청중들로 넘쳐나게 되었다.

로버트 채프만

몇 달이 채 못되어 하원의원이며 재산가인 헨리 드러먼드의 관심을 끌게 되었다. 드러먼드는 비국교도였으며, 어느 한 그룹에 강력한 유대관계를 가지고 있지는 않고, 일반적으로 비국교파 교인들에게 많은 재정적 후원을 제공하고 있었다. 그는 자주 에번스의 설교를 들으러 왔으며, 얼마 후 에번스가 어려움 없이 그의 신념에 따라 설교하고 가르칠 수 있도록 새로운 교회당을 건축해 주었다. 로버트 채프만이 법률 연수를 시작할 무렵인 1818년, 존 스트리트 채플이 런던 중앙지역에 건립되었다.

존 스트리트의 새 회중은 어떠한 기존 교단이나 단체와도 연루하지 않고 독립적으로 운영되었다. 사람들의 영적 필요를 향한 에번스의 강력한 설교는 교회의 급성장을 가져왔고, 존 스트리트 교회는 모든 신자들과 영적공급을 찾는 자들에게 문을 활짝 열어 놓았다.

로버트 채프만 그리스도를 만남

존 스트리트 채플의 집사 중 한 분 이었던 존 횟트모어라는 분은 변호사였다. 그는 20세된 채프만과 교제를 갖게 되었다. 그가 보기에 채프만은 상당히 경건해 보였고, 종교에 관한 대화를 즐기고 성경에 상당한 지식을 갖고 있는 것처럼 보였지만, 성경을 비판적으로 보는 태도를 가지고 있었다. 횟트모어는 채프만이 영적 해답을 구하고는 있지만, 찾지 못하고 있는 것을 알게 되었다. 그래서 횟트모어는 채프만을 존 스트리트로 초청하여 해링턴 에번스의 말을 듣게 주

새로운 인생의 입구

선해 주었다. 상류 사회의 생활에 젖은 채프만은 비국교 교인들 간에 흔한 "열심"에 대하여 들은 바 있었기 때문에 처음에는 선뜻 가기를 꺼려했던 것 같다. 그러나 그는 그의 영혼이 갈급하게 찾고 있는 해답을 찾기 위해 동의했다.

채프만은 그와 휫트모어가, 1823년 주일 저녁 예배 참석을 위해서 존 스트리트 채플을 찾아가고 있을 때, 무슨 일이 있게 될지 전혀 예상하지 못했다. 각계각층의 신분을 가진 사람들이 교회당을 가득 채웠고, 확신을 가지고 말씀을 선포하며 위엄과 세련된 모습의 설교자가 예배를 인도하였다. 여기서 채프만은 난생 처음으로 그의 마음의 눈을 열어준 설교를 들었다. 이신칭의(以信稱義)와 그리스도의 대속 교리를 그처럼 분명하게 설명한 메시지를 들어본 적이 없었다. 에번스가 설교하고 있는 동안, 채프만의 지적 저항은 죄에 대하여 깨닫게하는 성령의 능력아래서 녹아버렸다. 그는 그리스도가 하나님의 아들이시며, 그의 죄를 친히 담당하신 분으로 영접하였다.

새로운 인생이 채프만 목전에 전개되었다. 그는 새로운 깨달음을 가지고 성경을 공부하기 시작하였다. 뱁티즘(침례, Baptism)에 대한 신약성경을 검토한 후 그는 즉시 침례받기를 소원했다. 에번스는 침례 의미를 좀 더 깊이 이해한 후에 받을 것을 권고하였다. 그러나 채프만은 그의 특유의 결의를 가지고 주님께서 명하신 일을 당장 따르고자 했다. 해링턴 에번스는 지혜롭게 양보했다. 이리하여 채프만은 회심한지 며칠 후 침례를 통하여 그리스도께서 그에게 행하신 일을 공개적으로 증거하였다.

로버트 채프만

그러고 나서 채프만은 가족과 친구들에게 자신의 회심을 말했다. 그러나 그들은 그의 회심의 뜻을 이해하지 못했다. "뭐라구? 로버트가 회심을 했어? 그는 회심이 필요 없어!" 라고 가족 중 한 분은 말했다. 그들은 로버트가 그의 변호사직을 버리지 않기를 바랬기 때문에 별로 실망하지는 않았다. 그는 변호사직을 계속했고, 또 사업도 잘 되었다. 그러나 그리스도에 대한 그의 새로운 사랑도 식어질 징조가 보이지 않았다. 채프만은 그의 신앙의 실상을 가족들에게 설득할 필요가 없었다. 그들은 그것을 볼 수 있었다. 그들은 채프만의 성경에 대한 열정과 그가 성경을 하나님의 말씀으로 여기는 믿음에서 돌이키지 않을 것을 인식했으며, 몇 사람들은 아예 채프만을 따돌려버렸다. 훗날, 바로 이 시기를 되돌아보는 글에서 채프만은 "내가 포기한 사람들에게 나는 거침돌이 되었고, 심지어는 나의 혈육 중에도 있었다."라고 말했다.

그러나 모든 가족들로부터 따돌림을 받은 것은 아니다. 가족 중 한 사람의 기록을 보면, 채프만과 함께 바닷가에서 휴가를 보낸 적이 있으며, 나이 어린 친척들에게 성경 공부를 하라고 간절히 권면하는 모습을 보았다는 기록이 있다. 그가 회심한지 몇년 후, 채프만은 그의 한 여자 사촌 부부와 친밀한 사이가 되었고, 그의 어머니와도 가까이 지냈으며, 상당한 세월이 지난 후에는 형제자매들과도 친밀한 관계를 유지하였다. 그들 중 몇 사람은 훗날 예수를 믿게 되었다.

그리스도를 따르기로 결정한 결과로 말미암아 채프만은 몇몇 친구들과도 결별하게 되었다. 그들은 채프만의 주님에 대한 열정에

새로운 인생의 입구

대하여 스스로 가책을 느끼기도 하였고, 불편함을 갖기도 하였다. 채프만 자신이 기록한 다음 내용은 그의 기도 생활과 하늘 아버지의 돌보심에 대한 그의 확신을 이렇게 담고 있다.

나의 회심 후 얼마 되지 않아서 나는 예기치 않은 큰 시련에 부딪혔다. 어떤 사람이 나의 하는 모든 일을 반대하고 핍박했다. 나는 갈피를 잡을 길이 없었다. 그에 대한 나의 마음은 오직 사랑밖에는 없었기 때문이다. 도대체 내가 무엇을 잘못했는가? 나는 나와 나의 시련을 온통 하나님께 맡겼다. 그리고 나는 기쁨을 가지고 그를 위해 간구하였다. 결과는 결국 복된 주님께서 그와 그 가족에게 구원을 내려 주셨다.

젊은 채프만은 기독교를 심각하게 받아들였다. 수년 후 그는 다음과 같이 기록한 바 있다.

나는 한때 죽는 것을 두려워한 적이 있었다…그러나 그리스도께 돌아와서 구원을 받은 후 한 상태에서 다른 상태로 옮겨졌다. 곧, 나는 사는 것을 두려워하게 되었다. 내가 사는 동안 나는 주님의 명예를 훼손하는 무슨 일을 할 수도 있기 때문이다. 나는 차라리 백번을 죽을지라도, 단 한 번 주님을 모욕하는 삶을 사는 것이 두렵다. 그러나 하나님께 감사하게도 나는 이러한 상태에서 오랫동안 머물지는 않았다. 내가 이 세상에서 사는 동안 하나님

로버트 채프만

의 명예를 훼손치 않고도 살 수 있다는 것을 분명하게 보았기 때문이다.

이 진술은 예수님께서 그의 제자들을 위해 드린 기도를 반영하고 있다. 요한복음에 다음과 같이 기록되었다. "내가 비옵는 것은 저희를 세상에서 데려가시기를 위함이 아니요 오직 악에 빠지지 않게 보전하시기를 위함이니이다"(요 17:15). 채프만은 그리스도인이란 세상에서 살고, 일하며, 증거해야 한다는 것을 배웠다. 이는 아버지께서 아들의 기도를 들으셨기 때문이고, 그리스도인은 비록 사탄의 손이 미칠 수 있는 범위 내에 있지만, 사탄이 장악할 수는 없다는 것을 이해해야 한다.

하나님의 말씀에 대한 갈증의 증가

채프만은 1823년에 법률 수련을 마치고 변호사가 되었다. 그가 처음 고용된 법률회사는 프레쉬필즈라고 하는 영국에서 유수한 회사 중 하나였다. 채프만은 새로운 직장에서 열심히 일하였다. 그의 지성(知性)과 헌신은 노련한 선배들의 주의를 끌었고, 많은 칭찬을 들었다. 3년 후에 작은 유산을 받아서 그 자금으로 개인 사무소를 개업했다. 그의 사업은 번성해 갔고, 사람들을 대하는 상냥한 태도와 그가 받은 가정교육은 그의 사업에 크게 기여한 바가 되었다.

채프만은 존 스트리트 채플의 저녁 성찬 예배에 매주 참석하였

새로운 인생의 입구

다. 많은 교인들이 참석한 것은 아니었고, 대부분의 사람들은 한 달에 한 번 있는 주일 아침 주만찬에 참석했다. 이 성찬 의식을 해링턴 에번스가 어떻게 집행했는지는 잘 알려지지 않고 있다. 잔과 떡을 누가 나누어 주었는지, 기도나 짧은 말씀을 원하는 사람들이 공개적으로 참석할 수 있었는지 우리는 알길이 없다. 그러나 이러한 모임들에 대한 채프만의 훗날의 모습을 보면 이 저녁 주만찬 모임은 공개되었던 것 같다. 채프만은 사람들이 그들의 마음으로 하나님께 예배를 드린 이 때를 사랑하였다. 이것은 기도와 경배와 갈보리에서 이루신 그리스도의 구속사역을 회고하는 모임이었고, 설교와 가르침의 일반 집회들과는 다른 점이 있었다. 수년 후 채프만이 단독 목회를 할 때, 그는 언제나 모든 신자들을 위한 이러한 집회를 항상 강조하였다.

　에번스의 격려에 따라 채프만은 존 스트리트 교회의 사역에 참여하게 되었다. 에번스는 채프만에게서 진정한 종의 마음을 보았고, 많은 시간을 그와 함께 보냈다. 에번스가 제공해준 것 외에는 특별한 신학교육을 받지는 않았지만 채프만은 존 스트리트 교회의 여러 가지 활동에서 말씀을 증거했다. 그가 처음 시도한 것들은 전형적으로 변호사가 배심원들에게 사건을 제시할 때 쓰는 방법과 같은 잘 구성되고 때로는 복잡한 내용의 것들이었다. 얼마되지 않아서 그는 이러한 종류의 말씀은 대부분의 듣는 사람들에게 별로 도움이 되지 않는다는 것을 깨닫게 되었다. 청중들에게는 격려가 필요했으며 교리적 가르침과 함께 관심을 보여주는 것이 필요했다. 그리고 이 모든 것은 그저 간단한 방법으로 전달되기만하면 되었다. 바로 이런 필요들을

로버트 채프만

에번스가 만족시켜 주었다.

    채프만의 첫 설교를 듣고나서 그의 친구들은 그가 훌륭한 설교자가 되지 못할 것이라고 평했다. 이것은 말할 필요도 없이 채프만의 마음에 큰 고뇌가 되었지만 그의 답변은 단호했다. "그리스도를 설교하는 사람은 많이 있습니다. 그러나 그리스도를 위해 사는 사람은 적습니다. 나의 큰 목표는 그리스도를 위해 사는 것입니다."

    그의 목표는 "그리스도를 사랑하는 것, 가난한 자들을 사랑하고 돌보는 것, 하나님의 구원의 복음을 전파하는 것"이 되었다. 채프만은 에번스의 도움을 받아 점진적으로 그 자신의 설교 스타일을 개발해 갔다. 훗날 그는 훌륭한 설교자로 인정을 받게 되었다. 그는 유난히 뛰어난 천부적인 재질이 하나 있었는데, 그의 음성이었다. 그의 음성은 깊고 울림이 있었다. 그의 전 생애동안 많은 사람들이 이 점을 말해왔고, 그는 그의 긴 사역기간 동안 공중 봉독이나 설교에 이 장점을 잘 활용하였다.

    이 기간 동안 채프만의 성경 지식이 어떻게 자라가고 있는가를 보여주는 한 사건이 있었다. 그의 고객 두 사람에게 분쟁이 생겼다. 한 고객이 다른 고객을 법원에 고소를 제기하고자 했다. 두 사람을 다 상담하고 보니, 둘 다 믿는 사람들이라는 것을 알게 되었다. 그는 곧 두 사람을 자기 사무실에 불러서 고린도전서 6장을 펴고 다음과 같이 말해 주었다. "당신 두 사람이 다 그리스도의 한 몸에 속한 지체들이기 때문에 서로간의 송사할 문제를 그리스도의 지체 안에서 해결해야합니다." 채프만은 그리스도인은 성경말씀에 복종해야 할 것

새로운 인생의 입구

이라고 설득하였다. 두 사람은 곧 그들의 송사를 취소하였다. 이렇게 하여 채프만의 그리스도인 상담 사역이 시작되었다. 그는 상담하는 중에 조언을 제공하였으나, 언제나 온유한 심령으로 했으며, 언제나 성경 말씀에 근거하여 조언했다. 성경에 대한 그의 순종은 그에게 있어서 최고의 요구였다.

한 때 그에게 그처럼 즐거웠던 문학은 이제 그 맛이 사라져 가고 있었다. 그의 가장 주된 독서는 바로 성경이었다. 그에게 있어서 성경은 하나님의 메시지였고, 인생의 의미를 제공해 주었다. 이 기간 동안 그는 성경을 원문으로 읽을 수 있도록 히브리어와 헬라어를 공부하기 시작했다. 그는 더 이상 저녁 시간을 법률 공부하는 데 사용할 필요가 없었다. 성경공부가 그 시간을 대체하였다. 이렇게 되자, 그의 법률에 대한 흥미는 사라져 갔다. 땅의 욕망은 하늘의 것으로 바뀌어 갔고, 사람들에게 그들을 위한 그리스도의 사랑에 대하여 말해주고자 하는 소원이 날로 증가해 갔다.

그의 옛 친구들은 하나 둘씩 멀어져갔다. 그의 삶의 모습 자체가 그들의 잘못을 들춰내는 고소장이 되어버렸기 때문이다. 오래 지나지않아 로버트는 사회적으로 고립된 자가 되었다. 그러나 이것이 그에게는 큰 문제가 되지는 않았다. 존 스트리트에서 새로운 친구들을 사귀게 되었기 때문이다. 교회 친구들 중 많은 사람들이 채프만의 가족 배경과는 달리 가난한 집안사람들이었으나, 그들은 사랑이 많고 채프만과 영혼을 나누는 친구가 되었다. 이들과 함께 그는 완전히 새로운 삶을 시작하였다. 특히 가난한 사람들의 영적 행복을 위해서 헌신하는 그런 삶이었다. 로버트 채프만은 사회 문제에 특별히 관심을 가진 순회 전도자가 되었다.

존 스트리트 교회는 극빈자들이 내일에 대한 희망 없이 모여 사는 빈민가에 위치하고 있었다. 바로 이 지역이 몇 년 후 찰스 디킨스가 그의 소설에서 묘사한 지역이었다. 채프만은 이 지역 주민들의 복지에 관심을 갖게 되었다. 그는 이 사람들이 어떻게 살고 있으며 어떠한 생각을 가지고 살고 있는지 알아보고자 했다. 그는 곧 자신의 생활수준이 그들에 비해 비교적 호화롭고 안락한 것임을 인식하게 되었다. 그의 생활방식이 그에게는 부담과 고소장이 되었다. 점차적으로 그들을 향한 그의 관심이 지적 동정에서 삶의 동화로 변해갔다. 그는 지원을 제공하는 대신에 음식과 의복을 가져가기 시작하였다. 그들과 함께 시간을 보내며 그리스도의 사랑을 말했을 때, 그들이 이해하기 시작한 까닭은 그들이 눈으로 그 사랑을 보았기 때문이다. 그는 특별히 가난하고 늙은 한 시각 장애인 할머니에게 관심을 쏟아 부어주었다. 그는 매 주일마다 이 노인을 교회에 모셔왔고, 안전하게 모셔다 주었다. 그의 사역을 통해서 많은 사람들이 주님께로 돌아왔음이 틀림없다.

기독교 예배에 대하여 에번스는 채프만의 생애와 태도에 깊은 영향을 끼쳤다. 성경의 완전성에 대한 채프만의 자신감, 매주 갖는 주만찬에 대한 헌신, 믿는 자의 침례(浸禮)에 대한 그의 강조 (물론 그는 교회 회원이 되는 조건으로 침례를 요구하지는 않았다), 모든 그리스도인들의 일치성—이것들이 훗날 그의 사역의 주요 강조점들

새로운 인생의 입구

이 되었다—등은 모두 에번스의 영향을 받은 것이라고 볼 수 있다.

얼마동안 채프만은 법률 사무와 존 스트리트 채플의 사역을 병행하였다. 그러나 시간이 지나면서 채프만은 그의 마음이 법률 사무에 있는 것이 아님을 인식하였다. 그의 가장 큰 관심은 사람들에게 주님에 대한 이야기를 들려주는 것이고, 채플 근처 빈민가 주민들을 찾아다니며 수많은 저녁 심방을 계속하였다. 그는 상당히 성공적인 변호사 사업을 떠날 것인가에 대해서 깊이 생각해 보았다. 마음의 준비가 된 사람들에게 흔히 있어왔던 것처럼, 하나님께서는 오래 지나지 않아 채프만 인생을 향한 다음 단계를 보여주셨다.

로버트 채프만

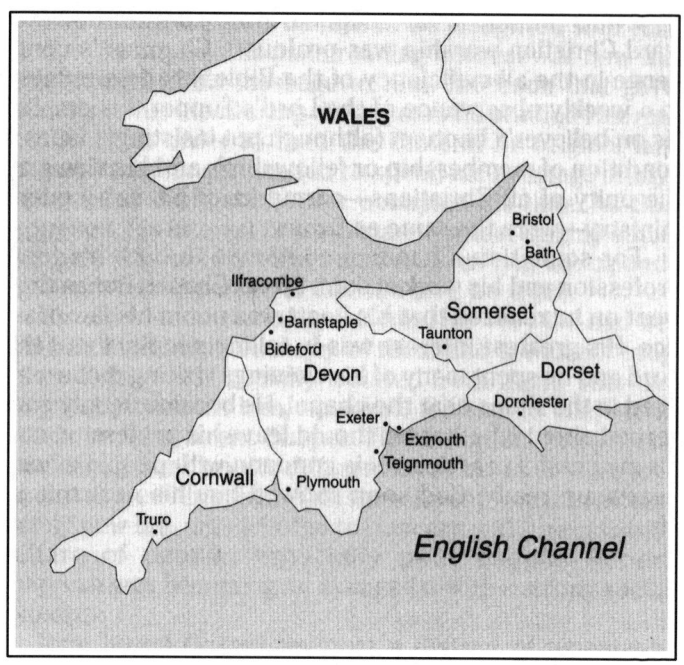

채프만이 생애의 대부분을 보낸 반스터벌과 데번 주변의 마을들

4
데번 사역의 개발

로버트 채프만이 존 스트리트 채플에 더욱 깊이 관여하기 시작하면서 하나님께서는 많은 사람들의 마음속에 일을 하셨고, 하나님의 교회에 부흥을 보내주셨다. 그의 영향을 받은 사람들과 영국 남서부 지역에서 일어난 역사를 보면 우리는 곧 채프만이 이 사역의 중심인물이 된 것을 알게 된다.

로버트 가정의 모든 사람이 다 그에게 등을 돌린 것은 아니라는 사실을 그의 사촌 수잔에게서 볼 수 있다. 1823년 그녀는 부유한 서부 출신 변호사 토마스 펵슬리라는 사람과 결혼하였다. 그 사람은 서부 영국의 브리스털 해협의 남부에 위치한 데번쉬어 지방에 오랜 뿌리를 둔 유력한 집안 출신이었다. 토마스와 그의 아내는 데번의 북부 상업 중심지인 반스터벌 시장 근교의 아름다운 시골 지방에 정착

로버트 채프만

하였다.

수잔이 식구들로부터 로버트의 영적 회심의 경험에 대한 이야기를 들었을 때, 그녀는 이 사건에 대하여 좀 더 자세히 알고자 했다. 수잔과 토마스 부부가 런던을 다시 방문했을 때-반스터벌에서 런던까지는 마차를 타고 이틀이 걸리는 거리였다-로버트를 만났다. 그들 부부는 로버트의 회심에 대하여, 그리고 그것이 무엇을 의미하는지 구체적으로 알기를 원했다. 채프만은 그들의 관심에 열정적으로 답변해 주었다. 세 사람은 성경공부를 시작하였고 함께 기도하였다. 이러한 방문 중에, 퍽슬리 부부는 그리스도를 영접하게 되었고, 훗날 채프만은 토마스에 대하여 "나의 영적 자녀"라고 표현했다. 하지만 토마스도 또한 로버트에게 강력한 영향을 끼쳤다.

퍽슬리 부부가 런던에서 채프만의 가난한 자를 위한 구제사역을 보고, 그들도 반스터벌 지역에서 동일하게 구제사역을 시작하였다. 그 당시 구빈(救貧)원이라고 하는 것은 일자리도 없고 돌보아 주는 사람도 없는 자들을 먹이고, 입히고, 재워주는 구호소를 의미했다. 그 대가로 이들은 약간의 육체노동을 해야 했다. 토마스는 반스터벌 북쪽에 위치한 필턴이라고 하는 작은 마을의 구빈원에서 매주 주일 성경공부 시간을 갖기로 결정하였다. 이 구빈원에서 성경공부반이 열린다는 소문이 전해지자 인근에서 사람들이 모여들었다.

그들의 일이 성장해 감에 따라, 퍽슬리 부부는 하층계급의 사람들에게 복음을 전하는 것이 주님의 부르심이라는 확신을 갖게 되었다. 그래서 1829년경, 토마스는 그의 사업을 정리하고 주님의 일에

데번 사역의 개발

전념하기로 결단을 내렸다. 그와 수잔은 반스터벌에서 남서쪽으로 3마일 떨어진 한 작은 산골 마을 토우스탁으로 이주하였다. 그곳에서 그들은 여기저기 흩어진 작은 교회들을 이끌어가기 시작하였다. 일부 교회들은 가정집에서 모이고 있었다.

이 사역을 시작하기 조금 전에, 토마스는 로버트 그리블이라고 하는 현지 복음 전도자를 알게 되었다. 그는 훗날 채프만의 동역자가 되었다. 퍽슬리와는 달리 그리블은 가난한 집안 출신의 별다른 교육을 받지 못한 사람이었다. 그는 옷장사를 시작해서 가정을 부양할 만큼 사업이 안정되었다. 이때쯤, 그는 영적 중생체험을 갖게 되었고, 반스터벌에 있는 한 회중교회에서 주일 오후 성경공부반을 인도하기 시작하였다. 이 사역의 열매가 충실하여져서 1815년 그리블은 근방 마을들에 주일학교를 설립하기 시작하였다.

얼마 지나지 않아 주일학교 아이들의 부모들로부터 주일 저녁 어른들에게 설교를 해달라는 부탁을 받았다. 처음에는 주저했지만, 그리블은 이 제안에 동의하였으며, 곧 자신의 은사를 발견하게 되었다. 불과 2년만에 그는 그의 성경지식과 대중연설 실력으로 뛰어남을 인정받게 되어 여러 종류의 학교와 교회들에서 정기적으로 설교를 하게 되었다. 그의 서민적인 연설은 방해가 되기 보다는 많은 실제적인 도움이 되었다. 마을 사람들은 그의 설교에 열정적인 반응을 보였으며, 많은 사람들이 주님을 영접하였다.

그리블의 사역의 열매로, 반스터벌 근방의 여러 가정교회들과 오두막집에서의 모임들이 생겨나게 되었다. 독립교인들이라고도 불

로버트 채프만

리우는 회중교회는 1817년 신자들을 위한 토우스탁 채플을 건축하였다. 그들은 그리블을 목회자로 청빙하였다. 몇 년 후, 로버캇트 채플이 수 마일 떨어진 곳에 세워졌고, 그리블은 또한 이 지역의 영적 사역도 돌보게 되었다. 목회사역 외에도 그는 농촌 전 지역에 끊임없이 복음을 전했다.

이 기간 동안 그리블은 그의 포목상 사업을 계속하여 생계와 사역을 돕도록 했다. 아마 사도 바울의 본을 따른 것 같다. 그러나 그리블은 점점 사업을 멀리하게 되었고, 결국 가게는 문을 닫게 되었다. 그는 이 사건을 자신의 개인적 약점으로 받아들였고, 회중들의 바램에도 불구하고 토우스탁 채플의 목회자직을 사임하였다. 그는 독립교단과 더 가까이 접촉해야하겠다고 느끼고, 그들의 가정 선교 지부에 동참할 것을 결정하였다. 토마스 픽슬리는 이때 토우스탁 주민들과 함께 일하고 있었으며, 그들의 요청에 따라 그리블의 후임으로 일하게 되었다.

그리블은 1829년, 그의 가족과 함께 반스터벌에서 엑스터시 근방 남부 데번에 있는 선교지부로 이주하였다. 주님께서 이러한 일 배후에서 역사하고 계셨다. 왜냐하면 이사 첫날 그리블은 윌리엄 헤이크를 만나게 되었는데, 윌리엄은 그리블의 생애 뿐만 아니라 채프만의 생애와 이 전기(傳記)에 등장하는 여러 사람들의 생애에 큰 영향을 끼친 사람이기 때문이다. 그리블은 그때까지 단지 간단한 복음 메시지를 전하는데 만족하고 지냈다. 이것이 그저 그에게는 사역의 열매였다. 많은 사람들이 주님을 영접하였고, 그 중 몇 사람은 선교

데번 사역의 개발

사가 되었다. 그러나 그는 구원교리 이외에는 다른 성경 교리들에는 관심을 갖지도 않았고, 별 관심 없이 회중교회의 전통을 수용하였다.

헤이크는 여러 가지 주제에 대하여 그리블에게 도전을 주었다. 예를들면 침례와 같은 신학적인 주제였다. 왜냐하면 독립교인들(영국국교에 속하지 아니한 그리스도인들)은 유아세례를 실시하고 있었기 때문이다. 뿐만 아니라 실생활 문제(예를 들면, 좌석세 (座席賃): 목사 월급을 위해 부과한 금액)에 이르기까지 헤이크는 그리블에게 도전을 준 것이다. 그리블은 훗날 다음과 같이 기록하고 있다. "이런 것은 내게 새로운 것이었다. 이러한 것들을 오류없는 유일한 기준이 되는 진리의 성경말씀에 따라 살펴보지도 않고, 그저 배운대로 많은 사람들처럼 습관적으로 받아 들여버렸다."

얼마 후, 그리블은 이러한 문제들에 대한 그의 견해를 바로잡았다. 그는 선교지부에 대하여 – 신학적인 문제 뿐아니라 – 불만감을 갖게 되었다. "몇몇 회원들은 세속적인 사람들이었고, 신앙을 고백한 그리스도인들도 아니었다. 그러나 그들은 모든 결정들에 발언권을 행사했다." 그는 이러한 불만을 감추지는 않았다. 제 3년째 되던 해, 그는 떠나달라는 요청을 받았고, 옛 친구들로부터 북부 데번 지역으로 돌아와서 전도사역을 계속해 달라는 부탁을 받았다. 1832년 3월, 그는 가족들과 함께 돌아왔다. 그들에게는 일전 한 푼 없었지만, 주님께서 모든 필요를 공급해 주실 것을 확신하고, 1860년대 그의 생애를 마칠 때까지 그는 많은 열매있는 사역을 수행했다.

토마스 퍽슬리는 토우스탁 채플 사역을 인연으로 해서 이때 쯤

로버트 채프만

윌리엄 헤이크와 친분을 갖게 되었다. 아마 로버트 그리블을 통해서 알게된 것 같다. 1830년 헤이크는 퍽슬리에게 복음사역을 위해 최근 영국에 이주해 온 젊은 독일인 조지 뮬러를 소개해 주었음이 분명하다. 사역이 성장해 감에 따라 퍽슬리는 1830년, 자비로 히스컷 근방에 또 하나의 채플을 건축하였다. 조지 뮬러에게 감동을 받은 퍽슬리는 히스컷 채플에서의 첫 설교를 뮬러에게 부탁하였다.

이 사람들—퍽슬리, 그리블, 헤이크, 그리고 뮬러—은 헨리 크레익과 엘리자베드 패지트와 함께 영국 남서부 지역에 새로운 복음운동을 일으켰으며, 곧 채프만과 동역자들이 되었다(부록 B 참조).

5
반스터벌 교회로부터 청빙

퍽슬리 부부는 1831년 여름, 로버트 채프만을 초청하여 휴가도 함께 보내고 그들의 전도사역을 도와주도록 요청했다. 채프만은 과거에 그의 사촌과 즐거운 시간을 가졌고, 또 북부 데번의 아름다운 시골풍경을 사랑하였기 때문에 기꺼이 초청을 받아드렸다. 채프만이 도착하자 퍽슬리는 채프만이 필턴 구빈원에서 매주 설교해주면 좋겠다고 제안했다. 로버트는 즉석에서 수락했다.

어깨가 떡 벌어지고, 키가 장대하며 교양이 넘치는 29세의 런던 출신 변호사가 또한 설교를 할 수 있다는 점이 곧 마을 사람들의 마음을 사로잡았다. 어느 주일 저녁 집회에 일단의 처녀들이 설교자를 보려고 구빈원을 찾아왔다. (그들은 그가 무엇을 설교하는가에 대해서는 별 관심이 없었던 것 같다.) 그러나 그들이 눈으로 본 것이 그

로버트 채프만

들의 귀로 듣는 것 보다 더 중요하지는 않았던 것 같다. 그날 밤, 그들이 들은 것은 그들이 처음부터 예상했던 것은 아니었다. 그들은 죄에 대하여, 그리고 죄의 삯에 대하여 설교를 들었다. 엘리저 길버트라고 하는 한 여자는 훗날 채프만의 설교에 대하여 "그는 나에게 상처를 주었다. 나는 그의 설교를 다시 들어야겠다."고 말했으며, 그녀는 다시 듣고, 곧 이어 그리스도를 영접하였다. 훗날 그 여자는 채프만의 사역에 중요한 역할을 담당하였다. 퍽슬리 부부는 채프만이 휴가를 마치고, 또 주일 설교를 하고 난 후, 채프만에게 다른 무언가를 더 기대하고 있었음이 분명했다. 왜냐하면 그들은 로버트가 그곳에 있는 동안 엑스터로부터 윌리엄 헤이크를 초청하여 방문해 달라고 했기 때문이다. 퍽슬리 부부는 채프만을 보고 헤이크를 생각하게 되었다. 물론 헤이크는 채프만보다 나이가 몇 살 위이고 결혼한 사람이기는 했지만, 두 사람 모두 비슷한 성품을 가졌고 성경 말씀 공부에 전념을 다하며, 그리스도께 전적으로 헌신하는 사람들이었다. 수잔과 토마스는 또한 헤이크가 전해 줄 흥미로운 이야기가 있는 것을 알고 있었다.

그 당시 헤이크는 엔토니 노리스 그로부스가 이전에 살고 있었던 큰 집에서 남자 아이들을 위한 기숙학교를 운영하고 있었다. 그로부스의 헌신된 삶은 많은 사람들에게 큰 영향을 끼친 바 있었다. 그로부스는 1795년에 출생했고 헤이크와는 오랜 친구였다. 그는 엑스터에서 상당히 성공한 치과의사였다. 그러나 결국에 그는 자신의 부유함에 대해서 부담감을 느끼기 시작하였다. 많은 기도와 깊은 성찰

반스터벌 교회로부터 청빙

후, 그와 아내 메리는 여생을 선교사로서 복음을 전파하는 일에만 전력할 것에 의견을 같이했고, 생계는 완전히 하나님께만 의존하기로 결정하였다. 1825년 그로브스는 자신의 신념을 "크리스쳔 헌신"이라는 소책자로 펴낸바 있었고 사람들에게 널리 알려졌다. 그는 한 때 충실한 성공회 신자였으나 그에게 발생한 일련의 사건들로 인하여 그곳에서 탈퇴하였다.

성공회의 지원은 중단되어 버렸지만, 선교사역을 위한 그로브스의 소망은 더욱 강렬해졌다. 그래서 그와 메리는 특별한 일을 진행했다. 단체 후원은 전혀 없었지만, 그로브스 부부는 전 재산을 모두 팔아서 거의 전부를 다 나누어주고 오직 선교 여행비용만 남겨두었다. 하나님께서 바그다드로 그들을 부르신 것으로 느끼고 바그다드를 선택했다. 그들의 앞으로의 사역은 전적으로 하나님께 의뢰하기로 결정한 후, 그들의 집은 기숙학교로 사용하도록 윌리엄 헤이크에게, 치과사업은 조카에게 넘겨주었고, 재산을 모두 처분하고, 그들의 아이들과 또 몇 사람들과 함께 선교사역지로 떠났다.

이 내용은 많은 사람들에게 큰 영향을 미친 것과 같이 채프만에게도 깊은 영향을 끼쳤다. 런던에 있는 그의 변호사 사무실로 돌아온 채프만은, 과연 이 사업을 계속할 것인지 굉장히 망설이게 되었다. 그가 반스터벌 지역에서 경험한 것들은 과거 그의 생애에서 느껴본 적이 없는 큰 기쁨이었다. 그는 혹시 하나님께서 그가 변호사직을 그만두고 모든 세속 재산들을 버리고 오직 하나님을 섬기는 일에만 전념하도록 뜻하시는 것이 아닌가하고 생각하기 시작하였다. 에번

로버트 채프만

스나 퍽슬리 같이 목회를 하는일에 마음이 끌리기도 했지만, 스페인이나 이탈리아 지역에 선교사역을 하는 것 또한 생각해 보았다.

그때 채프만은, 퍽슬리의 영향으로 인하여, 반스터벌 (Barnstaple)에 있는 에벤에셀 채플의 담임목사로 청빙을 받았다. 에벤에셀 채플은 당시 어려움에 처해있었던, 지도자가 없는 특수침례교회였다. 에벤에셀 채플은 의견이 두 갈래로 나뉘었던 것 같다. 대다수는 채프만을 청빙하는 것에 동의했으며, 그가 원하면 변화를 받아드릴 용의가 있었다. 남은 소수파는 변화를 원치 않았다. 존 스트리트 채플과 같은 생동력있는 교회에서 허약한 교회로 간다는 것은 즐거운 전망은 아니지만, 채프만은 하나님의 뜻이 그 청빙에 있다고 느꼈다. 그러나 그는 자신이 특수침례교의 목사가 될 수는 없다는 것을 알고 있었다.

특수침례교의 특성 중 하나는 오직 신자 침례를 받은 자들만이 교회 멤버가 될 수 있고, 주만찬에 참여할 수 있다는 것이다. 채프만은 교단적 제한성 등에 불편감을 느꼈고, 특수침례교의 침례에 관한 견해에 동조하지 않았다. 그의 유일한 대안은 하나님 말씀을 있는 그대로 증거하는 것이었고, 그는 그것을 행하며 사는 것이었다. 그는 또한 그가 성경에서 무엇을 발견하든지 그것을 가르칠 뿐이라는 사실을 교인들이 받아드린다면 청빙을 수락할 수 있다고 말했다.

에벤에셀 회중은 즉시 그의 조건을 수락하였고, 이 사실은 곧 그들이 혼란 중에 있는 교회라는 것을 보여주는 것이었다. 사실 이전 18개월 간 에벤에셀 교회는 3명의 목회자들이 바뀌었다. 교회 건물

반스터벌 교회로부터 청빙

이 지어진 후로 9년의 기간 동안, 총 4명의 목회자들이 이 교회를 섬겼다. 물론 회중의 몇 사람은 그들의 담임목사를 힘들게 했던 사람들이었다. 그들은 목사들을 힘들게만 했지 스스로 교회안에 좋은 지도력을 발휘하지는 못했다.

채프만은 교회가 하나되지 않았다는 것과 한 교회내 서로 다른 태도를 가진 두 그룹을 이끌어 간다는 것이 담임목사에게 어려운 일이라는 것도 알고 있었다. 이러한 문제들을 인식하고 의욕적인 심방 계획을 구상하면서 그는 공동 목회 사역의 장점을 생각하기 시작했다. 그는 새로 사귀게 된 윌리엄 헤이크와 접촉하여 에벤에셀에서 함께 사역할 것을 제의하였다. 헤이크는 그때는 할 수 없었지만, 훗날 공동사역을 하게 되었다.

채프만은 이러한 상황을 알고도 세속적 성공의 모든 가능성을 버리고, 에벤에셀 교회에 부임하였다. 그가 그의 모든 사유재산과 유산을 다 청산하고 반스터벌에서 살 집 하나와 처음 몇 개월의 생활비만 남겨두고 전부를 나누어 준 사실은 그가 하나님께서 이 사역지로 부르신 부름을 분명히 확신했다는 것을 보여준다. 1832년 4월, 그는 성공적인 변호사 사업과 정든 존 스트리트 교회, 그의 사랑하는 친구들, 그리고 스승 헤링턴 에번스와 런던의 모든 즐거운 곳들을 뒤로하고 반스터벌로 이사하였다.

로버트 채프만

영적 사슬에 매인 도시

　로버트 채프만이 이사 온 도시는 긴 역사를 가진 곳이다. 주후 930년 설립된 옛 도시이며, 토우(Taw) 강과 요(Yeo) 강이 만나는 곳에 위치해 있고, 내륙지방 항구도시이다. 노르만 족이 섹션으로부터 이 소도시를 점령했을 때, 그들은 그 마을 주위에 높은 돌벽을 둘러쌓았고, 그 안에 50피트 높이가 되는 토산(土山)을 쌓았다. 그리고는 그 위에 목조 성채를 세웠다. 성채와 돌담은 사라졌지만, 토산은 남아있다.

　1832년, 채프만이 전 생애를 바쳐 사역하게될 반스터벌에 도착했을 때, 그 도시는 약 7,000명이 거주하고 있던 활기띤 도시였다. 반스터벌은 여러 개의 작은 마을들로 둘러쌓여, 바닷물 높이의 계곡 안에 위치한 농산물 시장과 대형 선박들이 토우 강 어구에 즐비하게 있었던 항구도시였다. 반스터벌은 양모, 면양, 소, 채소 등을 사고파는 무역상들의 수출입 중심지였다. 또한 병원과 형무소, 신문사, 한두 개의 호텔, 여러 개의 작은 여관들, 그리고 수많은 술집들로 붐비던 곳이었다.

　토우 강은 높은 곳에서부터 반스터벌을 향해서 북쪽으로 흐르다가 도시 가까이 와서는 갑자기 방향을 서쪽으로 틀어서 넓은 하구(河口)를 이루어 바다쪽으로 유유히 흘러 내려간다. 작은 요(Yeo) 강은 산골에서 물이 흘러나와 동쪽으로 가다가 굽어지는 곳에서 토우 강을 만난다. 토우 강 서편에 있는 마을들은 반스터벌에 하나 밖에

반스터벌 교회로부터 청빙

없는 다리를 건너서 가거나 혹은 배를 타고 도달하는 길 밖에는 없었다. 북쪽으로는 지형이 가파르게 높아지며, 약 10마일 떨어진 브리스털 해협에서 갑자기 끝난다. 양과 소들이 반스터벌 주위에 물결치는 푸른 언덕들에서 풀을 뜯고 있었다.

마을은 마치 눈물방울과 같고, 그 뾰쪽한 부분이 남쪽을 향하고 있다. 두 강이 반스터벌의 서북부 경계선을 이루고 있다. 바울포트 거리는 요(Yeo) 강으로부터 남쪽 방향으로 뻗어나가 도시의 동부 고대 성벽을 따라가다가 방향을 바꾸어 눈물방울 끝에서 토우 강을 만난다. 이 거리는 19세기 초 이 도시의 동쪽 지역 생활의 특성을 나타내고 있었다. 노동자들의 주택지 등 이 구역에서 산업이 일어나기는 했지만 빈민지역이었다. 도시의 동서폭은 1/4 마일 정도였다.

베어 스티리트는 반스터벌을 떠나 동쪽 지방들로 가는 가장 큰 길이었다. 요(Yeo) 강 위로 놓인 다리 길은 필튼 마을로 가는 쉬운 접근로가 되었다. 필튼은 반스터벌의 북쪽 경계를 이루고, 반스터벌의 남쪽 끝은 뉴포트이며, 이 도시는 늪지대를 사이에 둔 반스터벌 보다 큰 도시였다. 남쪽 산언덕에는 비숍스 토튼이 위치하고 있으며, 토우 강의 서편에는 토스탁과 기타 여러 작은 마을들이 퍼져 있다.

반스터벌 자체는 북부 데번의 황무지와 바닷가에 위치한 아름다운 지형에 위치하고 있었지만, 그 당시에는 별로 매력있는 곳은 아니었다. 늪지대 위에 건설된 도시였기 때문에 항상 배수시설에 문제가 있었다. 도시 중앙에 시장으로 데려온 동물들을 위한 울타리가 있었고, 피혁공장이 바울포트 거리 동편 더비 지역에 위치하고 있었다.

로버트 채프만

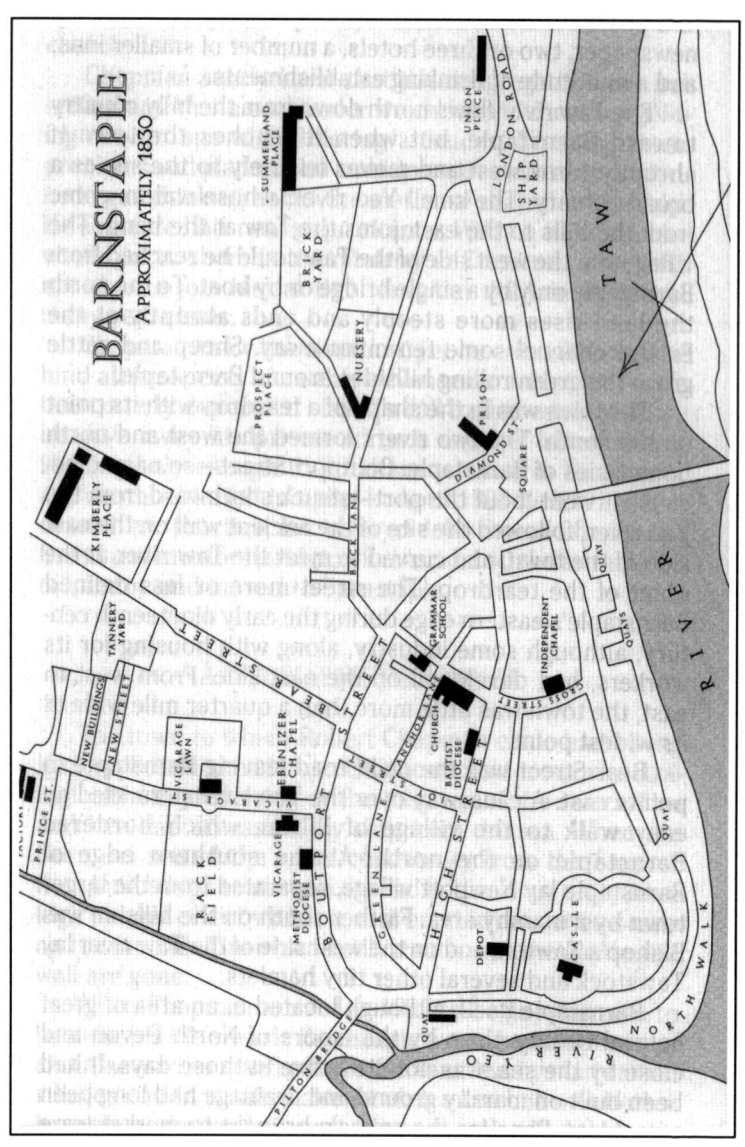

채프만이 이사해올 때쯤의 반스터벌 지도

반스터벌 교회로부터 청빙

1930년 공중에서 본 반스터벌(R. L. 나이트 제공)

1897년의 반스터벌 시의 중심가
이 광장에서 장이 열리고 공공행사가 개최되었다.

로버트 채프만

악취가 더비 지역에 진동하고 있었고, 요란한 먼지투성의 석회 가마 공장들이 반스터벌 남쪽 강가 끝에 자리잡고 있었다. 거리는 좁고 더러웠으며, 도시의 대부분 주민들은 극빈자들이었다. 또한 상당한 부유층들도 도시 주변에 살고 있었다. 술이 도시의 큰 악이었다. 주민들은 80개에 달하는 "허가소"들의 사업을 유지해 주고 있었다. 그 "허가소"들은 밤늦게까지 영업을 하며 술을 팔았다. 맥주 집들은 더 많았다. 음주는 가난한 사람들의 유일한 분출구였던 것 같다. 그리고 술은 그들의 덫이 되었다.

에벤에셀 채플은 비커리지 레인에 위치하고 있었고, 바울포트 거리에서 시작하여 베어 거리의 북쪽으로 한 블럭 건너 동편으로 나란하게 뻗어 있었다. 채플(교회당)은 조촐한 벽돌 건물이었고, 건너편에는 성공회 교구 목사 사택이 있었다. 약 100보 정도 걸어가면 바울포트 거리에 도달하는데, 채플 동편은 더비 (경마장) 지역으로 더 가난한 사람들이 살았다. 많은 사람들이 피혁공장이나 혹은 좀 더 멀리 떨어진 실끈 공장 등에서 일했다. 더비 지역은 조밀하게 들어선 집들과 어두운 골목길, 그리고 맨발의 어린아이들이 누더기를 입고 길거리에서 놀고 있는 가난한 지역으로 알려져 있었다. 술 취한 사람들의 싸움이 빈번했으므로 거리를 순찰하는 경찰들은 둘씩 짝지어 다녔다.

반스터벌 교회로부터 청빙

1800년 대 후반 비커리지 스티리트 풍경(북부 데번 문화원 제공)

에번에셀 채플,
오늘날의 모습
(저자, 피터슨 제공)

    그러나 반스터벌의 영적 상태는 비슷한 크기의 다른 영국 지방들에 비해 더 나쁘지도 좋지도 않았다. 몇 개의 비국교도 교회와 성공회의 한 교구 교회가 있었다. 그러나 이들은 모두 다 가난한 사람들이었기에 특별히 찾아와 전도하지는 않았다. 1700년대에 있었던 웨슬리와 휫필드 부흥은 이제는 두 세대 전의 과거사가 되었다. 채프만이 오기 수년 전에 로버트 그리블, 토마스 퍽슬리와 다른 사람들이 복음사역을 했지만, 괄목할만한 흔적이 남아 있지는 않았다.

로버트 채프만

경건한 비전을 소유한 인물

이곳에 오기 전에, 채프만은 이미 그의 진로를 선택하였다. 그의 목표는 에벤에셀 교회를 목회하는 것을 훨씬 더 넘어서는 일이었다. 그는 도시 전체를 자신의 교구로 이미 결정했다. 가난한 지역들을 보면서 런던의 빈민가를 떠올리게 되었고, 그의 마음이 이미 이들을 향하여 가고 있었다. 그는 또 하나의 목표를 가지고 있었다. 그 당시 런던에서는 많은 선교사들과 목사들이 과로로 말미암아 지치고 좌절되었다. 하지만 그들의 지친 영혼이 쉴 만한 안식처가 없다는 것을 알게된 채프만은 자신의 숙소를 이들을 위한 안식처로 사용하고 싶었다. 채프만은 신약 성경의 바나바와 같은 위로의 은사가 있었다. 사역자들과 함께 기도해 주고, 그들의 이야기를 듣고 말하며 휴식을 제공해 주면, 그들은 새로운 열정을 가지고 사역지로 다시 돌아갈 것이다.

채프만은 처음에 도심의 갬먼 가에 있는 한 작은 집을 전세로 빌렸다. 그러나 그는 곧 도시의 빈민지역에서 혼자 쓸 수가 있는 더 큰 집을 찾기 시작했다. 그는 더비 지역에서 에벤에셀 채플로부터 가까운 거리에 위치한 뉴 빌딩 스트리트의 연립주택 중 적당한 집을 발견하였다. 그 집은 객실로 사용할 수 있는 방이 있었다. 그 뉴 빌딩 스트리트 6호 집은 비커리지 가를 벗어나 남쪽으로 내려가는 약 150보 정도 거리의 대단히 좁은 골목에 있었고, 피혁공장이 있는 베어 거리로 가는 입구가 막힌 그런 장소였다. 주택 구입비는 아마 그가 재산

반스터벌 교회로부터 청빙

을 처분하던 당시 이런 목적을 위해서 예정해 두었던 일부 자금으로 충당했던 것 같다. 뉴 빌딩 6호의 집은 아이들을 가진 가정을 위해서 설계되었기 때문에 이층 지붕 밑 방을 가진 이 집이야말로 그가 생각한 용도에 잘 맞는 집이었다. 채프만은 이 집에서 향후 70년을 살았다. 한 때, 한 친구가 반스터벌의 부유한 주택가에 위치한 크고 안락한 집을 사용하도록 제안한 적이 있었다. 그러나 채프만은 그 제안을 거절하고 가난한 사람들이 언제나 편안하게 찾아 올 수 있는 이 장소에서 살기를 원했다.

채프만은 이 집을 준비하고 가구들을 다 갖춘 후에 런던과 데번, 기타 지역의 어떤 선교사나, 혹은 어떤 복음 사역자들이든지 그들이 원하는 기간동안 와서 얼마든지 무료로 머무를 수 있다는 것을 통보해 두었다. 그는 사역을 위해 필요한 자금은 주님께서 공급해 주실 것이라 확신했다. 이것은 하나의 믿음 사역이었고, 채프만은 얼마 동안 머물기 위해서 이곳에 찾아온 사람들이 이 곳에서 귀중한 교훈을 배우게 될 것을 믿고 있었다.

반스터벌에 이주해 오자마자 채프만은 지칠 줄 모르는 심방과 전도 사역을 시작하였다. 그는 만나는 사람마다 거리에서나, 집에서나, 방에서 끊임없이 대화를 나누었다. 그는 자주 구빈원을 찾아가서 집회를 열었고, 노숙자들이나 재소자들과 개인적으로 담화를 가졌다. 그는 반스터벌 근방의 작은 지방들을 찾아 먼 거리를 걸어서 방문하였고, 때로는 그리블과 퍽슬리와 함께 조를 이루어 방문하기도 했다.

로버트 채프만

채프만은 곧 마을에서 잘 알려진 인물이 되었고, 그는 자주 옥외 집회를 열어 설교를 했다. 반스터벌에서는 주로 시계탑이 있는 거리 광장에서 설교를 했다. 때로는 토우 강을 건너가 강변에서 말씀을 전하기도 했다. 그는 그의 장대한 키와 웅장한 목소리를 잘 활용하여 설교하였으며, 많은 사람들이 주님을 알게 되었다.

"뉴 빌딩"이라고 부르는 짧은 거리의 한 쪽 면. 오른쪽 한 부인이 혼자서 있는 집이 로버트 채프만의 집이다.

반스터벌 교회로부터 청빙

▲ 채프만의 작업장. 그는 혼자 이곳에서 손님들을 위한 선물들을 제작하였다.

◀ 채프만의 침실. 벽난로 위에 놓인 책들, 대부분이 여러 나라 말로 번역된 성경들이다.

    채프만은 그의 심방과 옥외 설교사역을 시작하기전 기관의 도움을 기다리지 않았는데, 그의 에벤에셀에서의 목회사역에 그것이 꼭 필요한 것은 아니었기 때문이다. 그는 이러한 사역이 하나님께서 부르신 사역인 것을 알았고, 그의 전 생애 동안 이렇게 사역을 계속하였다.

    오늘날 많은 사람들은 공공장소에서 설교하는 것에 대하여 불쾌감을 느낀다. 그들은 설교를 하려면 교회 건물 안에서 해야한다고

로버트 채프만

생각한다. 그러나 대부분의 예수님의 설교는 사람들이 모여있는 옥외 장소에서 행해졌으며, 이 점이 바로 채프만이 중요시 했던 점이다. 몇 번의 예외는 있었지만, 채프만의 옥외 설교는 군중들과 마찰이 없었다. 그는 품위있고, 감수성있는 설교를 하였으므로 대부분 사람들이 그를 존경하였다. 수년 후에 한 여인은 그가 사람들에게 어떻게 잘 환영을 받고 있었는지 그때의 이야기를 다음과 같이 진술하고 있다.

내가 시골에서 어렵게 지내고 있었을 때, 채프만 씨가 우리 마을에 말씀을 전하러 오셨습니다. 그는 홀로 서 계셨고, 모든 사람들이 주위에 모여 있었습니다. 나와 우리 주인은 문간에 서서 한동안 듣고 있었는데, 갑자기 의자를 가져다가 이 분이 앉아서 설교하게 해야겠다는 생각을 하게 되었습니다. 내가 움직이는 것을 보고 나의 주인이, "메리, 무얼 하려고 그래?"라고 물었습니다.
나는 "저 귀한 말씀을 쏟아 부어주는 분을 위해 의자를 가져다가 앉아서 말씀하게 해드리고 싶습니다."라고 대답했더니 주인은, "메리, 가서 찾을 수 있는 가장 좋은 의자를 찾아와."라고 말했습니다.

우리 대부분의 사람들이 채프만과 우리 자신을 비교하는 것은 어려운 일일 것이다. 부유하고 영향력있는 가문에서 자랐고 교양과

반스터벌 교회로부터 청빙

높은 지성을 갖춘 사람이, 이제는 가난하고 무식한 사람들의 영혼에 자신의 삶을 쏟아 붓고 있었다. 성공적인 사업을 운영했고, 활동적인 사람들과 친분관계를 가졌으며 삶의 안락에 젖었던 한 젊은이가, 이제는 가난에 찌든 사람과 함께 음식을 먹고 그들의 불편을 함께 나누고 있었다. 직장의 몇몇 동료들은 그가 불필요하고 무의미한 극단에 치우치고 있다고 느꼈다. 그러나 그리스도를 본받는 것이 채프만이 택한 인생의 길이었다.

채프만의 야외 설교 장면
(사진 오른편 윗쪽의 흰 수염난 사람이 채프만이다.)

6

'에벤에셀'에서의 초기 생활

에벤에셀 교회에서 채프만의 목표는 금방 분명해졌다. 채프만에게 있어서 성경이란 인생의 모든 문제를 다루고 있는 인생의 유일하게 믿을 만한 책이었다. 그는 오직 성경으로부터, 간단명료하게 사람들을 가르쳤다. 왜냐하면, 대부분 교회 다니는 사람들이 성경 내용에 무식하다는 사실을 확인했기 때문이었다. 그는 지금까지 사람들이 교단 전통만을 너무 강조하였고, 성경에 대한 진정한 탐구는 소홀했다고 믿게되었다. 그래서 신자들이 십자가에서 죽으신 그리스도의 죽음이 자신들의 개인 생활에 어떠한 의미를 갖는지 더 충분한 이해를 가져야 한다고 생각했다.

로버트 채프만

주일 예배의 변화

주만찬

　채프만은 주만찬을 갖는 회수와 절차를 변경했다. 그는 그가 존 스티리트 교회에서 매주 시행하면서 배운 것처럼, 경축하는 모습으로 주만찬을 드리고자 했다. 그것이 주만찬을 '커뮤니언'(Communion)이라고 부르는 뜻이라고 생각했다. 주만찬 준수가 엄숙한 예식(禮式)이 되기보다는 모든 교인들이 성령님의 인도함을 받아 자유로이 참여하는 예배가 되기를 원했다. 찬송을 부르는 사람도 있고, 성경구절을 봉독하는 사람도 있고, 회중이 함께 찬양을 드리고, 또 어떤 사람은 기도를 드리는 등 각자가 마음의 느낌을 따라 예배를 드리고 난 후, 잔과 떡을 돌아가면서 각자 손으로 들도록 했다. 채프만이나 혹은 회중에서 인정된 교사가 말씀을 전했다. 이렇게 한 번 드리는 예배는 약 2시간이 걸렸다. 채프만은 주만찬에 관하여 신약성경에 한가지의 결정적인 방법만이 규정되어 있다고 주장하지는 않았다. 그러나 채프만은 예배가 오직 십자가에 초점이 주어지도록 하였고, 주만찬이 참예하는 자들에게 어떤 구원을 공급해 주는 의식이 결코 아닌 것을 강조했다.

침례

　채프만은 회심 후에 침례를 받아야한다는 중요성에 대해서 확신했지만, 침례가 교회회원 가입을 위한 조건이나, 주만찬 참여의 조

'에벤에셀'에서의 초기 생활

건으로 사용되는 것은 옳지 않다라는 헤링턴 에반스의 주장에 동의하였다. 모든 신자들은 그들의 신앙고백과 삶을 통해서 자유롭게 참여해야 할 뿐만 아니라, 그것이 예수 그리스도께서 요구하는 바이며, 이는 예수님의 제자들이 신자였든지 아니였든지간에 그들이 침례를 받을 때에도 적용되어야 한다고 채프만은 가르쳤다.

　채프만은 지혜롭게 어떤 일에 있어서도 신속한 변화를 고집하지는 않았다. 비록 그는 다른 메시지를 설교했지만 에벤에셀의 전통이 얼마동안 계속되도록 허용했다. 그중 하나는 침례받지 아니한 교인은 주만찬에 참예하지 않게하는 조치였다. 이것은 대단히 민감한 사안이었으며, 꼭 특수 침례교인들에게만 있었던 것은 아니다. 침례를 교회 회원 자격으로 요구하는 것을 유아세례의 전통을 오랜 동안 지켜온 성공회 신자들이나, 회중교인들이 수용하기가 쉽지 않았다. 채프만은 이러한 문제를 이해하고 있었으며, 모든 그리스도인이 순종과 공적 시인의 표시로 회심에 뒤이어 곧 침례 받는 것을 원하고 있었으나, 다른 신자들에게 이것을 요구하지는 않았다. 시간이 지나면 마음은 변한다. 대략 1년 후에는 에벤에셀의 거의 모든 교인이 이러한 입장에 동조하였으며, 교회도 이러한 조치를 채택하였다.

　훗날, 채프만은 회고하기를 데번의 남부지역 교회 지도자들이 채프만의 에벤에셀 사역을 알게 되어 어떠한 동질성을 느꼈을 때, 그들은 채프만에게 특수침례교인들의 전통을 즉시 버리도록 촉구하였는데 이도 또한 극복해야할 문제였다고 말하고 있다. 어떤 사람은 변화에 저항했고, 어떤 사람은 즉각적인 변화를 바랬다. 모든 교회 지

로버트 채프만

도자들은 이러한 종류의 어려움을 경험하고 있었다. 이러한 상황에 대처하는 채프만의 태도는 그의 인내와 온유한 가르침과 주님의 뜻을 기다리는 모습을 보여주었다. 그는 오랜 전통에 영향을 미치는 사안에 대하여 교회의 절대 다수가 동조하지 않는 한, 급격한 변화가 교회의 불만과 분열만을 초래할 것이라는 사실을 알고 있었다. 그는 훗날 "우리는 결정의 완전한 일치가 이루어질 때까지 인내로 기다렸습니다…우리가 만약 다른 방향으로 향하였더라면, 지금 서로 사랑하고 성령의 하나되게 하신 것을 누리는 일이 결코 가능하지 않았을 것입니다."라고 말했다.

음악

채프만은 또한 에벤에셀의 회중 음악을 바꾸었다. 그에게 있어서 이상적인 찬양이란 그리스도의 십자가를 통해 회중을 하나님께 이르게 하는 것이 되어야 한다고 생각했다. 그는 그러한 찬양이 부족하다고 느꼈으며, 이런 생각은 그가 런던의 뉴 스트리트 교회에서 신앙생활 할 때부터 생기기 시작한 것 같다. 그는 그때 몇 곡의 찬송곡을 작사했던 것 같다. 그는 부임하자마자 찬송곡을 수집하기 시작하였다. 1837년에 이르러서 그는 출판을 하기에 충분할 정도로 많은 찬송곡을 썼고, 그의 회중은 오랫동안 이 찬송곡들을 사용하였다.

찬송가 작가의 경험과 소망들이 그 작사자의 가사 속에 가득 담겨있기 마련이다. 채프만의 찬송가 속에 흐르고 있는 주제들은 그리스도의 고난과 뒤따르는 영광들이 주류를 이루고 있다. 다음 구절

'에벤에셀'에서의 초기 생활

은 그가 그리스도의 사랑에 대하여 더 깊이 알고자 하는 갈증을 표현하고 있다.

> 나의 소원은 나의 주님, 나의 구속주를
> 측량할 수 없는 주님을 알고자 원합니다.
> 주님의 사랑의 신비를 알고자 원합니다.
> 주님의 고난의 그 깊이를.

채프만의 작사 중 가장 잘 알려진 찬송가의 첫 줄은 다음과 같다.

> 오 십자가에 달리신 나의 구세주!
> 주님의 십자가 곁에 내가 살면서
> 거기서 친히 내 눈으로, 똑바로
> 주께서 당하신 죽음을 지켜보기 소원하나이다.

이것이 갈보리의 십자가를 강조하는 채프만의 전형적인 모습이며, 우리의 죄를 담당한 그분, 그리스도께 바치는 우리의 사랑과 헌신을 표현하는 모습이다.

채프만의 누이 에러벨러는 한 때, 오직 채프만의 생애를 아는 사람들만이 그의 삶과 그가 작사한 찬송가의 가사들이 일치했다는 것을 알 수 있다고 말한 적이 있다. 그가 그리스도가 당한 고난에 대하여 강조한 이유는, 수년 동안 그리스도인들끼리 서로 반목하는 모습을 지켜보면서 그가 겪은 고뇌의 반영이라고 할 수 있다. 그들은 다투고, 갈라지고, 일반적으로 그리스도인답지 않게 행동하였다. 그러나 우리는 다음과 같은 것을 기억해야할 것이다. 채프만은 영적으로 갈보리 언덕에 돌아가는 것만이, 그리고 죄인을 위하여 죽으신 그리스도의 사랑을 깊이 생각하는 것만이 그리스도인들이 세상과 그리스도에 대한 바른 가치관을 유지할 수 있는 길이라고 확신했다. 찬송가는 그러한 진리를 표현하는 더욱 강력한 방법 중 하나이다.

많은 사람에게 일어난 영적 변화들

채프만은 행실과 태도에 있어서 설교와 가르침을 통하여 하나님의 말씀에 복종하는 것과 인간에 대한 하나님의 사랑을 사람들에게 전하는 일도 해야 하는 필요성을 강조하였다. 성경 말씀에 대한 그의 강조와 채프만의 본보기가 되는 삶으로 인하여 많은 새 교인들이 에벤에셀 채플에 들어왔다. 이 초기 기간 동안 에벤에셀은 수적으로, 영적으로 급성장했으며, 많은 사람들이 그리스도를 만났다. 하나님께서 채프만을 사용하셔서 사람들의 삶속에 소망과 기쁨을 주신 것과 그 사람들이 또 다른 사람들에게 이 복음을 전했던 몇 가지 사례를 살펴보자.

'에벤에셀'에서의 초기 생활

엘리자 길버트

　엘리자는 1831년 필턴 구빈원에서 채프만의 설교를 듣고 구원을 받았으며, 그후 그녀는 에벤에셀 채플의 충실한 교인이 되었다. 엘리자는 채프만에게 말하기를 그녀는 곧 침례를 받고 싶은데 어머니가 너무 반대하며, 만약 침례를 받으면 집에서 쫓겨날 것이라고 했다. 그럼에도 엘리자는 그것을 감수하고 침례를 받았다. 에벤에셀의 많은 교인들은 엘리자를 염려하여 침례식 후에 그녀를 따라 집까지 함께 갔다. 그녀의 말대로 어머니는 엘리자를 집에 못들어오게 했다. 친구들은 이 시련의 기간 동안 그녀를 자기들 집에 머물 수 있도록 배려해 주었다. 몇 개월 후, 엘리자는 중병에 걸렸고, 의사들은 그녀가 곧 죽을 것이라 했다. 이 소식을 들은 어머니는 마음을 돌이켜 엘리자를 집에 들어오게는 했으나 대화를 하지는 않았다.

　일주일에 한 번씩 채프만은 엘리자를 방문할 수 있도록 허락을 받았지만 어머니는 자리를 떠났다. 엘리자는 또한 채프만으로부터 편지를 받을 수 있도록 허락을 받았다. 세 통의 편지가 아직까지 남아있다. 가장 오래 된 것이 1835년에 쓰여진 것이다. 그 편지에서 채프만은 엘리자를 격려하고 긍휼을 보이는 내용을 기록하고 있다. 또한 고난의 시기에 도움과 힘을 받을 수 있는 근원으로 오직 주님만을 바라보라고 당부하고 있다. 필턴에서 보인 엘리자의 채프만에 대한 초기의 관심, 엘리자의 충실한 교회출석, 침례받고자 채프만을 찾아온 것, 그녀가 병중에 있을 때 끊임없는 채프만의 돌봄 등은 상호간에 무슨 끌리는 관심이 있는 것으로 보여지지만, 그들 간에 로맨틱한 관계의 흔적은 전혀 없다. 사실 채프만은 일생을 독신으로 살았다.

엘리자는 결국 회복되어 에벤에셀 교회의 기둥교인이 되었다. 그녀의 가족 중 몇 사람들은 엘리자와 채프만의 사역을 통하여 신자가 되었고, 그녀의 어머니도 말년에 결국 예수님을 영접하였다.

윌리엄 보우덴과 조지 비어

채프만의 초기 사역 회심자 중 한 사람으로 윌리엄 보우덴이 있었다. 그는 20세의 청년으로 열정적이고, 훗날 활력적인 전도자가 되어 채프만과 함께 반스터벌의 빈민가 사역에 동참하였다. 채프만의 사역으로 인하여 에벤에셀에 참여하게 된 또 한 사람은 조지 비어라고 하는 약 20세된 청년이 있었다. 교육을 받지 못하고 시골에서 농부로 시작한 그는 그리블의 설교를 듣고 구원을 받았다. 비어와 보우덴은 절친한 친구가 되어 여러번 함께 사역하며 반스터벌 주변의 마을들에서 설교하고 전도하며 동역하였다. 이들 마을에 여러 개의 가정교회들이 시작되었고, 그 결과 어떤 회중은 숫자가 많아져서 독립 건물을 갖게 되었으며, 정규집회로 모였다.

이 회중들은 보우덴, 비어, 채프만과 기타 일꾼들의 목회로 인해 도움을 받고 있었다. 에벤에셀은 형식적으로는 아직 침례교회로 알려져 있었기 때문에, 스스로 침례교회라고 생각하는 이 마을 교회들도 신앙과 예배 절차는 에벤에셀 채플의 형태를 따르고 있었다. 이들 작은 교회들과 토우스탁, 러버카트, 히스카트 등 지역 교회들의 옛 기록들을 보면 그들의 교단 관련이 명확하지는 않다. 이것은 채프

'에벤에셀'에서의 초기 생활

만의 영향이었다. 그는 교단 구분에 상당한 반대 입장을 표명했다. 그에게 있어서 이들 교회들의 모든 그리스도인들은 "그리스도인 형제들"이었다. 그리고 얼마 후 그들은 서로를 그렇게 불렀다.

  채프만의 권유로 보우덴과 비어는 옥외 설교를 시작하였다. 그들이 더비 지역에서 처음 이 사역을 시작했을 때 많은 모욕과 심지어는 신체적 위협도 받았다. 그러나 많은 사람들이 그들의 설교를 듣고 예수님을 영접하였으며, 이 사역이 그들의 평생동안 수행할 하나님의 부르심이라는 확신을 갖게되었다.

  보우덴과 비어가 채프만에게 오랫동안 도움을 준 것은 아니었다. 1835년, 엔토니 그로브스가 바그다드에서 말할 수 없는 고난 가운데 5년간 사역을 마치고 돌아왔다. 그가 도착한지 1년쯤 되었을 때, 온역(전염성 열병)이 발생하여 불과 2년만에 그 도시 인구의 절반이 사망하게 되었다. 그의 아내와 갓 태어난 딸도 이때 병사하였다. 그 다음에는 대홍수가 지나갔고, 부족들간에 전쟁이 발생하였다. 더 많은 사람들이 목숨을 잃었고, 그와 함께 갔던 사람들과 그 후에 합류한 사람들 중 여러 사람이 상한 마음을 안고 영국으로 돌아왔다. 5년간의 고생의 열매는 미약했고, 실의는 깊었다. 그러나 그로브스는 하나님께서는 그의 종들이 성공할 것을 요구하시지 않고 충성할 것을 요구하신다는 믿음을 가지고 정진할 것을 다짐하였다.

  인도에 선교 사역의 문이 열린다는 소식을 듣고 그는 인도를 방문하였다. 복음의 문은 열려 있으나 일꾼이 부족하여 길이 막혀있었다. 그래서 그로브스는 영국과 대륙으로 돌아다니며, 그와 함께 인

로버트 채프만

도로 돌아갈 남녀 선교사들을 모집하였다. 해외여행 중에 그로브스는 영국 서남부와 아일랜드 지역에 있는 지인들에게 소식을 전해왔다. 그래서 채프만은 아직 만나 본 적은 없지만 그로브스의 활동을 잘 알고 있었다. 그로브스가 채프만의 초청을 받고 반스터벌을 방문했을 때, 보우덴과 비어 그리고 그들의 아내들은 기꺼이 그로브스와 함께 떠날 준비가 되어있었다. 하나님께서는 그들을 예비해 두셨고 그들은 평생 사역을 시작할 열정과 준비가 되어있었다. 채프만은 그들을 격려해 주었고, 몇 달 후 그들은 선교지로 떠났다. 그들은 인도의 고다바리 삼각지에 정착하여 사역 준비의 튼튼한 기초를 다지기 시작했다.

성직자의 딸

토우스탁 지역에 있는 퍽슬리 집 가까이에 준남작 계급에 속한 저명한 전통 깊은 집안의 레이 가족이 살고 있었다. 레이 가문 중 한 사람이 성공회의 한 지방 목사였는데, 퍽슬리 내외와 친밀한 관계에 있었다. 토마스와 수잔의 소개로 채프만은 반스터벌에 도착하자마자 레이 가족을 소개받게 되었다. 채프만의 교양과 몸가짐이 그들에게 호감을 주었다. 그리스도를 증거하는 것이 채프만에게는 너무 자연스런 습관이 되어있었고, 전도를 받은 교구목사의 딸이 회심하게 되었다. 그후 얼마되지 않아서, 그 딸은 침례받고자 하는 뜻을 밝혔다. 유아세례가 아무런 의미가 없다는 그녀의 태도는 그의 아버지를 난처한 입장에 처하게 했다. 그러나 그의 아버지는 이 사건을 공론화

'에벤에셀'에서의 초기 생활

할 필요는 없다고 생각하고 토우 강에서 침례 받을 준비를 했다.

소문은 금방 퍼져서 인근의 많은 마을 사람들이 채프만이 교구 목사의 딸에게 침례를 행하는 것을 보려고 모여들었다. 그러나 이 일이 약간 예기치 않은 방향으로 진행되었다. 채프만은 한 젊은 농부에게 같은날 함께 침례를 줄 것을 계획하고 있었다. 그당시 신분이 너무 다른 사람들은 대체로 공동 활동에 같이 참여하지 않았다. 그러나 레이 가족은 그들의 딸이 농부와 함께 침례받는 것에 불쾌감을 느끼지는 않았다. 마을 사람들은 그들의 눈앞에서 펼쳐지고 있는 토우 강의 광경에 이중으로 경이감을 느꼈을 것이 분명하다. 채프만은 특별한 방식으로 그리스도 안에서의 공동생활을 실행함으로써 전통적인 장벽을 무너뜨린 것이다.

침례를 받은 후, 조지 러버링이라고 하는 이 젊은 농부는 자기 동네 이웃 사람들에게 복음을 전하기 시작하였다. 그는 향후 30년동안 북부 데번에서 복음사역을 했고, 반스터벌 동남부 지역 마을에 교회들을 개척하였다.

에벤에셀 채플에서의 처음 수년간의 채프만 사역은 많은 영적 열매를 맺었다. 반스터벌과 주변 마을들에서 실시한 복음전파는 반스터벌 교회 부흥에 주춧이 되었다. 그러나 그러한 성공이 시련없이 순탄하게 진행된 것은 아니었다. 사탄은 곧 그리스도인들의 증거를 중단하도록 일하였다.

로버트 채프만

토우 강가에서 침례를 베푸는 채프만

7
어려운 결정들, 경건한 선택들

에벤에셀 회중의 일부 교인들은 채프만과 다수가 결정한 변화에 결코 순응하지 않았다. 에벤에셀의 진로는 바뀌어졌고 다시는 회복할 기미가 보이지 않게되자, 특수침례교의 전통을 고수하는 일부 교인들은 1834년 교회를 떠났다. 유능하고 온유한 채프만이었지만, 떠나는 사람들을 막을 수는 없었다. 만약 다수의 사람들이 영적으로나, 목표에 있어서 일치되지 않았더라면, 그 교회는 점점 소멸되었을 것이다. 하지만 채프만은 그의 결정이 옳은 결정이라는 확신을 가지고 있었고, 남은 사람들이 견고하게 채프만을 지원하였기 때문에 앞으로 계속 나아갈 수 있었다.

채프만이 반스터벌에서 사역을 시작할 즈음, 일반침례교회가 그곳에 형성되었다(일반침례교회는 특별은혜를 강조하는 특수침례교회와 구별되었다). 새 건물이 실공장 주인에 의해서 건축되어 채프만이 부임한 후 약 10개월 후인 1833년 2월에 완공되었다. 그러나 일반침례교회는 활성화되지 못했고 약 3년 후에 문을 닫았다. 건물을 시장에 내어 놓았으나 팔리지 않아서 에벤에셀에서 탈퇴했던 특수침례교인들이 그곳을 집회장소로 사용할 수 있도록 허가를 받았다. 그러나 약 1년 후에 일반침례교인들이 다시 모이게 되자 특수침례교인들에게 건물을 다시 비워달라고 요청했다. 바로 이때에 에벤에셀 교회의 탈퇴자들은 채프만의 회중에게 에벤에셀 건물이 특수침례교인들의 원래 목적에 부합하지 않게 사용되고 있다며 그들에게 장소를 비어줄 것을 요구했다.

채프만은 에벤에셀 채플의 등기문서를 자세하게 검토해 보았지만, 그들이 그 건물을 사용하는데 아무런 문제를 찾을 수가 없었다. 분리해 나간 사람들은 끝까지 건물을 요구해 왔고, 채프만은 그 건물을 내어주는 것이 성경말씀을 따르는 길이라는 확신을 갖게 되었다. 그는 아무에게도 자기가 그 건물을 부당하게 취득한 것 같은 인상을 주고 싶지 않았다. 그가 처한 상황이 속옷을 요구하는 사람에게 겉옷까지도 금하지 말라는 주님의 말씀과 유사한 것이라고 생각했다. 회중은 채프만의 의견을 따라서 1838년 경 집문서와 건물을 분리자들에게 넘겨주었다.

이 그리스도인들이 행한 일사불란한 행동은 거의 믿을 수 없는 일이었다. 그들은 합법적으로 본인들 소유의 건물을 갈라져 나간 사람들에게 양보한 것이었다. 얼마나 많은 교회 지도자들이, 회중들이

어려운 결정들, 경건한 선택들

이러한 조치를 취할 수 있을 것인가? 그들은 자신의 권리를 끝까지 주장할 수도 있지 않았는가? 보통 사람들과 다른 이 그리스도인들의 행동은 그리스도의 사랑의 원리를 세상에 보여주었고 그 보상은 큰 것이었다. 1세기 후, 반스터벌의 침례교인들은 견고한 복음주의 형제들로 뭉쳐졌고, 그들이 남긴 글은 로버트 채프만에 대한 존경과 칭송을 반영하고 있다. 그들은 채프만을 그들 삶의 개척자로 여기고 있었다. 그러나 그들의 기록을 보면, 이때부터 채프만의 회중은 침례교인들과 다른 길을 걸어간 것을 알 수 있다.

다른 예배 처소를 물색함

1830년 말, 채프만이 살고 있었던 뉴 빌딩 거리 끝에 위치했던 피혁공장은 문을 닫았고 건물은 시중에 팔려고 내놓았다. 채프만 회중은 어떠한 교단과도 연관되기를 원치 않았기 때문에, 그들 스스로를 단순히 '크리스천 회중'이라고 불렀다. 그들은 그 공장의 땅이 적절하다고 생각되어 구입을 고려하고 있었다. 그 장소는 교회당에서 몇 블록 떨어져 있었고, 채프만 집에서는 몇 발자국 거리에 있었다. 공장 땅 반대편은 도시 동쪽으로 향하는 길로 이어지는 베어 스트리트를 향하고 있었다. 그 땅은 그당시 교인 숫자에 필요한 것 보다 몇 배나 더 큰 면적이었지만, 회중이 꾸준히 늘어나고 있었으므로, 훗날 확장에 적합했다.

채프만이 재산 등기 이전에 필요한 모든 법률 서류 준비를 마쳤을때, 그 지역 성공회 사제가 자기들이 새 교구 교회 건축을 위해서 그 땅을 구입하려고 계획하고 있었음을 알려왔다. 회중은 놀람을 금치 못했고, 하나님의 인도를 위해 함께 모여 기도하기 시작했다. 채프만은 빌립보서 4장 5절 말씀으로 인도함을 받았다. "너희 관용을 모든 사람에게 알게 하라 주께서 가까우시니라." ("너희 관용의 영을 모든 사람에게 알게 하라.") 그는 회중에게 그들의 주장을 포기할 것을 권유하였다. 그들은 또 한 번 아무런 다툼없이 대지 구입을 포기했다. 채프만과 온 회중이 보인 이 놀라운 정신은 그리스도인이 어떻게 살아야 하는지를 가르치는 성경 말씀을 다시 한 번 반영하는 기회가 되었고, 대단히 좋은 결과를 가져왔다. 그 다음 해에 성공회 교회가 세워졌을때, 그들의 회중은 복음적인 성격을 띠는 교회가 되었다. 여기에는 채프만과 온 회중의 큰 영향이 있었다.

새 교회당 건물

에벤에셀 채플을 양보한 회중은 이제 더 이상 작은 그룹의 회중이 아니었다. 그들은 반스터벌에서 잘 알려진 전도에 열정적인 회중이 되었다. 그러나 그들 소유의 건물이 없었기 때문에, 1838년에서 1842년 기간 동안 건물을 빌려 주일 예배를 드렸던 것 같다. 주중에는 채프만이 살고 있었던 뉴 빌딩 스트리트 6번에서 모였고 1839년까지 그들은 목요일 성경공부 모임을 뉴 빌딩 스트리트 9번에 있는 엘리자베드 패지트의 집에서 갖고 있었다. 역경 속에서도 그들은

어려운 결정들, 경건한 선택들

꾸준히 성장해 갔다.

　회중은 전에 피혁공장 부지 매입 계약금을 반환받았기 때문에 적당한 건물을 구입할 만한 충분한 자금을 갖고 있었다. 1840년, 더 비 지역에 인접한 베어 스트리트 양편으로 작은 길들이 날 계획이 세워졌고, 길 양편에 있던 몇 개의 건물들이 매물로 나오게 되었다. 회중들은 이 지역이 그들의 필요에 가장 적합한 기도 응답이라 생각되었다. 에벤에셀에서 몇 블럭 떨어져 있었으며 빈민지역에 가까이 있었고, 도심지에서도 걸어서 5분 내지 10분 거리에 있었다. 새로 놓인 길 중 하나인 그로스비너 가(街)는 베어 스트리트에서 북쪽으로 연결되어 있었다. 회중은 그곳에 땅을 구입하여 평범한 큰 건물을 세웠다. 그들은 공사가 끝나던 1842년에 베어 스트리트 채플에 입주하였다. 채프만이 반스터벌에 들어온 지 10년 째였다. 약 450석이 있었던 에벤에셀 채플보다는 훨씬 큰 규모였다.

　많은 비국교 교인들과 그당시 영국 사람들은 빚을지지 않는 것을 신앙의 문제로 생각하고 있었다. 그러나 반스터벌 회중은 건물을 완성하는데 빚을 지게 되었고 '주님이 행하신 조지 뮬러의 이야기' 라는 책에서 뮬러는 1843년 '교회당 건물 완성을 위한' 지정 금액을 반스터벌에 송금하였노라고 기록하고 있다. 채무 기간은 곧 끝났고, 그 후 교회 사역은 자금 문제없이 진행되었다.

로버트 채프만

주님을 향한 신뢰

채프만에게 있어서 반스터벌의 초기 몇 년의 삶은 대단히 힘든 삶이었다. 사역의 성공과 함께 갈등과 실망도 있었다. 채프만의 친구이자 친척이며, 강력한 후원자였던 토마스 픽슬리는 1834년 세상을 떠났다. 채프만의 동생 토마스도 그때 세상을 떠났다. 에벤에셀 채플은 급속히 성장했으나 분열도 있었다. 주요 건물들도 포기해야만 했다. 훌륭한 설교자, 지도자, 전도자로 잘 성장한 두 명의 청년이 인도 선교사로 떠났다. 그러나 채프만은 주 안에서 강건하였고, 그분을 향한 확신에 차 있었다.

1870년 경, 베어 스트리트의 모습

어려운 결정들, 경건한 선택들

1988 년의 그로스비너
스트리트 채플의 모습.
전에 베어 스트리트
채플로 불려졌음
(저자 제공)

이 건물이 팔리기 이전,
1988년의 그로스비너 채플의
내부 모습(저자 제공)

해링턴 에번스는 채프만의 변함없는 후원자였다. 1842년 에번스가 런던 그의 자택에서 쓴 편지의 내용이다. "로버트 채프만이 방금 떠났습니다. 어젯 밤, 존 스트리트 교회에서 설교하고 우리 집에서 함께 지냈습니다. 그는 참으로 놀라운 하나님의 사람입니다. 그는 참으로 놀라운 은혜의 사람입니다. 그의 용기, 겸손, 사랑, 자기부인, 상냥함, 인내, 영혼들에 대한 사랑, 이 모든 것들이 그의 그리스도와 하나님에 대한 사랑에서 흘러나온 것이며 서로가 아름답게 어울려서

로버트 채프만

대칭을 이루고 있습니다."

채프만에 대한 에번스의 사랑과 존경심은 더욱 성장해 갔다. 1846년, 그가 반스터벌에 다시 방문한 후 기록한 내용이다. "나의 사랑하는 로버트 채프만은 옛 모습 그대로일 뿐 아니라 더욱 더 자랐습니다. 더욱 그리스도를 닮아가고 더 자기부인을 하는 사람이 되었으며, 온유하고 더 많은 사랑이 넘치는 사람으로 자랐습니다." 그 해 말, 에번스는 한 친구에게 이렇게 말했다. "그는 나의 영웅 중 한 분일세. 나는 그분을 이 시대에 가장 뛰어난 사람들 중 한 사람으로 보네. 그는 변함이 없는 한결 같은 분이네. 그는 언제나 자기가 용납 받는 것을 인정하고 있지만, 실제로는 어린아이와 같네. 어떤 것이든지 받아드리는 사람이네. 아무 것도 상관하지 않는 그런 사람이라는 말일세." 한 때, 그는 채프만을 제자로 양성하였는데 이제는 그가 참 지도자가 되었고 참 종이 된 것을 목격한 것이었다.

'그는 변함없는 한결 같은 사람'이라고 에번스는 기록하였다. 채프만은 분리자들이 떠난다면 사역이 더욱 단합될 것을 알고 있었다. 채프만은 하나님께서 보우덴과 비어를 부르신 것을 알았고, 그들이 정진하는 것을 보고 기뻐했다. 로버트 그리블이 다시 돌아와서 활발하게 일하게 되었고, 토마스 퍽슬리는 지금 주님과의 시간을 즐겁게 보내고 있었다. 그 지역 출신 찰스 셰퍼드는 퍽슬리가 하던 사역의 대부분을 떠맡아 하고 있었다. 해링턴 에번스가 북부 데번에 자주 방문했을 때, 그와 친숙해진 셰퍼드는 에번스가 사망한 후, 그의 후임으로 런던의 존 스트리트 채플의 담임목사가 되었다.

어려운 결정들, 경건한 선택들

이와 같이 하나님의 사역은 계속되어 갔다. 하나님은 주권자이 셨으며, 채프만은 그가 직면하게된 고난들에 조금도 의문을 보이지 않았다.

8
스페인에 대한 부담감

로버트 채프만이 중생한 후 처음 몇 년 동안, 그는 하나님께서 그를 전담 사역자로 부르신 것을 감지하고 있었다. 그때 처음 그의 마음은 선교 쪽으로 향하고 있었다. 오랫동안 이탈리아와 스페인이 그의 마음에 자리잡고 있었다. 스페인과 포르투칼, 이탈리아에 대한 그의 부담감은 부패한 로마 가톨릭 교회가 이 나라 백성들을 억압하고 있었고 그들이 참 하나님을 알지 못하고 있었기 때문이다. 미신이 도처에 만연하고 있었다. 일부 사제들은 종교적인 것은 무엇이든지 지극히 냉소적이었다. 채프만은 평민들이 읽게 하기 위해 성경이 기록된 것으로 알고 있었지만, 많은 사제들은 사람들이 성경을 읽지 못하도록 막고 있었다. 성경은 백성의 안내자이며, 교훈과 책망을 위해서 주어진 것이었고, 어떤 특수 계급의 독점물이 아니었다.

로버트 채프만

채프만은 스페인의 평민들에게 그리스도의 복음을 전해줄 방법을 찾고자 했다. 그 나라는 영광스럽기도 하고 수치스럽기도 한 종교 역사를 가지고 있었으며, 복음주의 그리스도인들을 핍박했고 해외 선교사들에게 문을 닫고 있던 것으로 잘 알려져 있었다. 언젠가는 이베리아 반도에서 선교사역을 하게될 날이 올 것이라고 믿었던 채프만은 스페인어와 포르투갈어를 유창하게 말할 수 있을 정도로 공부를 하고 있었다. 주님께서 채프만을 반스터벌로 향하게 하셨을 때에도 스페인 선교에 대한 그의 관심은 사라지지 않았다. 북부 데번에서의 막대한 분량의 사역은 마치 선교사역과 같았지만, 그 사역과 스페인 사역을 통합시킬 방법에 관해 생각하고 있었다. 그는 자신이 사람들과 잘 사귀는 은사가 있음을 알고 있었고, 스페인은 그의 마음에 큰 부담으로 있었기 때문에 하나님께서 그곳으로 가는 길로 인도하시리라고 확신하고 있었다.

제 1차 탐색 여행

반스터벌에서 사역한지 2년 후, 채프만은 짧은 스페인 여행을 다녀왔다. 이 여행에 대해서는 알려진 것이 거의 없다. 채프만은 아마 현지를 직접 돌아보고 본인 스스로나 혹은 다른 사람들이 훗날 선교 사역을 할 때 직면하게 될지도 모르는 것들을 미리 준비하기 위한 여행을 다녀 온 것 같다. 이 당시 영국은 스페인에서 프랑스를 몰아낸 에스퀴로스 전투에서 스페인을 도운 연합국이었다. 1833년 스페

스페인에 대한 부담감

인 군주로 이사벨라 2세가 즉위하였으나, 여왕은 그의 사촌 단 까를로스 파로부터 격렬한 반대에 직면하고 있었다. 수년 동안 까를로스파는 정부 전복을 목표로 테러활동을 진행중이었고, 정국은 거의 무정부 상태였기 때문에 스페인을 여행한다는 것은 대단히 위험하던 때였다. 그래도 채프만은 그런 상황에 위축되기는커녕, 가능한 빠른 시일 안에 스페인 선교여행을 떠날 준비를 하고 있었다.

반스터벌에 돌아온 후 채프만은 스페인과 포르투갈의 영적 필요성에 대하여 강조하였고, 설교를 통해 교인들에게 이 두 나라를 위한 하나님의 사역에 헌신할 것을 촉구하였다. 그의 호소는 열매를 맺게 되었고, 피크 형제와 헨캭 형제가 큰 관심을 보였다.

제 1 차 선교 여행

1838년 채프만은 다시 스페인을 방문할 계획을 세웠다. 피크와 헨캭 형제가 동행하기로 했다. 아직 교회 건물이 준비되지 않았을 때였으나, 채프만은 그가 몇 개월 자리를 비워도 남은 지도자들이 회중을 원만하게 인도할 수 있을 것을 확신했다. 스페인에서는 어떤 공공 설교도 거의 불가능할 것을 알고 있었기 때문에, 채프만은 전국을 걸어다니며 사람들을 만나서 그리스도 이야기를 들려주고, 성경을 배포할 것을 계획했다. 그는 몇 벌의 옷을 담은 배낭 하나만을 가지고 성경을 몰래 감추어 들여왔다.

흥미로운 문제가 발생했다. 채프만이 스페인의 법을 어기기로 결정한 것이다. 아마 그는 별로 염려하지도 않았던 것 같다. 만약 사람이 만든 법이 하나님의 법을 어기면 하나님의 법이 준수되어야 한다고 믿었다. 채프만은 사도행전 5장 27-29절에 기록된 자기와 유사한 경우에 사도들이 어떻게 반응했는지를 잘 알고 있었다.

스페인은 로마 가톨릭 교회 밖에서 설교하는 것을 불법화하고 있었기 때문에 많은 친구들이 채프만에게 스페인 여행을 포기하도록 권했다. 그럼에도 불구하고 채프만은 그의 뜻을 굽히지 않았다. 친구들은 그를 설득할 수 없다는 것을 깨달았고, 그에게는 배낭 하나와 겨우 교통비 정도의 여행경비 밖에 없는 것을 알고 있었기에 그가 떠나기 전, 돈을 모아 수표를 전해 주었다. 먼저 런던을 향해 세 명의 선교사들이 출발했고, 채프만은 런던에서 존 스트리트의 많은 옛 친구들을 만났다. 런던 서쪽 템즈강변에 있는 그레이브젠드 항에 도착한 그들은 프랑스행 배에 탑승하였다.

그가 받은 예기치 않았던 수표는 채프만의 큰 번민거리가 되었다. 그는 모든 여행경비를 하나님께서 공급해주실 것을 믿었다. 채프만은 하나님께서 여행을 떠나기 전에 미리 그들에게 돈을 공급해 주실 것으로는 생각하지 않았던 것 같다. 배가 북해를 항해하고 있었을 때, 채프만은 그의 동료들 앞에서 수표를 꺼내어 찢어버렸다. "이제는 내가 전적으로 하나님께만 의뢰할 수 있게 되었다."라고 채프만은 말했다.

고향에 있는 친구들이 이 소식에 어떻게 반응했는지는 알려지지 않았다. 분명히 모욕감을 느낄 수도 있었을 것이다. 채프만은 하

스페인에 대한 부담감

나님께서 하나님의 사람을 통하여 하나님의 일을 돕는다는 것을 분명하게 알고 있었다. 왜 그가 이 수표를 받지 않았는지는 의문이다. 아마 그는 스페인 여행 동안 돈을 지참하지 않기로 서원을 했는지도 모른다. 혹은 그의 영적 교만함 때문이었는지도 모른다. 몇 년이 지난 후 채프만은 영적 교만이 그의 젊은 시절 가장 큰 문제였다고 말한 적이 있었다.

프랑스를 경유하여 남쪽으로 항해하면서, 세 사람은 베이욘을 지나 비스케이 만을 따른 해안 항로로 산 세바치안 마을 가까이에서 스페인으로 입항하였다. 이곳은 바스크인 지방이었다. 바스크인들은 자기 민족 유익에 도움이 되었기 때문에 까를로스 당을 지원하고 있었다. 보안 유지를 위한 조치의 일환으로 영국군 수비대가 산 세바치안 마을에 주둔하고 있었다. 채프만과 동료들은 군인들과 만날 수 있는 허가를 받았다. 자국민을 만난 군인들은 너무 기뻐했다. 떠나기 전, 채프만은 그들에게 복음을 전하는 것을 잊지 않았다.

피크와 헨칵은 아마 이때까지만 동행했던 것 같다. 이후 채프만은 단독으로 여행했다. 그는 등에 금지된 성경을 담은 배낭을 메고 종횡 무진 걸어서 여행을 했다. 그는 그곳에서 하나님을 믿는 사람을 거의 만날 수가 없었지만, 길거리에서 만났던 사람마다 복음을 전했다.

이 여행기간 동안 채프만은 그가 만난 한 사제에 관해 다음과 같이 이야기한 적이 있다.

로버트 채프만

내가 스페인을 여행하던 그때는 아직 기차 길이 건설되기 전이었다. 배낭은 일종의 마차에 실어두고 나는 걸어서 다녔다. 나는 곧 로마 가톨릭 사제 한 사람을 만나게 되었다. 우리 두 사람 이외의 다른 사람은 없었다. 이 시기에 로마 교회 내부에서는, 우리 주님의 어머니 마리아가 죄인이었느냐, 아니냐 하는 문제가 거론되고 있었다. 교황은 마리아가 죄인이 아니었다고 주장함으로써 이 문제를 정면으로 부각시켰다. 그러므로 당연히 우리 대화에서도 이 문제를 논하게 되었다. 그래서 나는 그 사제에게 말했다. "여보시오, 여기 하나님의 말씀을 들어보시오. 마리아가 가로되, '내 영혼이 주를 찬양하며 내 마음이 하나님 내 구주(Savior)를 기뻐하였음은 그 계집종의 비천함을 돌아보셨음이라.'" 그리고 나서, "마리아가 만약 죄인이 아니라면, 어떻게 내 마음이 내 하나님 구주(Savior)를 기뻐할 수 있겠소?" 라고 질문했다. 그랬더니 사제는 엄숙하게 말했다. "사실입니다. 진정으로 사실입니다." 만약 옆에 다른 사람이 있었더라면, 그는 그렇게 말하지 않았을 것이다.

스페인 여행은 참으로 위험스러웠다. 훗날 채프만은 말했다. "내가 스페인의 어떤 외진 곳을 홀로 걷고 있을 때, 두 사람이 내 뒤에서 말하는 소리를 들었다. '혼자야, 털자' 나는 즉시 하나님을 향하여 나의 마음을 올려서 구출을 호소했다. 응답이 즉시 내려져서 그 사람들은 더 이상 무슨 해를 끼치지 않고 나를 떠났다."

스페인에 대한 부담감

채프만은 스페인의 서쪽 곧 대서양 쪽으로 향하여 나갔다. 엘 카스띠요의 높은 산을 바라보며 정상을 향하여 올라가서 초대 교회 때 복받은 땅을 내려다 보았다. 여행이 끝날 무렵, 채프만은 정상에 꿇어 엎드려 하나님께 스페인을 위하여 복음의 빛이 이 영적으로 어두워진 땅에 다시 비추어 지도록 기도하였다. 하나님의 응답을 확신하며 그는 반스터벌에 편지를 썼다. "이곳에 우리의 전도자들을 세울 것입니다." 약 25년 후, 그는 그의 기도와 소망이 열매 맺는 것을 보았다. 스페인에 복음의 문이 열리고, 프로테스탄트 선교사들의 입국이 허용되었다.

채프만의 1838년 여행에 대해서는 알려진 것이 별로 없다. 그러나 여행 목적은 달성되었고 그의 선교 이야기는 영국의 많은 사람들의 심금을 울렸다. 스페인 선교를 위한 많은 선교 열정이 일어나기 시작하였다. 적지 않은 수의 남녀 선교사들이 스페인 선교에 헌신하였고, 채프만은 여러 방면에서 그들을 도왔다. 그는 그곳에서 그들과 함께 복음을 전파하며, 전도지를 배포함으로 사역을 도왔다. 그는 본국에서 끊임없는 격려의 편지를 보냈고, 선교사들을 위한 그의 기도는 끊이지 않았으며 그들도 이 사실을 알고 있었다. 안식년을 맞아 그들이 영국에 돌아왔을 때, 채프만은 그들을 자기 숙소에 머물도록 권했다. 그의 사역의 중심지는 반스터벌이었지만, 채프만은 스페인 선교의 개척자였고, 다른 사람들에게 끝없는 도움을 제공했다.

반스터벌의 헨리 페인은 스페인 선교를 위한 채프만의 호소를 듣고, 1838년, 그가 스페인의 영적 상태를 들은대로 다음과 같이 기

로버트 채프만

록하고 있다.

채프만 씨가 스페인 방문을 결심했을 때, 아무도 그의 뜻을 막을 자가 없었다. 그는 그의 친구에게 "어떠한 환경 속에서도, 나는 나의 하나님을 신뢰할 것입니다."라고 말했다. 그는 그가 가는 것이 하나님의 뜻임을 확신한다고 말했다. 설령 암살자가 그의 목숨을 빼앗는다고 할지라도, 그것은 오직 그의 아버지 집에 들어가는 문일 뿐이라고 했다. 그는 시골길을 주로 걸어서 다녔다. 그것이 사람들과 단독으로 만나서 대화할 수 있는 더 좋은 기회였기 때문이었다. 일반적으로 사람들은 다른 사람들이 자신의 대화를 듣지 않을 때 더 자유롭게 마음을 열었다. 그러나 사람들이 듣건 안듣건 간에 그들은 사제들을 매우 싫어했다.

그러나 사람들은 두려움 때문에 극도로 조심하게 말했다. 따뜻한 마음을 나타내는 채프만의 온화한 성품은 사람들이 마음의 문을 여는데 도움이 되었다. 어느 날, 그는 나에게 스페인에서 당한 일을 다음과 같이 말해 준 적이 있다. 어느 날 스페인에서 합승마차를 타고 가는데, 바로 자기 옆에서 한 남자와 한 여자가 프랑스 말로 심히 다투기 시작했다. 채프만은 아무 말도 없이 그저 듣고만 있었다. 드디어 여자가 남자에게 말하기를, '당신이 지금 나를 비난하는 말에 대하여 나는 지금 저기 구석에 앉아 있는 저 사람, 누가봐도 하늘로 곧장 올라갈 사람

스페인에 대한 부담감

같은 저 경건한 하나님의 사람이 무죄한 것 같이 내가 무죄하다는 사실을 자신할 수 있어요'

1840년에서 1850년에 이르는 기간 동안 여러 기독교 단체가 스페인 선교를 위해 연합단체를 구성하기 시작했다. 영국 해외 성경 선교회는 채프만과 함께 점차 문서 선교 사역을 시작하였다. 그러나 정부는 스페인 본토 사람이 프로테스탄트의 전도활동을 하는 것을 굉장히 억제하였다. 이 기간 동안 주님께서는 스페인 전도자, 마누엘 마타모로스라고 하는 젊은 사람을 선두로 많은 사람을 주님께 돌아오게 하셨다. 그가 감옥에 갇혀 있는 동안 그의 이름이 세상에 알려지기 시작했다. 그가 받은 9년의 징역은 큰 범선에서 노동하는 일이었으나, 감형되어서 프랑스 국경 바로 건너편, 바이욘이라는 마을로 유배 당했다. 채프만은 유배중인 마타모로스와 편지로 교신하며 그를 격려해 주었고, 제2차 여행 때는 그를 방문하여 상담을 해주었다.

9

베어 스트리트 채플, 활기를 띠어가다

베어 스트리트 북쪽에 위치한 건물을 사용하고 있던 반스터벌 회중은 자신들의 새 건물을 단순히 '방'(Room)이라고 불렀다. 그곳이 그저 하나의 큰 방으로 시작했기 때문에 이 표현은 적절한 표현이었다. 이곳은 높은 천정과 창문들이 벽 높이에 달려 있었던 큰 사각형 상자였다. 주위에 있는 높은 건물들로 인해 창이 낮으면 햇빛이 들어오지 못했기 때문에 이렇게 디자인 했을 것이다. 내부 장식은 채프만을 포함한 교인들이 직접 만든 검소한 것들이었고, 좌석은 긴 의자 뿐이었다. 침례탕을 따로 만들지는 않았지만, 에벤에셀 채플에는 침례탕이 있었다. 모든 침례 예식은 토우 강에서 행해지는

로버트 채프만

데, 방 앞에서는 세개 계단 높이의 설교단을 만들었고, 그 뒤에는 어머니들이 아이들과 함께 지낼 수 있는 공간을 마련했다.

영국은 1851년 종교 인구조사를 실시하여 전국의 모든 교단, 곧 기성교회, 비국교회 등의 교회 상태 정보를 수집하였다. 이 통계는 반스터벌 회중에 관한 흥미 있는 정보를 보여 주고 있다. 같은해 3월, 반스터벌 교회에 관한 조사표 중 하나가 사무엘 웨어라는 분에 의해서 기록되었다. 다른 한 통계문서는 채프만에 의해 그 해 말에 기록되었다. 두 개의 문서 모두 주일 아침 예배 출석인원을 약 300명으로 기록하고 있다. 이 숫자는 약 100명에 달하는 주일학교 출석자들은 포함하지 않고 있었다. 주일 저녁 예배에는 약 150명이 참석하였다. 채프만과 웨어는 건물 건축 년도를 1842년으로 기록하고 있다. 그러나 채프만에 관한 다른 기록들을 보면 수년 후에 건축된 것으로 기록되어 있다. 설문서의 '교단 소속'란에, 웨어는 단순하게 '크리스천'이라고 기입하였고, 채프만은 '크리스천 형제들' 이라고 기입하였다. 웨어는 교회 명칭을 '베어 스트리트 회관(Bear Street Meeting House)'으로 기재하였고, 채프만은 '베어 스트리트 채플(Bear Street Chapel)'로 기입하였다. 이러한 차이들은 그곳의 그리스도인들이 자신들을 특별한 이름으로 부르지 않았으며, 건물 자체에도 특별한 명칭을 사용하지 않았기 때문에 생겨났다. 이것이 바로 채프만의 정신을 보여주고 있다. 수년 후, 그 건물은 "그로스비너 스트리트 채플"이라고 불렸고, 채프만이 보낸 편지들에는 "베어 스트리트에서 모이는 그리스도인들"이라고 불렸다.

베어 스트리트 채플, 활기를 띠어가다

교회 지도자들의 봉사 규정

기존 자료들이나 주고받은 서신들만으로는 채프만과 반스터벌 교회 지도자들이 언제부터 분명한 복수지도 체계를 설립했는지 확실치는 않지만, 조지 뮬러와 헨리 크레익이 브리스틀의 베데스다 채플에 장로제도를 수립한 1839년 이후일 것으로 생각된다. '장로' 라는 말이 1850년대쯤 베어 스트리트에서 사용되었고, 교인들은 여전히 채프만을 '같은 형제들 중 첫 번째' 정도로 생각했다. 이것은 채프만이 이러한 태도를 요구했기 때문이 아니었다. 겸손, 온유, 사랑으로 가득한 그의 지도자적 삶의 모습이 그러한 체계를 당연하게 만든 것이었다. 베드로가 장로들 중 한 사람으로 여겨진 것처럼 채프만은 그저 수(首) 장로에 불과했다.

채프만은 그가 세상을 떠나기 전 약 10년까지는 회중 설교의 대부분을 직접 담당했다. 설교준비를 위하여 그는 묵상하면서, 무수하게 많은 시간을 쏟았다. 그가 전할 메시지를 위해 준비해 둔 노트들은 그 마음속에 깊이 박히게 되었다. 그러나 그가 막상 설교를 할 때에는 거의 노트를 사용하지 않았다. 그는 항상 말하기를 설교자나 교사들은 먼저 성경을 배우는 학생이 되어야 한다고 했다. 성경은 그들 마음속에 구석구석 스며들어 있어야할 것이며, 그들 삶의 핵심이 되어야 한다고 그는 주장했다. 아무도 회중과 무관한 사상을 허용해서는 안되겠지만, 또한 충분한 자유의 여백이 있어야할 것이라고 했다. 혹시 누가 특별히 도움이 되지 아니한 설교를 할 때는, 채프만이

로버트 채프만

나 혹은 다른 장로가 그 사람에게 일깨워 주었다.

그당시 작은 비국교 교회들에는 설교나 화술에 정식훈련을 받은 사람이 많지 않았다. 베어 스트리트 채플도 예외는 아니었다. 설교자들은 "현장"에서 배워갔다. 채프만이 런던의 존 스트리트 채플의 헤링턴 에반스 밑에서 설교 기술을 배웠던 것과 같이 채프만과 장로들은 베어 스트리트 채플의 젊은이들도 스스로 그들 자신의 기술을 익혀 가도록 권면해 주었다. 교회에서 시행한 공개 주만찬 때, 누구든지 일어나서 짤막한 권면의 말씀을 전하는 기회가 이들을 위한 출발점이 되었다.

이렇게 해서 자란 헨리 히드는 설교자와 베어 스트리트 채플의 지도자가 되었다. 그는 1839년 토머스 퍽슬리가 목회하고 있었던 교회 근처에 위치한 토우스탁 소재 성공회 교회에서 운영하는 한 학교의 교사직을 맡아 일하면서 성공회 사제 훈련을 받고 있었다. 반스터벌에 도착하자마자, 히드는 로버트 채프만에 대한 소식을 듣게되었고, 아마 레이 가정의 소개로 그를 면담하게 되었다. 채프만은 몇년 전, 레이의 딸에게 침례를 베푼 적이 있었다. 채프만은 뉴 빌딩 스트리트 9호에서 실시하고 있었던 목요 성경봉독 모임에 히드를 초청하였다. 성공회에서 공부하고 있던 내용과 크게 다른점을 발견하지 못한 히드는 곧 정기 참석자가 되었다. 그는 채프만이 사용하는 아주 간단한 성경해설 방법에 대해 큰 인상을 받았다. 성령께서 그의 마음속에 역사하기 시작하였고, 그는 그의 인생의 목표에 대해서 씨름하기 시작하였다.

베어 스트리트 채플, 활기를 띠어가다

성경 말씀이 그의 영혼 속에 새로운 힘이 되었고, 더 이상 그의 마음만을 만족케하는 신학적 체계가 아니었다. 그는 채프만의 검소한 거처에 자주 방문하면서 채프만의 삶과 그의 성경에 대한 온전한 의뢰의 모습을 보고, 자기도 그 길을 따르고자 소원했다. 하나님께서 방향을 제시해 주시기를 바라는 많은 기도와 채프만으로부터 많은 조언을 받은 후, 히드는 성공회 사제가 되기 위한 공부를 포기했다. 성공회 학교 교직은 그대로 유지하면서 히드는 반스터벌 교회가 베어 스트리트 장소로 이사할 무렵 채프만을 도와 사역하기 시작했다. 그는 그곳에서 한 지도자로 세워졌고, 채프만은 그가 하나님께 헌신된 하나님의 사람됨을 볼 수 있게 되었다. 훗날 많은 사람들은 그가 채프만을 닮은 인품의 사람이 된 것을 보게 되었다.

1846년 채프만은 한 편지에서 히드를 다음과 같이 칭찬하고 있다. "그는 그의 은혜와 은사를 통해서 사람들에게 스스로를 '나는 오직 아버지 사랑의 특별 은총을 받은 사람에 불과하다'고 말했다." 히드는 1848년에 런던 북쪽에 있는 해크니로 이사와서 향후 21년동안 설교하며 그곳 교회를 섬겼다. 그는 탁월한 설교가로 인정을 받게 되었고 형제회 교회들로부터 많은 초청을 받았지만, 명예를 추구하지 않았다. 1869년, 그는 런던에서 북동쪽으로 75마일 떨어진 참으로 작은 벽지, 울피트라고하는 마을로 이사하여 그의 남은 생애를 그곳 모든 주민들을 섬기는 일에 바쳤다. 채프만은 히드와 가까운 관계를 유지하였고, 그에게 "헨리 히드를 위한 방이 언제나 준비되어 있소."라고 말했다.

로버트 채프만

성서적 설교와 매주 주만찬 떡 나누는 것을 강조하는 것 외에, 베어 스트리트 채플은 또한 찬양드리는 것을 사랑하였다. 그들에게는 피아노도 없었고, 그들이 사용하는 찬송가책은 반주도 없었다. 그 당시에는 흔한 일이었다. 채프만과 형제회에 속한 많은 분들이 베어 스트리트에서 부르는 찬송곡을 작사하였다. 이들 대부분은 단순히 가사를 써서 기존 곡에 맞추어 불렀다. 그래서 한 곡으로 여러 가사의 찬송가를 불렀다. 회중은 주중에 찬양 연습 시간을 갖기로 했고, 연습한 교인들은 주일 회중 찬양을 인도했다. 성가 연습은 주로 채프만의 집에서 가졌다.

주일학교 사역의 활성화

동네 아이들을 위한 주일학교는 회중의 관심사 중 하나였다. 그러나 이 사역을 위한 소망은 1830년, 엘리자베드 패지트가 입교한 후에야 이루어졌다. 그당시 대부분의 교회들에서는 여자들이 교회 회의에서 지도자 역할을 수행하지 않았다. 이것이 신약 성경의 가르침과 부합한 것이고, 채프만은 회중이 이를 따르기를 바랬다. 베시 패지트는 충성스런 교인이었으나, 앉아서 듣기만하는 그런 교인으로는 만족하지 않았다. 1820년 대, 배시는 폴티모어라는 마을에서 개척교회를 시작하였지만 이제는 교회의 남자 지도체제를 수용하였고 그 안에서 자기의 은사를 활용할 길을 모색 중이었다. 자기 집을 개방한 것이 그 활용 중 하나였다. 오후에 주일학교를 시작한 것도

베어 스트리트 채플, 활기를 띠어가다

그 중의 하나이다.

처음 주일학교는 뉴 빌딩 스트리트 가까이에 있는 유니언 스트리트에 소재한 장소를 빌려서 시작하였다. 그것은 베어 스트리트 채플 건물 건축 이전에 시작된 것이 분명하다. 더비 지역의 빈민가 아이들을 데려와서 성경 이야기를 가르쳤다. 그리고 아이들은 패지트 교사의 사랑에 찬, 그러나 단호한 눈길밑에서 자기 집에서는 받지 못하는 규율가운데 훈련을 받기 시작했다.

주중 학교의 시작

정부의 무료 의무 교육이 실시되기 전, 영국과 유럽 여러 나라들에서는 많은 교회들이 학교를 운영하였다. 베어 스트리트 회중도 이러한 학교를 시작할 것을 결정하였고 1856년 교실을 증가했다. 모든 교사들은 회중들 중에서 자원자들이 봉사했고, 교장은 장로들 중에서 선정된 사람들이 봉사했다. 회중의 숫자가 증가함에 따라 건물도 확장하여 큰 발코니를 새로 지었다. 어떤 기록에 의하면, 1870년 채프만의 주일 설교 때 약 700명이 정규적으로 출석했다고 한다.

1880년 베어 스트리트 채플은 주중 학교를 크게 확장하여 기독교 교육을 실시할 계획을 세웠다. 채프만과 다른 두 명의 장로들이 교사로 일하도록 결정되었다. 남작 계급에 속한 귀족 출신 중 한 사람인 포어테스큐라는 사람이 반스터벌에서 멀지 않은 북부 데번 지역에 살고 있었는데, 그는 채프만과 잘 아는 사이였고 채프만을 높이

로버트 채프만

존경하고 있었다. 포어테스큐 경은 베어 스트리트에서 학교 확장을 계획하고 있다는 소식을 듣고 기꺼이 자금을 공급해 주었다. 1883년, 근처의 아주 작은 묘지 하나를 구입하여서 학교 건물로 사용하였다. 묘비들을 건물 자재로 바닥에 깔아 사용한 흥미 있는 일도 있었다. 포어테스큐 경은 그들의 야유회(야외활동)를 자신의 저택에서 갖도록 허락했다.

빈민 사역

베어 스트리트 채플은 지역 빈민들을 돌보는 것에 대한 책임감을 느꼈다. 배시는 여러 교인들의 도움을 받아 자기 집 부엌을 열어서 음식을 공급하였다. 교인들은 의복을 걷어서 가난한 가정에 나누어 주었다. 채프만의 선행은 교인들이 극빈자를 사랑하고 돌보아준 삶에서 반영되었다. 한 친구가 새 옷을 선물했을 때, 채프만은 그 옷을 이웃에 사는 가난한 사람에게 선물로 주었다. 얼마 후 그 친구가 옷이 보이지 않는다고 말했을 때, 채프만은 이웃 사람에게 주었다고 고백했다. 채프만은 선행을 베푸는 것이 그리스도인들에게는 자랑거리가 아니라고 항상 설교하였다. 그는 자주 "옷 두벌 가진 자는 없는 자에게 나누어 줄 것이라."는 누가복음 3장 11절 말씀을 인용하였다.

이리하여 베어 스트리트 채플의 회중은 사회사업의 긴 전통을 세우게 되었다. 그 회중은 온전한 교회였다. 신약 성경의 사랑과 활력의 정신을 나타내었고, 성서적 설교가 전해졌으며, 예배와 따로 주

베어 스트리트 채플, 활기를 띠어가다

만찬 기념 시간을 가졌다. 성도들 간에는 서로를 향한 사랑이 있었다. 큰 규모의 주일학교, 지역 사회를 위한 전도의 열정, 가난 사람들을 위한 물질적 필요의 공급 등을 행하는 살아있는 교회였다.

10
채프만의 봉사관(奉仕館)

채프만은 여러 번 사람들에게 자신이 많은 신앙의 시련을 겪었고, 결국 그 시련이 믿음을 견고케한 결과를 가져왔다고 말하곤 했다. 주의 종들을 위하여 그가 경영한 봉사관은 그의 믿음을 시험하는 계기가 되었다. 흔히 그의 집에 온 손님들이나 친구들이 그에게 금전이나 기타 물질들을 공급해 주었다. 그럼에도 때로는 필수품이 떨어지고 물건을 살 돈이 없는 때가 있었다. 섬김의 사역을 처음 시작할 때 불안해했던 채프만은 하나님께서 매일의 필요를 공급해 주시는 것을 깨닫게 되었다. 자금이 다 떨어지게 되면 채프만은 기도하였고, 곧 음식을 살 수 있는 돈이 공급되었다. 어린 아이와 같이 하나님에 대한 의뢰가 이제는 습관이 되었고, 이런 삶이 하나님의 자녀들에게는 자연스런 일이라고 친구들에게 설득해 주었다.

로버트 채프만

　다른 믿음의 시련이 또 기다리고 있었다. 처음 사역을 시작했을 때 몇몇 복음 전파 일꾼들이 찾아왔는데, 시간이 지나면서 찾아오는 사람들이 뜸해지기 시작하였다. 그는 당황하게 되었다. 왜냐하면, 그는 이 사역이 하나님의 인도하심으로 이루어진 것으로 확신하고 있었기 때문이다. 그는 자신의 동기를 검토하기 시작하였다. 혹시 거짓 겸손이 도사리고 있었는가? 교만이 나를 속였는가? 그는 이 문제를 하나님께 호소하였다. 그는 기도속에서 "오, 하나님, 어찌하여 하나님의 자녀들을 보내주시지 않습니까?"라고 부르짖었다. 하나님께서는 아마 채프만의 겸손을 기다리고 계셨던 것 같다. 곧 방문자들이 찾아오기 시작하였고, 그후 계속 줄지어 찾아왔다.

　베시 패지트가 반스터벌에 이사온 후, 사역 장소가 좁은 길 건너편에 있는 베시의 집으로까지 확장되었다. 식사는 그곳에서 제공되었고, 채프만의 사무실 하나도 그곳에 마련되었다. 채프만은 거기서 글도 쓰고 손님들도 접대하였다. 식사 후에 채프만은 손님들과 함께 찬송을 부르고, 간단한 성경 말씀을 나누고 함께 기도하였다. 식사하는 동안 혹시 대화가 쓸데없는 험담으로 바뀌면, 채프만은 곧 대화를 돌려 험담이나 불평을 보다 더 건설적인 내용의 것으로 이끌어 갔다.

　채프만의 습관 중 하나는 그가 손님들의 신발을 닦아주는 일이었다. 새로 도착한 손님들에게 그들이 머물 방을 보여 주고나서 저녁에 신발을 밖에 벗어 두라고 부탁한다. 아침때까지 채프만은 그들의 신발을 닦아 놓았다. 대부분 손님들은 채프만이 그러한 허드렛 일하

채프만의 봉사관(奉仕館)

는 것에 반대했다. 그러나 그는 한사코 강권했다. 한 손님은 자기의 반대에 대한 채프만의 답변을 이렇게 기록한 바 있다. "오늘날 서로의 발을 씻겨주는 일은 거의 사라져 버렸습니다. 주님의 이 명령에 가장 가까운 오늘날의 대안은 신발을 서로 닦아주는 것이라 생각합니다."

허드슨 테일러의 중국 선교회에서 일하는 J. 노먼 케이스라는 분이 아마 1875년 쯤, 성경 사경회에서 채프만이 인도한 "건전하고 유익한 사역"의 소문을 처음들은 내용을 다음과 같이 기록하고 있다. 그는 채프만의 집에서 2개월 동안 머물고 있었다. 그는 채프만과 윌리엄 헤이크의 가르침을 받고 있었다. 그 당시 헤이크는 반스터벌에 머물고 있었다. 케이스는 다음과 같이 기록했다.

집안 전체의 분위기는 안락할 뿐 아니라, 이곳에 휴식을 위해서 오는 많은 사람들의 영적, 정신적, 신체적 건강을 위해 갖추어진 그런 분위기였다. 그 당시 가장 이상적인 그리스도인 가정에서 쉬고 있는 것 같은 그런 분위기와 사람들의 태도들을 보았다. 일찍 자고 일찍 일어나는 것은 그곳의 규정과 본을 통하여 강하게 가르쳐 지고 있었다. 성경에 대한 사랑과 경외, 그리고 말씀에 대한 순종 등이 집안 전체를 채운 분위기였다. 그곳에서 행해진 (루터의 "table-talk"과 같은) "식탁 이야기"는 다른 어떤 곳에서도 진행된적 없는 영적 수준으로 이루어졌다. 일반 식사가 사랑의 만찬이 되었고 긴 집회보다 더 유익

로버트 채프만

하였다. 몸이 주님의 소유라는 사실이 확실하게 인식되었고, 따라서 그렇게 취급하였다. 그 집은 피곤하고 지친 사역자를 위해서는 참으로 이상적인 집이었고, 낙망하고 답답한 그리스도인의 영혼을 위한 안식의 장소였다. 그곳은 다음과 같은 질문을 하는 사람에게 옛 사람의 권면을 들을 수 있는 그런 집이었다. "네가 네 자신을 위해서 큰 일들을 구하느냐? 그러한 것을 구하지 말라." 젊은 그리스도인에게는 그곳에 불과 며칠이나, 몇 주만 머물러도 남은 전 생애에 깊은 영향을 미칠 수 있는 그러한 장소였다.

영국교회 사제인 H. B. 메카트니라는 분이, 채프만과 그의 휴양소에 관한 소문을 듣고, 이 놀라운 분을 방문해 볼 결심을 했다. 그는 1878년, 며칠을 머물 계획을 세웠다. 그때 채프만은 75세였다. 메카트니는 그가 쓴 한 책에서 다음과 같이 기록하고 있다.

우리는 모두 다 밤 9시에 취침하였다. 왜냐하면, 뉴 빌딩에서는 아침이 일찍 시작하기 때문이다…7시 아침식사, 12시 점심식사. 채프만 씨는 언제나 저녁 9시에 취침하고, 아침 4시에 기상한다. 아침 4시부터 12까지 그는 주로 하나님께 바쳐진 시간을 갖는다. 보다 더 좋은 것들을 위해서 그의 사랑을 어디에 쏟을 것인가가 그의 마음에 확정되자, 곧 그는 그것은 세상을 위한 간절한 도고(禱告)라는 것을 깨달았다. 이 도고는 또

채프만의 봉사관(奉仕館)

한 그의 특별한 직무였다. 그러므로, 그는 가장 처음, 가장 좋은 시간을 기도에 바쳤다. 그러나 이러한 기도의 헌신은 그의 생활의 에너지를 방해하지는 않았다. 그는 매주 800명의 영혼에 설교를 하였고, 목회 사역을 계속하였으며, 계속 줄지어 들어오는 방문객들의 가장 작은 부분에 이르기까지 영적, 신체적 필요를 보살폈다. 어떤 사람은 몇 시간 머물다 가고, 어떤 사람은 약 한 달간 체류하였다. 그는 영국과 스페인의 큰 전도 활동과 성경 사역의 중추적 인물이었다. 그는 조지 뮬러 등 여러 사람들과 서신 교환을 했고, 전 세계 여러 곳에서 영적 필요의 공급을 구하는 자들이나 사역자들과 교신하였다. 그는 아침의 이 8시간도 혼자만의 폐쇄된 시간으로 사용하지 않았다. 예를 들면, 그는 거의 습관적으로 방마다 찾아가서 밖에 벗어놓은 신발을 닦기 시작하였다. 하루는 내가 부탁해서 아침 5시에 그가 나를 찾아왔다. 나는 이미 깨어서 그의 발자국을 기다리고 있었다. 그는 정시에 그의 고결한 모습의 머리를 내 문 안으로 들여 놓았다. 촛불을 키고, 아침 성경구절을 내게 주었다. "하나님의 도는 완전하나이다." 잠시 후 그는 나를 한 거실로 안내하였다. 그곳에는 의자가 하나있고, 예쁜 벽난로 옆에 독서용 등이 놓여 있는 테이블이 있었으며, 따뜻한 양탄자가 그 옆에 깔려 있었다. 6시에 나는 그가 내 옆방에 있는 어떤 부부를 부르는 소리를 들었다. 그가 그들을 부른 성경구절은 "내가 해를 두려워 아니하리로다."였다. 7시에 우리는 채프

로버트 채프만

만이 손수 준비한 아침 식사를 함께 했다. 그리고 8시에 함께 가정 예배를 드렸다.

나는 12시에 점심을 먹고 나서 이웃 동네를 둘러보려고 나섰다. 3시 반 성경봉독시간에 돌아왔다. 6시까지 솔로몬의 아가서 내용이 우리 모두의 마음에 가득했고, 차를 나누는 시간에 되었을 때, 먼 곳에서 한 사람이 하룻밤 지내기 위해서 찾아왔다. 7시가 되었을 때 채프만 씨는 약속한대로 헤이크 씨와 함께 나를 데리고 전에 내 눈에 보이지 않았던 뜰 건너편에 있는 한 작은 방으로 들어가서 2시간동안 예언에 대한 그의 생각과 연구한 바를 나에게 알려주었다. 그리고 가장 겸손하고, 말로 표현할 수 없을 정도의 극히 낮은 배움의 자세와 태도로 나의 마음을 알고자 구했다. 돌이켜 보면, 내 마음에 가장 큰 충격적인 사실은 명문가에서 태어나서 고등교육을 받고, 건강한 신체를 가지고 있으며, 많은 곳을 여행하고 주님을 대면하여 알고 있는 그가 과연 이처럼 겸손할 수 있다는 말인가 하는 점이었다. 그러나 마지막의 특성이 그 모든 것을 설명해주고 있다…곧 하나님과의 교제, 그것이 그를 어린아이같이 만들고 있다.

메카트니는 그의 방문의 마지막 날에 대하여 다음과 같이 기술하고 있다.

채프만의 봉사관(奉仕館)

기도와 아침이 끝난 후, 나는 채프만 씨의 작업장을 둘러보았다. 그가 손수 자기 선반(旋盤)에서 만든 빵 접시를 치우고, 사랑하는 옛 친구 헤이크 씨와 다른 방문객들을 송별하였다. 우리는 단 둘이만 정거장으로 가는 외진 길을 함께 걸어갔다. 내게는 이 시간이 지금까지 가장 소중한 시간이 되었다. 나는 신앙생활에 대해서 많은 것을 질문했다. 그는 가장 광범하게 포괄적인 내용의 답변을 해주었다. 나는 나의 한 친구, 완전주의자에 대해서 언급했다. 그 친구는 말하기를 자기는 아담의 상태로 돌아가서…자기 안에는 죄가 없다고 말했다. 물론 정신 차리지 않으면 죄를 지을 가능성은 남아있을 뿐이라는 것이다. "아담의 상태라고!" 채프만은 격렬하게 소리 지르면서, "아담의 상태로 돌아 갈 수 있다구요? 타락 이전의 아담 상태로 돌아갈 수만 있다면, 나는 그것을 이 세상 10만 개와도 바꾸지 않겠소!"라고 말했다.

기도에 대해서 그는 "내가 하나님 앞에 무릎을 꿇으면, 하나님께서는 나에게 허리를 굽혀주십니다."라고 말했다. 마음을 다 바친 헌신에 대해서 그는 "아버지와 아들이 서로를 기쁘게 해주기 위해서 모든 것을 다 하는 것처럼, 내가 하나님을 기쁘시게 하기 위해 전심을 다하면, 하나님께서는 나를 기쁘게 해주시기 위해서 모든 일을 다 하십니다."라고 말했다. 끈질기게 괴롭히는 죄를 극복하는 문제에 대해서 그는 대단히 단호하게 다음과 같이 말했다. "육체의 더러움에 대해서 보다는 영의 더

로버트 채프만

러움에 대해서 전면 공격을 하십시오…교만, 이기심, 자기의 영광 추구 등등…이것들이 괴수들입니다. 이것들을 겨냥하십시오. 큰자나 작은 자들은 내버려두고 오직 왕같이 중요한 것들과 싸우십시오(대하 18:30). 작은 죄들과 싸워 이기려고 하고 있을 때, 큰 죄들이 당신을 이기고 있을 것입니다. 큰 죄들이 극복되면, 작은 죄들은 큰 것과 함께 몰락해버립니다." 그러는 사이에 매우 추운 날씨 속에서 눈길을 걸으며, 그러나 마음속은 포근한 채로 우리는 정거장에 도착하였다.

채프만의 휴식소는 가끔 주의 일을 하지 않는 사람들에게도 숙식을 제공하였다. 어떤 방문자들을 숙비를 지불하기도 했다. 한 때 미국에서 여행 온 부부가 반스터벌에서 제일 고급 호텔에 머물면서 휴가를 보내고 있었다. 그들은 채프만에 대한 소문을 듣고 그를 방문하였다. 대화 중 부인이 호텔이 너무 소란하다고 말하자, 채프만이 그러면 이곳에 와서 머물러도 좋다고 제안하였다. 그들은 즉시 짐을 챙겨 옮겨왔다. 1840년도 중반에 기록된 한 편지 내용에 다음과 같은 사연이 기록되어 있다. 이 편지 기록자와 그의 사촌이 채프만 휴식소에서 하룻밤 지내기를 포기한 이유 중 하나는 바로 방값 때문이었다는 것이다!

채프만의 휴식소는 그가 뉴 빌딩 6호에서 살고 있던 70년 동안, 대단히 인기가 있었다고 한다. 베시 패지트가 들어오고, 또 그후 헤이크 부부가 이사 온 이후 시설을 9호까지 확장하였다. 훗날, 방문자

채프만의 봉사관(奉仕館)

의 증가로 말미암아 채프만의 옆집, 8호를 구매하여 휴식소로 사용했다. 주의 일꾼들을 쉬게하고 그들을 격려하고자 원했던 채프만의 소원은 넘치게 성취되었다.

11

개인 습관

로버트 채프만은 아침 일찍 일어나서 긴 산보길을 걷기를 즐겨했다. 나이가 많이 들어 걷기 힘들 때까지 이 습관을 계속했다. 그는 건강관리에 특별히 관심을 가졌고, 걷는 일을 즐기기 때문에 하기보다는 건강을 위해서 했다. 그의 긴 다리와 빠른 걸음은 먼 거리를 단시간에 걸었다. 그는 가끔 12마일이나 떨어진 브리스털 해협의 해안가 반스터벌 북쪽에 위치한 일푸러쿰까지 걸어가서 아침식사를 하곤 했다. 그러나 방문객들이 있을 때는 몇 마일 걷다가 돌아와서 그들의 신발을 닦아 놓고 아침 식사시간에 그들을 불렀다. 그의 걷는 습관은 곧 유명해져서, 아마 어떤 신화까지 생겨난 것 같다. 어떤 사람은 채프만이 걸어서 점심시간쯤 엑서터에 도착했고 한다. (늦은 점심시간임에 틀림없을 것같다. 왜냐하면 두 도시(都市)간의

로버트 채프만

거리는 약 40마일 쯤 되기 때문이다.) 어떤 사람은 말하기를 채프만이 아침식사 전 약 25마일을 걷는다고도 했다. 만약 그가 새벽 3시에 출발했다면 가능한 일이다. 아침 식사 시간이 9시이기 때문이다. 그러나 사실 아마도 채프만에 대한 존경심이 이따금 과장을 조성한 것 같다.

채프만은 그가 반스터벌에서 사역을 시작한 처음부터 그의 사역을 에벤에셀 채플에만 국한하지는 않았다. 그는 도시와 마을을 돌며 전도했다. 채프만의 이 습관은 1842년에 베어 스트리트 채플을 건축한 이후에도 계속되었다. 50년 이상을 채프만은 이렇게 시골길을 걸으며 마을마다 복음을 전했다. 북부 데번 전 지역에 형제회 소속 교회들이 생겨났다. 비록 교회들마다 그들 자체의 지도자들이 있었지만, 채프만은 그들 모두의 건강에 특별한 관심을 쏟았다.

아마 채프만은 전혀 알지 못했던 것 같지만, 그의 도보 여행 중 뜻하지 않은 사건이 생겼다. 그는 여러 번 말하기를 자기는 천사를 직접 본적은 없지만, 성경에 기록이 있으니까 그 존재를 믿는다고 했다. H. W. 솔토우 씨의 아들 중 한 사람이 마을 사람들 중 한 사람에게 들은 이야기를 다음과 같이 전했다. 그 마을 사람의 형이 채프만의 설교에 대단히 분노한 나머지 죽이겠다고 노리고 있었다. 어느 날, 그가 대단히 떨면서 집에 들어왔다. 동생이 웬 일이냐고 물었더니, 그 형이 말하기를 인적이 없는 길에서 총을 들고 기다리고 있었다고 한다. 그는 그 길이 채프만이 혼자 걸어서 반스터벌로 돌아가는 길목인 것을 알고 있었다. 그런데 그가 채프만을 쏠 수가 없게 되었

개인 습관

다고 한다. 왜냐하면, 채프만과 자기 사이에 어떤 사람이 그와 함께 걷고 있었기 때문이다.

채프만은 무슨 일을 하면서 기도하기를 매우 즐겼다. 그렇게 함으로 그는 하나님과 교제를 가진 것이다. 그리스도인의 삶이란, 기도로 가득 채워있어야 한다. 그러한 삶이 채프만의 삶이었다. 그는 또한 주중에 성경공부를 정규적으로 실시했다. 아침은 성경봉독과 그 읽은 내용을 묵상하는 시간으로 정해 두었다. 끊임없는 그의 성경봉독은 어느 누구의 삶이던지 어떤 사건이 생기면 곧 하나님의 말씀을 현실에 적용할 수 있게 했다. 이러한 이유로 말미암아 그는 대단히 귀한 상담자가 되었고, 자주 가정 문제 해결에 도움 요청을 받았다. 그는 결혼한 적이 없었음에도 불구하고 훌륭한 가정 상담자가 되었다.

채프만은 대단히 검소한 사람이었다. 음식을 낭비하지 않도록 특별히 주의했다. 그는 그의 한 친구의 자녀들을 위해서 다음과 같은 시를 지었다.

혹시 내가 겨자나 소금을 필요이상 소모했다면
즉시 내 양심은 낭비자의 고발자가 될지어다.
나를 구속하신 나의 주님, 오직 나의 자랑, 그 이름께서
"남은 조각을 거두고 버리는 것이 없게하라."고 말씀하셨도다.

채프만의 한 친구가 회상하기를 채프만이 초대받아 갔을때 음식 낭

로버트 채프만

비에 대한 경고의 말을 한 것을 적어도 두 번 이상 들은 적이 있었다고 한다. 보통 이러한 충고는 초대한 집 주인에게는 거북한 느낌을 줄 수 있다. 그러나 채프만은 너무 우아하게 말을 했기 때문에 조금도 불쾌감을 느끼지 않게 했다. 그의 생활 태도를 아는 사람들은 그가 괴팍한 사람이 아니라, 오직 원칙을 삶에 적용하는 사람이라는 것을 인식하고 있었다.

그가 어린 시절 상류사회 생활을 하게 된 습관은 그의 방 욕실 장식에 나타나 있다. 욕탕 안에 음향효과를 위한 리드라인(lead line)을 장치해 두었다. 그는 취침 바로 전에 뜨거운 목욕을 하고, 아침에는 찬물 목욕을 했다. 채프만은 건강관리를 위하여 그가 사용한 시간의 결과에 관하여 설명하기를 밤에는 신체의 기공을 열어두고, 낮에는 기공을 닫아두는 것이 중요하다고 했다. 음식을 주의해서 먹고 그 당시 시대의 일반원칙을 따랐다. 채프만 집의 청지기는 채프만이 나이 들어서는 아침 식사로 손수만든 계란 두 개를 먹고, 취침 바로 전에는 코코아나 우유 한잔을 마셨다고 전했다. 그의 식사가 현대 기준으로 최선의 것이 아니라해도, 우리는 대체로 그가 좋은 건강 상태에 있었고, 그는 99세까지 장수했다는 사실을 상기할 필요가 있다. 채프만은 흔히 몸은 하나님을 섬기는 도구이기 때문에 잘 관리해야 한다고 강조했다.

또한 채프만은 그가 크리스천 사역자들을 돌보는 휴식소를 마련한 일에서 볼 수 있는 것처럼, 마음을 잘 관리하는 분야에 대해서도 관심을 가졌다. 이 사역자들 중 일부는 무리하게 몸을 사용한 사

개인 습관

람들도 있었다. 그들이 쉬지 않고 일에 전념함으로 주님과의 시간을 잃어버린 사람들도 있었다. 따라서 그들은 매일 공급받아야할 마음의 휴식을 받지 못했다. 이와 같은 위험을 깨달은 채프만은 매주 토요일마다 자신의 긴장을 푸는 시간을 가졌다. 그는 집 뒷뜰에 아주 작은 목공소 하나를 차렸다. 그곳에 좋은 연장들과 선반(旋盤) 시설을 갖추었다. 그는 토요일 대부분을 이 목공소에서 시간을 보냈고, 친구들이 방문하지 않도록 양해를 구했다. 이날은 또한 그의 금식의 날이었다. 수년 동안의 작업을 통해서, 그는 많은 가구들을 제작했고, 어떤 것들은 베어 스트리트 채플에서 사용하기도 했다. 그는 방문자들에게 주발이나 빵 만드는 판을 선사하기도 했고, 또 어떤 제품은 선교자금을 모으기 위해서 팔기도 했다.

그는 공무원 선출을 위한 선거에 투표하지 않았다. 그 당시 그리스도인들의 공통된 습관이었다. 그럼에도 불구하고, 집을 돌보는 청지기 말에 의하면 시의원이나 국회의원들이 채프만을 찾아왔다고 한다. 선거철이 되면 그들은 채프만을 찾아와서 많은 대화를 나눈다. 그러나 그는 항상 다음과 같이 말했다. "형제님, 나는 당신을 찍을 수는 없습니다. 그러나 당신을 위해서 기도는 하겠습니다." 이 이야기 외에 채프만과 포어테스큐와의 우정은 비록 그가 정치에는 참여하지는 않았지만, 지역내 지도자들로부터 많은 존경을 받고 있었다는 사실을 입증하고 있다. 물론 정치가들은 채프만이 많은 표를 좌우할 수 있을 것을 알고 있었다.

12
아일랜드내의 긴 전도 여행

로버트 채프만이 1838년 돌아본 스페인은 영적으로 쇠락해 있었으며, 공개 전도는 대단히 위험하다는 것을 알게 되었다. 그래서 그는 아일랜드를 향해 눈을 돌렸다.

아일랜드에서의 비국교 운동은 영국과는 비교가 되지 않았다. 영국의 삶을 변화시킨 18세기 휫필드와 웨슬리의 부흥 운동이 아일랜드에는 침투하지 못했다. 영국 성공회의 한 팔에 불과한 아일랜드 교회(Church of Ireland)는 심히 부식되어서 로마 가톨릭 교회가 급속히 세력을 확장하였다. 채프만은 기독교 일치에 관해서 대단히 포괄적 입장을 가지고 있었지만, 로마 가톨릭교의 영향에 대해서는 대단히 불편감을 가지고 있었다. 그곳의 로마 가톨릭교는 미신에 깊이 빠져있었고, 일부 사제들은 공개적으로 종교(기독교)를 조롱함으로

로버트 채프만

말미암아 사람들로 하여금 하나님을 떠나게 했다. 1840년대 중반 이후, 채프만은 아일랜드를 방문할 또 다른 이유가 있었다.

기독교의 일치에 관한 이견들이 회중들 간에 일어나고 있었다. 그 당시 J. N. 다비(Darby)는 그리스도인들은 모든 기성교회들과 그들의 조직체들로부터 분리해한다는 견해를 전파하였다. 회중(교회)들은 강력한 내부 결속을 견지해야할 것이라고 했다. 이러한 견해는 채프만이나 그로브스, 뮬러, 크레익과 같은 이 새 운동권 내에 있는 형제들의 견해와는 달랐다. 그러나 다비는 회중(혹은 형제들) 교회들 간에 지속적으로 순회하면서 그의 사상을 전하고, 또한 대단히 광범위한 전단 배포를 통하여서 상당히 성공을 거두고 있었다. 1845년 말, 한가지 불행한 사건이 발생하였다. 다비가 B. W. 뉴턴과의 의견 대립으로 말미암아, 플리머드에 또 다른 하나의 경쟁 교회를 설립함으로써 일치의 문제가 예리하게 부각되었다. 채프만은 다비를 설득하여 타협해 보도록 시도했으나 효과가 없었다. 플리머드 교회의 혼란과 갈등은 점증하기만 하여서, 결국 1847년에 뉴턴은 비난 가운데서 도시를 떠났다. 아일랜드에서 형제회 가운데 가장 유명하고 영향력있는 사람은 다비였다. 그래서 채프만은 아일랜드를 방문하여 그곳의 형제들과 만나 그들의 의견을 들어보고, 또 한편 자기의 의견을 제시하고자 했다.

아일랜드를 방문하고자 했던 또 다른 이유는 병충해로 말미암아 아일랜드의 감자 농사가 크게 실패했기 때문이다. 이것이 그의 가슴에 큰 부담이 되고 있었다. 1845년에서 1847년 사이 약 75만명이

아일랜드내의 긴 전도 여행

기근과 질병으로 목숨을 잃었다. 이 비극과 사망의 소식들은 거의 믿을 수 없는 상태였다. 채프만은 회중을 촉구하여, 베어 스트리트 교회가 코크 지역에서 기근 가운데 부모들이 죽어서 고아가 된 아이들을 돌보고 있는 성공회 목사와 그의 아내의 사역을 돕도록 구제금을 보내기 시작했다. 베어 스트리트 교회의 그리스도인들은 영국 국교회와의 다른점으로 말미암아 마땅히 도와야할 사람들을 외면하지 않았다.

채프만은 이제 한 때는 풍요했던 땅이었지만 기근으로 피폐(疲弊)해진 아일랜드를 방문해야할 시기가 왔다고 판단했다. 1847년 말, 그는 여행 계획을 세우고 가난한 자들과 그들을 돕는 자들을 위해서 격려의 말씀을 증거할 계획을 세웠다. 그는 아일랜드에서 세워진 많은 회중(교회)들을 권면하고 격려해 주며, 그들의 지도자들에게 상담해 줄 준비를 갖추었다. 가능하면 가장 많은 가톨릭 교인들과 접촉하기 위하여 그는 옥외 집회를 통해 말씀을 증거하기로 결정하였다. 고고(孤高)한 설교자가 아닌 채프만은 그가 스페인에서 행한 것처럼 대부분 걸어서 여행하기로 결정하였다. 그는 마을과 마을을 돌아다니면서 사람들을 직접 대면하여 말씀을 전하고자 했다.

1848년 봄, 인도로부터 A. N. 그로브스가 휴식과 사역을 위해서 영국으로 귀국할 계획을 전해왔다. 아마 채프만은 2월쯤 시작하여 그로브스가 귀국할 때쯤 돌아와 그를 만날 계획을 세운 듯하다. 아일랜드의 겨울은 그렇게 혹심하지는 않았다. 그러므로 여행이 그렇게 어려운 것은 아니었다. 그럼에도, 걸어서 여행하는 사람에게는

로버트 채프만

유쾌한 여행 시기는 아니었다. 1838년, 그가 스페인을 방문했을 때, 단 한 사람도 사전에 아는 사람이 없었던 것과는 달리, 이번 아일랜드 여행은 아는 사람들을 만날 계획을 미리 세울 수 있었다.

베어 스트리트 채플의 성도들을 헨리 히드와 다른 사람들의 돌봄에 위탁하고, 채프만은 마차로 하룻길이 되는 또 다른 항구 브리스틀을 향해서 떠났다. 물론 채프만은 반스터벌이나 바이드포드에서 배를 타고 아일랜드로 갈 수도 있었다. 그러나 그는 먼저 (브리스틀에 있는) 친구들을 찾아보고 기도를 부탁하고자 했다. 저녁 때 그가 출발하기 전, 소수의 친구들이 모였고, 조지 뮬러가 채프만의 안전하고 열매맺는 여행이 되도록 기도했다. 1848년 2월 1일, 채프만은 아일랜드 남부 코크 시를 향한 배에 올랐다. 3개월쯤 걸리는 그의 여행길은 상당한 체력을 요구하는 길이었다. 그러나 45세의 채프만은 한창때의 나이였고, 대단히 건장했다.

그는 매일 일기를 쓰고, 매주 "베어 스트리트에서 모이는 하나님의 자녀들"에게 편지를 보냈으며 헨리 히드가 낭독해 주도록 약속했다. 그가 보낸 한 편지 중에 다음과 같은 권면의 글이 적혀 있었다. "사랑하는 히드 형제가 나의 일기를 읽어줄때, 그는 시간에 잘 착념해서—다시 말하면, 하나님께 예배드리고, 말씀을 선포하는 시간에 나의 글을 읽지 않도록 할 것입니다. 편지의 한 부분을 금요일 저녁이나 혹은 월요일 아침에 읽게 되면, 나머지 부분은 시간 여유가 있을때, 사적으로 읽으시기 바랍니다." 채프만은 자신에 관한 이야기가 하나님의 말씀이 증거되는 더 중요한 시간에 사용되지 않기를 바랐다.

아일랜드내의 긴 전도 여행

아일랜드 섬을 도보로 여행한 채프만의 장거리 선교여행 코스

채프만은 코크에서 바쁜 한 주일의 여정을 보냈다. 그는 고아원을 운영하는 한 성공회 사제를 방문하여 좋은 시간을 나눈 내용을 편지에 보내왔다. 주님의 일에 종사하는 지도들과 만나서 대화하고,

로버트 채프만

병원의 환자들을 찾아 방문하고, 심지어는 장례 예배에서 설교도 하였다. "어제 오전, 환자들을 방문하여 하나님의 말씀을 전했습니다. 여러 종류의 교단에 속한 작은 숫자의 신자들이었습니다. 참으로 슬픈 일은, 우리에게 마땅한 이름 외에 여러 가지 다른 이름의 파벌들이 있어야하는 현실입니다." 그리스도인들 간에 형식적인 파벌들이 존재하는 것을 인하여 채프만은 가슴 아파했다. 그러나 그는 모든 믿는 자들의 일치를 보이기 위해서 모든 그룹의 신자들을 섬기는 일을 사양하지 않았다.

주일 오후, 채프만은 많은 기도를 드린 후에, 코크 시의 가장 빈민 지역에서 처음으로 옥외 설교를 하였다. 이러한 일은 현주민들에게는 없었던 일이었다. 채프만은 다음과 같은 내용을 보내왔다.

얼마 후에, 어른들의 말을 듣고, 한 무리의 어린아이들이 고함을 질러서 나의 목소리를 들리지 못하게 하였습니다. 무리 중 한 사람이 말했습니다. "성경 없이 말하시요!" 그 사람의 의미인즉, 만약 로마 가톨릭 교인들이 어떤 프로테스탄트가 성경 읽는 것을 들으면, 그들은 자신의 (성경 읽은 것 들은) 죄를 사제에게 고백해야 하기 때문인 것입니다. 그러나, 나는 성경 아닌 말씀을 전할 수가 없었습니다. 나는 요한복음 19장을 봉독해 주었습니다. 나는 그 장소를 떠나기 전에 큰 소리로 기도를 드렸습니다. 그들 눈에는 프로테스탄트의 기도를 듣는 것은

아일랜드내의 긴 전도 여행

바로 죄짓는 것이었습니다. 내가 그들을 위해서 드린 기도를 인하여 그들은 크게 화를 내었습니다. 한 무리의 어린 아이들이 나와 그리고 나와 함께한 형제들을 뒤따라 상당한 거리를 걸어오면서 고함을 퍼부었습니다. 그러나 그들의 폭거는 고함과 조롱에 그쳤습니다. 내 영은 하나님 안에서 평안했고, 그들을 향한 연민과 기도로 가득했습니다.

채프만은 분노의 군중을 인하여 낙심하지는 않았다. 오히려, 강제로 떠밀려 내지 않은 것 만으로도 그는 나머지 여행길에 소망을 갖게 되었다. 분노의 반응은, 그가 생각하기에 무관심 보다는 나은 편이다.

코크에 머무는 동안에 그는 J. M. 코우드(Code)를 방문하였다. 코우드는 다비와 같이 트리니티 대학 출신이었다. 영국 국교(성공회)에서 안수를 받았으나 양심상 1830년 성공회를 떠났다. 그후 코우드는 독자적으로 코크 지역에서 말씀을 가르치며 복음을 전했다. 그리고 그곳에서 형성되기 시작한 한 회중의 지도자로 사역하고 있었다. 그래서 채프만은 그를 만나서 교회 일치에 관한 그의 견해와, 플리머드에서의 다비의 활동에 관한 코우드의 견해를 듣고자 했다. 채프만 특유의 우아한 필체로 그는 다음과 같은 서신을 보내왔다.

나는 코우드 형제와 함께 우리 간에 있는 판단의 다른 점들에 대해서 다정한 대화를 나누었습니다. 우리는 일치점에 대해

로버트 채프만

서는 기쁨을 나누었고, 불일치점에 대해서는 자기겸손의 원인으로 판단했습니다. 그러나 불일치점들은 다툼이나 결별의 사유가 되지 않는다고 결의했습니다. 하나님께서는 머지않아 당신의 자녀들의 일치를 이루실 것입니다. 속죄소를 향하여…그들은 항상 그곳을 향하여 얼굴을 돌렸습니다.

이리하여 이 두 겸손한 종들은 하나의 본질적인 점에서는 의견을 달리했지만, 서로간에 일치를 보았다. 2-3년후, 코우드는 영국의 베드 지역으로 이주하여 그곳에서 사역을 계속하였다. 놀랍게도 그곳의 성공회 교인들이 코우드의 채플을 찾아와 그의 설교를 들었다. 채프만이 그를 방문했을 때, 다비에 관한 그의 다소 편파적인 의견이 훗날 변화되었으며 베드에서 사역하는 중 그는 모든 믿는 사람들에 대하여 보다 더 포용적이 되었다. 채프만은 또한 로마 가톨릭교에 대한 그의 근심을 다음과 같이 적어왔다.

이곳의 로마 가톨릭 교인들은 사제들이든지, 신자들이든지 간에 스페인 사람들과는 대단히 다릅니다. 스페인 사람들은 자신의 종교 뿐만 아니라 모든 종교에 대해서 조소적이었습니다. 이곳에서는 거짓 종교(즉, 완전 오류라기보다는 부패하고 그릇된 진리)가 무지하게도 존귀한 대접을 받고 있는 것입니다. 내가 스페인에서 본 것은 무관심과 조소였습니다. 이곳의 형편은 안식을 찾으나 어떻게 얻을 줄을 알지 못하며 간절히

아일랜드내의 긴 전도 여행

고민하는 모습입니다. 내가 그러한 사람들의 양심에 말할 수 있는 기회를 얻은 하나님의 은혜를 인하여 아버지께 감사를 드립니다.

채프만은 아일랜드에서 그가 목격한 형편을 보고 약간은 마음을 놓은 것 같다. 그러나 하나님의 말씀 안에 있는 진리에 대한 무지는 어떠한 부분에 있어서 심각한 문제였다.

그의 다음 여정은 코크를 떠나 기근이 격심한 마을들과 아일랜드의 남서부 시골들을 찾아보는 것이었다. 이제 그는 기근에 의해 황폐해진 모습을 직접 보게 되었고, 절망적인 사람들이 음식을 구하려고 도적질 하는 것과 감옥에서 사는 것들을 보면서 조금도 놀랄 것이 없다는 것을 깨닫게 되었다. 그가 첫 번째 도달한 곳은 코크에서 하루 거리 되는 작은 마을 멜로라는 곳이었다. 그가 머물게 된 집에 도착했을 때, 헨리 히드와 베시 패지트의 편지들이 기다리고 있었다. 그는 멜로에서 며칠 더 머물면서 주일에는 다시 옥외 설교를 했다. 이것만이 그가 복음을 전하는 유일한 길이었기 때문이다.

미사를 마치고 금방 나온 불쌍한 사람들이 내 주위에 몰려들었습니다. 몇 사람들은 조롱하는 말을 했으나, 대부분의 사람들은 경청했습니다. (내 집 주인이) 말하기를, 다른 사람들을 조용하게 하는 사람들 중 어떤 자들은 질이 좋지 않은 사람들이 있다고 귀뜸해 주었습니다. 또 어떤 사람들은 그들 집의 창

로버트 채프만

가에서 듣기도 했습니다…나는 나를 이 멜로에 인도해 주신 하나님을 찬양합니다…나는 하나님께서 내 앞에 문을 열어주셨고, 아무도 그 문을 닫을 자가 없다고 믿습니다. 이것은 여러분들의 기도의 응답입니다…사랑하는 형제 자매님들, 여러분들이 하나님께 받은 은총과 능력이 얼마나 큰지! 그 은총과 능력을 사용하십시오.

아일랜드를 위한 그의 비전은 항상 그 앞에 선명했다. 그는 "나는 스페인에서 혼자 여행했던 것과 현재의 상황을 계속 비교하고 있습니다. 이곳에 등불을 밝히신 하나님을 찬양합니다. 그러나 나는 더욱 많은 사람들이 옥외에서 복음을 전하도록 기도하고 있습니다."라고 소식을 전해왔다. 그의 마음은 아일랜드 사람들을 향하고 있었고, 아일랜드에서의 복음전파는 마을의 거리와 광장이 가장 좋은 곳이라고 생각했다. 바로 그런 곳에서 사람들을 만날 수 있었기 때문이다. 이와 같은 멜로의 소식을 전하면서도, 그는 심한 병을 앓고 있는 다비에 대한 생각을 잊지 않고 있었다. 그의 편지의 마지막에 그는 다음과 같은 내용을 기록하고 있다. "나는 사랑하는 형제 다비를 위해서 기도하고 있었습니다. 주께서 그의 건강의 회복을 허락하시기를 기도합니다. 아일랜드 사람들에게는 그의 이름이 사랑을 받고 있습니다." 채프만은 그 자신과 전혀 다른 방향으로 사역을 이끌고 간 다비에 대한 분노나 원한을 조금도 품지 않고 있는 듯했다.

열매를 보면 채프만의 멜로 방문은 큰 영향을 끼쳤다. 채프만

아일랜드내의 긴 전도 여행

이 떠난 몇 주일 후, 무일푼의 한 무직자 청년이 중병에 걸려 죽게 되었다. 그는 멜로 구빈원에 실려 왔다.

위독하다는 소식 때문에 그 청년은 혹시 사제를 만나보겠느냐고 질문을 받았다. 그는 답변하기를 어느 주일날 시장에서 한 낯선 설교자가 말하기를 구속주 한 분이면 족하다는 설교를 들었다고 했다. 바로 이 믿음을 간직한 채 그 청년은 세상을 떠났다. 채프만은 이 이야기를 오랜 후에 들었다. 사역자들은 많은 경우 자신의 사역의 열매를 보지 못하는 때가 있다. 그러나 하나님의 말씀은 헛되이 하나님께 돌아가지 않는다(이사야 55:1).

멜로를 떠나서 채프만은 기근에 가장 심한 타격을 받은 서부지역을 향하여 갔다. 차가운 빗속을 걸어가면서 채프만은 절망에 빠진 황폐한 마을들을 보았다. 한 작은 마을에 들어가 아동 구빈원에서 말씀을 전하고, 극빈 가정들을 방문하였다. 그의 편지에 다음과 같은 기록이 있다.

칸터크에는 1,800채의 극빈자 가옥이 있습니다. 이 외에도 수천 명이 야외 구호를 받고 있습니다. 오직 주님만이 구제해 주셔야할 형편입니다. 1전으로 한 파운드의 옥수수 음식을 살 수 있으면 엄청난 궁휼입니다. 석탄은 풍성합니다. 그래서 구

로버트 채프만

제를 베풀면서도 연료 없는 오두막집이 없는 것을 보면 안심이 됩니다. 나는 목격자들로부터 기근으로 말미암아 처참과 사망이 휩쓸고 간 이야기를 들어왔습니다. 나는 이 일을 잊지 않기를 바라고 있습니다…땅은 황폐합니다. 그러나 거주민들이 그렇게 만들었습니다, 그들의 영혼이 얼마나 불모지가 되었으며, 적막하고 암울한 상태가 되었는지!

채프만은 상당한 양의 반페니 동전을 휴대하고 다녔다. 그는 보행 중 만나는 사람마다 가난한 사람에게는 얼마씩 나누어 주었다. 그는 구제하면서 대화를 나누었다. 그는 다만 굶주린 배만을 생각하지 않았다. "나는 약간의 동전을 한 농부의 아내에게 건네주면서, 가난한 이웃에 나누어 주라고 부탁하였습니다. 그러자 그 여자는 다음과 같이 말했습니다. "전능하신 하나님과, 전능하신 동정녀 마리아께 복받기 원합니다." 채프만의 편지는 전능하신 하나님과 예수님의 어머니를 같은 신분으로 보는 이 여인의 모습을 기록하고 있지만, 그는 이 아주머니의 선의의 축복에(무지함에) 더 이상 언급하지는 않은 것 같다. "그러나 아일랜드는 스페인보다는 낫습니다. 미신은 망령된 비신앙보다는 낫지요. 이곳에 아직 양심은 살아있고, 그 양심은 죽음의 공포로 사람들을 괴롭히고 있습니다. 내가 그리스도를 설교하면, 일반적으로 경의를 표하고 있습니다."

채프만이 나누어 준 돈은 물론 베어 스트리트 채플 성도들의 헌금이었고, 필요에 비하면 소량에 불과했다. 주민들의 절망은 그들

아일랜드내의 긴 전도 여행

이 처한 환경의 슬픔에 슬픔을 더할 뿐이었다. 그러나 복음의 빛이 그곳에 있었다. "칸터크 소재, 한 성공회 교회에서 복음이 전해졌습니다. 그곳에서 나는 한 젊은 사제를 방문하여 함께 기도를 드렸습니다." 다시 우리는 채프만의 기독교 일치에 관한 그의 정신을 보게 되고, 기꺼이 교단 노선을 초월한 모습을 보게된다.

채프만은 가난한 사람들에게 복음을 전했지만, 채프만이 머물었던 집 주인들은 아일랜드에서 부유한 사람들도 있었다. 반스터벌에 보내온 편지에 채프만은 다음과 같이 기록하고 있다.

아일랜드의 재난이 오직 가난한 사람들만의 운명이라고 생각지 말아야 합니다. 가난한 사람들이 더 굶주리고, 육신의 고통이 더 심한 것은 사실입니다. 그러나 그들은 동시에 빚진 것도 없고, 있어도 갚을 것을 아무도 기대하지 않습니다. 그들은 극빈자 수용소에 들어가면 그만이고 더 이상 구경거리도 되지 않습니다. 그러나 부자들은 옛것이든지, 새것이든지 간에 그들의 재정의 수요를 충족해 나가야 합니다. 그러나 줄어든 수입으로 생존한다는 것이 심령에 부담이 되어서 가난한 사람은 염려할 필요도 없는 근심에 쌓여 있습니다. 그러므로 영국에 있는 성도님들이 가난한 자들을 위해서 기도할 때, 부자들을 위해서도 기도하는 것을 잊지 말기 바랍니다.

그는 자신의 재산을 모두 다 처분하고 고정 수입이 없이 살아가

로버트 채프만

고 있지만, 하나님의 자녀들이 모두 다 그렇게 살아야 된다고는 믿지 않았다. 그는 자신의 생활방식을 다른 사람에게 요구하지는 않았다.

남서부 해안에 있는 트렐리라는 마을이 채프만의 다음 목적지였다. 그곳에서 동지들을 만나보고, 우편물들을 찾을 생각이었다. 강가의 계곡을 따라 폭풍이 몰아치는 날씨에 하루 종일 걸어서 그는 케슬 아일랜드라는 작은 마을에 도착하였다. 그가 머물게 되는 집 주인 에드워드 데니 경은 형제회들 사이에 명망이 있는 분이었다. 채프만은 에드워드와 많은 부분에 공통점을 가지고 있었다. 둘 다 부유한 가정에 태어났고, 둘 다 다정한 시적 감수성을 가지고 있었다. 약 50년 후 에드워드의 부고를 알리는 신문 기사에 다음과 같은 기사가 실렸다. "트렐리 마을 거의 전부는 그가 소유한 마을이다. 한 때, 전세(傳貰)를 4배나 올려도 착취라고 여기지 않을 수 있는 시기가 있었다. 그러나 그는 전셋돈을 올리지 않았다." 채프만이 방문했던 그 해, 데니는 "찬송과 시"라는 작품을 출판하여 많은 사람들에게 호평을 받았다. 예언 교리들에 큰 관심을 갖게 된 데니는 종말에 대하여 예언된 많은 사건들을 도표로 만들었다. 도표는 수년 동안 영국에서 인기가 있었고, 널리 사용되었다.

수년 후, 데니의 한 딸은 말했다. "나는 채프만 씨가 나의 부모님을 방문한 때를 생생하게 기억하고 있습니다. 그분은 나에게, '네 성경책에 내가 무슨 표시를 해도 괜찮겠니?' 라고 물어서 나는 곧 나의 성경책을 가지고 나왔습니다. 그는 요한복음 15장의 13, 14, 15절에 표시를 하고, 또 시편 27편 4절과 11절에도 표시를 해주었습니다.

아일랜드내의 긴 전도 여행

나는 그때 아주 어린 아이에 불과했습니다." 채프만은 아이들을 특히 사랑해서, 그가 방문한 집 마다 어린 아이들을 찾아서 이야기를 나누곤 했다. 그가 여관에 머문 때든지, 혹은 하인들이 있는 어느 집에 유숙할 때든지 간에, 그를 돕는 사람들과 항상 그리스도에 대한 이야기를 나누었다.

트렐리에서 휴식을 취한 후, 채프만은 계속 북쪽을 향해 걸어서 이틀 후 샤논 강 입구에 있는 탈버트라는 마을에 도착하였다. 그는 편지에 "나는 (미리 약속은 없었지만) 시간에 맞게 도착하여 로마 가톨릭 교인들과 함께 성경을 봉독했습니다." 그는 누구든지 만나는 사람마다 주저 없이 하나님 말씀을 증거했고, 그 날은 동쪽으로 약 40마일 떨어진 리머릭이라는 도시로 향하는 증기선을 기다리면서, 탈버트 선창가에서 복음을 설교했다.

채프만은 리머릭에서 5일간 머물면서 그곳 그리스도인들과 좋은 교제를 나누었다. 매일, 쉬지 않고 여러 곳의 학교를 방문하며 그리고 여러 그룹의 성인들을 만나서 말씀을 나누었다. 영국에 있을 때는 상당히 엄격하게 토요일 휴식을 가졌다. 그러나 이번 여행 중에는 이 규칙을 지키지 않았다. 그는 주님의 일을 수행하는데 긴박감을 느꼈기 때문이다.

리머릭에서 그는 샤논 강을 따라 동북쪽으로 여정을 잡았다. 마을마다 멈추어서 복음을 전했다. 채프만은 이제 아일랜드의 중앙에 들어왔다. 그와 안면이 있는 몇몇 그리스도인 사역자들을 만나 그 인근에서 5일간 머물면서 사역자들을 격려하고 그들을 도와주었다.

로버트 채프만

그는 다시 도보 여행을 준비하였다. 그러나 한 사역자가 채프만의 피곤한 모습을 보고 마차 하나를 가져와서 그를 태우고 30마일의 거리를 동행해 주었다. 그들은 여러 개의 마을들을 그냥 지나쳤다. 그리고는 베리나슬로라는 마을에 도착하였다. 지친 채프만은 다음과 같은 편지를 반스터벌에 보내왔다.

나는 말씀을 전할 것인지 잠잠할 것인지를 하나님께 여쭈어 보지도 않고 말없이 여러 마을들을 이미 지나와 버린 것에 대하여 마음속에 황송한 생각이 들었습니다. 나는 영력을 재충전 받아야할 필요를 느꼈습니다…하나님만을 바라 보아야할 특별한 필요를 말입니다. 나는 하나님께 문의하지도 않고, 많은 사람들을 만나보려고 전진을 계속했습니다. 그러나 나는 아무도 만나지 못했습니다.

채프만은 서해안 지역에 있는 웨스트포트를 향하여 수일 동안 걸을 때, 복음을 전하면서 여행을 계속했다. 그의 여정의 마지막 부분이 특별히 힘들었다. 그는 다음과 같은 소식을 전해왔다. 하루에 40마일을 "강풍을 얼굴에 받으며 눈, 비, 우박 속을 걸어갔습니다. 그래서 나는 주님께 이 바람을 돌려주시기를 기도했습니다. 그러나 그 날의 주님 대답은 '나의 은혜가 네게 족하다'는 것이었습니다. 그래서 나는 주 안에서 기쁜 마음으로 걸어가며 몇 사람에게 말씀을 전했습니다…나는 전에 만나 본 적이 없는 주 안에서의 형제들을 만날 기대

아일랜드내의 긴 전도 여행

를 가지고 가서 그들을 만났고 나는 도착 후 금방 모든 피곤으로부터 원기를 회복했습니다." 물론 많은 사람들이 채프만과 같은 체력과 목표를 달성하려는 의지력을 가진 것은 아니다. 마차를 빌릴수도 있었지만, 그는 사람들을 만나기 위해서 일부러 걷기를 택했다. 그 다음 날은 주일이었다. 채프만은 다음과 같은 편지를 보내왔다.

우리는 (형제들과) 주만찬을 나누는 귀한 시간을 가졌습니다. 오후에는 날씨가 무척 좋아서 옥외 설교를 했으나 방해를 받지는 않았습니다. 대부분의 사람들은 기꺼이 나의 설교를 들었습니다. 다만 어떤 사람이 축구공으로 나의 귀와 관자놀이를 때렸습니다. 그러자 다른 한 부인(로마 가톨릭교인)이 손수건을 꺼내주어 나의 맞은 자리를 닦게 도와주었습니다. 저녁 때는 형제들의 집회소에서 많은 사람들에게 말씀을 전했습니다.

그의 여행 중 대부분은 아이들과 만나서 말씀을 나누는 일이었다. 웨스트 포트에서도 예외는 아니었다. "월요일 오후…나는 상당한 숫자의 아이들과 그들의 부모들과 기타 여러 사람들에게 설교를 했습니다…나는 큰 기쁨을 느꼈으나, 히드 형제를 생각하며 그가 그리웠습니다. 주님께서는 그의 발길을 아일랜드로 향하게 하시기를 바라고 있습니다. 그는 이 곳에서 큰 환영을 받을 것입니다." 헨리 히드는 아일랜드에서 사역하지는 않았으나, 그 해 말에 런던 북쪽 지역

로버트 채프먼

빈민 촌에서 사역을 시작하였다.

채프만의 여행은 이제 6주째 접어들었다. 웨스트포트에서 채프만은 찰스 H. 메킨토쉬(Charles H. Mackintosh)를 만났다. 그는 많은 주석서를 집필하였고, 그의 이름이 CHM으로 잘 알려진 사람이었다. 메킨토쉬는 다비의 소책자 중 하나를 읽고 중생을 체험하게 되었고, 그후 그는 학교를 시작하여 운영하고 있었다. 그러나 학교 일에 너무 집념하게 되지는 않을까 염려한 나머지, 그는 그 일을 사임하고 집필과 말씀 사역에 더 전념하였다. 채프만은 분명히 플리머드 일에 대해서 메킨토쉬와 상의하였으며, 그가 다비에 대한 변함없는 신의을 가지고 있음을 알게 되었으나, 그의 견해에 대해서는 기록한 것이 없다.

채프만은 도보여행을 계속하였고, 그가 가는 곳마다 설교한 수많은 마을들의 이름을 다 기록할 수는 없다. 터버커리에 도착했을 때, 채프만과 상담을 하기 위해서 J. 버틀러 스토니(Stoney)라는 사람이 그가 사역하고 있던 황량한 땅, 보일이라는 마을에서부터 찾아왔다. 며칠간 두 사람은 터버커리 주변의 산악지대에서 함께 말씀을 전했다. 채프만보다 10년 이상 나이가 어린 스토니는 열정적인 전도자였고, 다비의 열렬한 지지자였다. 그러나 수일간 함께 사역하는 동안 그는 채프만을 너무 존경하게 된 나머지 채프만에게 자기 마을 보일로 함께 가서 얼마간 더 공동사역을 하자고 청했다. 그러나 채프만은 자신의 계획한 사역을 인하여 거절할 수밖에 없었다.

아일랜드 북서부 슬라이고 만(灣)에 소재한 상당히 큰 도시인

아일랜드내의 긴 전도 여행

슬라이고에 도착했을때, 채프만은 다시 영국 문제로 마음이 심란해졌다. 영국에서 온 편지 내용들과 (또 스토니의 말과 함께) 알게 된 소식은 플리머드의 불안으로 말미암아 결국 브리스틀에 있는 베데스다 채플도 영향을 받고 있다는 것이었다. 채프만은 귀국하고 싶은 마음이 들었다. 그러나 그는 아일랜드에 더 큰 책임이 있음을 느꼈다. 그는 다음과 같이 편지했다. "아직 돌아갈 날짜를 확정할 수는 없습니다. 하지만, 많은 사람들의 마음과 같이 나도 다음달(4월) 형제들 간에 엄숙한 기도회가 있기를 바랍니다. '보라, 내가 속히 오리라'

그 다음, 그는 북부 아일랜드 지역에 있는 얼스터를 향하여 북동쪽으로 걷기 시작하였다. 여행 중 그는 웨슬리언 교인들을 만나 설교도 하고 성경도 함께 봉독하였다.

그가 북쪽 끝에 있는 런던데리에 가까이 왔을 때, 피곤이 다시 엄습하였다. 그래서 그는 마지막 몇 마일은 기차를 타게 되었다. 그는 다음과 같이 편지에 기록하고 있다.

주님의 날, 몇몇 소수의 신자들과 함께 떡을 나누고, 부둣가로 나가서 옥외 설교를 했습니다. 방해는 고작 몇 명의 아이들 때문이었고 잠시 동안이었습니다. 그러나 그 방해가 시작된 까닭은 아이들이 장난으로 나에게 동전 한 잎을 선물한 일에 대해 말씀을 듣고 있던 다른 사람들이 그리스도인답게 행동하지 못한데서 시작된 것입니다. 때때로 옥외 설교 시, 내가 겪는 큰 문제는 나의 동료들 때문입니다. 그들은 내가 그리스도를

로버트 채프만

위하여 고난 받는 것이 사실은 나에게 영광이 된다는 것을 이해하지 못하기 때문에, 그리스도의 마음과 그의 말씀에 맞지 않는 태도로 나의 방해자들과 대결하곤 합니다. 나는 그들이 이해를 갖도록 하나님께 기도드립니다.

채프만은 옥외 설교 이후 또 다른 모임에서 설교를 하고 숙소로 돌아와서 병이 났다. 그는 며칠간을 누워 일어나지 못했다. 그러나 목요일, 그는 다시 일어나서 두 사람의 사역자들과 함께 주말을 런던데리 지역에서 말씀 전하는 일로 보내게 되었다. 얼즈터 지역 주민은 주로 영국이나 스코틀랜드 사람들의 후손들이었다. 그곳(북쪽)의 게일릭, 혹은 아이리시라고도 부르는 언어는 남부 아일랜드에서 흔히 사용되고 있는 것과는 달리 별로 사용되지 않고 있었다. 여행 초반에 채프만은 게일릭 언어를 배웠으면 좋겠다고 생각했다. 의사 소통에 더 편리하기 때문이다. 그는 편지에 다음과 같은 내용을 보내왔다.

산골을 제외하고는 얼즈터에서는 아이리시 언어를 잘 들어보지 못했습니다. 그러나 아이리시 언어로 말할 수 있는 것은 큰 은혜라고 생각합니다. 한편, 이 지역은 광대하고, 영어만 말하는 지역은 날로 증가해 가고 있습니다…내 생각에 새로 아이리시 언어를 배우는 것보다는 그 언어로 말하는 사람이 설교를 할 수 있도록 기도하는 것이 더 나을 것 같습니다.

아일랜드내의 긴 전도 여행

4월 1일, 채프만은 아직 완쾌되지 못한 채 런던데리를 떠나서 불과 몇 마일 떨어진 한 작은 마을에 들려 며칠 동안 복음을 전했다. 그가 다시 여행을 시작했을 때, 서둘러서 벨페스트를 지나 남쪽으로 향하였다. 그는 약속한 시간에 더블린에 도착하려고 작정하였다. "나는 불가불 차량을 이용해야 하겠습니다. 그러나 참으로 내가 원하는 것은 주님과 교제하면서 걸어서 주님의 일하는 것입니다." 그러나 그는 어느 구간은 여전히 걷기도 했다. 그의 다음 편지에는 피곤에 지친 모습이 역력했다. "던리어에서 약간 떨어진 시골길을 가다가 한 사람을 지나쳐 가는데, 그 불쌍한 사람이 나를 보고 나의 배낭을 자기가 지고 가겠다고 자원했습니다. 내가 아일랜드 여행을 시작한 이후 나는 처음으로 나의 배낭과 헤어졌고 다른 사람이 그것을 매고 갔습니다. 그는 로마 가톨릭신자였으며, 그의 사제로부터 신약성경을 읽지 말라고 두 번이나 경고를 받았다고 합니다. 그럼에도, 그는 그 신약성경 봉독이 너무 즐겁다고 말했습니다."

그는 더블린에 약속된 시간에 도착했으나 주일 아침을 제외하고는 쉬지 않았다. 그는 주일 아침 브런즈위크 스트리트에 있는 한 큰 회중에 참석하여, 약 200-300명과 함께 주만찬을 나누었다. 오후에 짧게 야외에서 설교를 하고 저녁에는 실내에서 말씀을 전했다. 버런즈위크 스트리트 채플은 여러 개의 소학교를 운영하고 있었다. 채프만은 그의 습관대로 월요일에는 아이들에게 말씀을 전하고, 같은 날 저녁에는 학교에서 말씀을 전했다. 그러나 화요일에는 한 간호사를 불러서 이 피곤에 지친 여행객을 진찰하고 당연한 것, 곧 안식을 취하라는 처방을 받았다.

　더블린 지역에서 며칠간 더 머물면서 그곳 교회 지도자들과 모임을 가진 후, 채프만은 영국으로 귀국하였다. 그는 먼저 리버풀에 들려서 그곳에 사는 형 존의 집에서 며칠간 휴식을 취하였다. 그리고 그는 브리스털에 들려 베데스다 채플의 상태를 검토했다. 그는 단 하루만 머물렀다. 그는 이미 머지않아 다루기에 마음 아픈 사태를 다루어야한다는 사실을 알고 있었다. 그러나 현재로는 속히 귀가하고 싶었다. 4월 21일 그는 반스터벌에 돌아왔다.

　아일랜드에서 채프만은 빈부를 가리지 않고 복음을 전했다. 그는 크고 작은 교회들의 성도들을 격려해 주었다. 그는 성공회, 로마 가톨릭교, 장로교, 감리교, 형제회 등의 모든 신자들에게 관심을 보였다. 지난 15년간 화목했던 운동이 이제는 갈라져 버렸고, 그 문제에 대해 지도자들을 만나 상의했다. 그는 3개월 동안 그가 여행한 전 지역의 만난 사람들에게 말씀을 증거하였고, 그의 영향은 주목할 만한 것이었다. 오늘날 그 영향을 측정할 길이 없지만, 11년이 지난 후 아일랜드 지역을 휩쓴 대부흥을 보면 채프만은 하나님께서 이 나라를 위하여 예비하신 한 종이었던 것 같다.

13

채프만 화목을 시도하다

채프만이 아일랜드 여행을 떠나기 2년 전부터 다녀 온 후 몇 개월 동안의 기간은 채프만에게 고통의 기간이었다. 이 기간 동안 그는 그의 친지들과 동지들안에서 가장 비그리스도인다운 모습을 보아왔다. 그는 지금까지 단 한 번도 자기의 의견을 다른 사람에게 강요한 적이 없었다. 그러나 이제는 그가 동참했던 그리고 전망이 있는 이 새로운 운동이 점점 소멸되어 가는 것을 막고 회복하기 위해서는 적대자들과 대결해야 할 필요를 절감했다. 교회 분열의 두통과 영혼의 깊은 수색을 경험해 본 사람은 누구나 다 그 뒤따르는 고통을 잘 알고 있을 것이다. 이 분란과 그 분란이 발생하게된 배경을 알기 위해서는 약간의 역사적 배경과 경향을 살펴볼 필요가 있다.

1820년대와 1830년대, 영국과 아일랜드에서 발생한 회중 교인

로버트 채프만

들은 강력한 연대를 이루고 있었지만 모두가 다 동질성을 가지고 있었던 것은 아니다. 각 회중들마다 예배 형태나 교육 형태, 자기 교회 지도자들 문제, 다른 교회들과의 관계 문제들은 각각 자기들 나름대로 해결하고 대처해 왔다. 그럼에도 불구하고 그들의 초기 활동 기간에는 예배, 찬송, 설교 등의 분야에 있어서 놀라운 통일성이 지배적이었다. 예를 들면, 주일의 주만찬 형태는 상호간에 일치성을 가지고 있었다. 사제계급의 개입이 없이 이 기념예찬을 집례할 수 있는 기독교의 자유를 다시 회복하게 된 것은 특별한 의의를 가졌던 것이다. 그것은 이 새로운 운동의 상징이 되었다. 회중들은 또한 많은 찬송가를 공동으로 사용하였다. 채프만, 다비, 에드워드 데니경 등 많은 사람들이 많은 새 찬송가를 작사하였고, 특히 주만찬에 적합한 찬송들을 작사하였다.

이 운동의 초기에 설교는 오직 성경에서만 전했고 반드시 은사가 있고 교육을 받은 사람들만이 전했다. W. B. 뉴턴, J. L. 해리스, 그리고 가끔은 헨리 솔토우 등이 프리머드 회중에게 설교를 했다. 이는 퍼시 홀과 조지 위그람 등이 다른 지역에서 개척 교회를 하기 위해 떠났고, 다비는 여행 중이었던 기간이었기 때문이다. 뮬러와 크레익은 베데스다와 기드온 채플에서 교대로 설교하였고, 채프만은 에벤에셀과 배어 스트리트 채플에서 대부분 설교하였다.

그러나, 지역교회의 지도층은 각 회중들간에 다양하게 발전되었다. 조직된지 몇 년 후, 반스터벌과 브리스털 교회들은 영적으로 자격이 갖추어진 사람들에게 한정하여 인정받은 복수 지도체제를 선

채프만 화목을 시도하다

호하였다. 다비의 영향권 아래 있던 교회들은 지도자들이 공식적으로 두각을 나타내지 않았다. 그들에게는 모든 사람들이 동동한 지위를 갖고 있는 것으로 인정하였다.

다비는 하나님께서는 조직된 교단제도를 배척하신다고 믿었고, 그리스도인들은 그러한 제도 교회들과는 분리해야한다고 주장했다. 채프만, 그로브스, 뮬러, 크레익 등과 기타 많은 지도자들도 교단활동들에 대해서 상당히 배척감을 가지고는 있었지만, 다비의 분리주의 견해에는 동의하지 않았다.

회중(교회)들 간의 관계에 대하여 또 다른 이슈가 떠올랐다. 많은 회중의 지도자들은 원래의 더블린 회중을 포함해서 (눈에 띄는 예외인 콩글턴 경은 제외하고) 일치는 강력한 상호의존이 필요하다고 믿었다. 본 전기에 기록된 주요 인물들은 회중들 간의 상호연락은 유용하기는 하지만, 어떠한 회중이나 모임도 다른 회중들의 활동을 좌지우지하는 것은 옳지 않다고 믿었다. 각 회중은 오직 그리스도께만 책임을 진다는 것이다. 그들은 모든 세세한 항목에 이르러 다 동의하지 아니한다 할지라도, 주요 교리들에 있어서 건전하면 모든 개인들과 단체들과 자유롭게 교류할 수 있어야 한다고 느꼈다.

일치와 지도 체계에 있어서 그처럼 다양한 견해를 가진 한 운동이 분열될 가능성이 있다는 것은 불가피한 일인 것 같다. 통상적으로 발생하는 것 같이, 한 사건은 보다 더 큰 다른 사건을 유발한다. 이번 사건의 발생은 뉴턴과 다비, 두 사람의 강한 개성의 충돌에서 시작되었다. 이 두 사람이 함께 프리머드에서 개척교회를 시작한 불과 1년 내에 그들은 예언과 지도체제를 포함한 많은 내용들에 있어서 서로 의견이 다른 것을 발견하였다. 단일 지도자 체제를 선호했던 뉴턴은 그 지도자가 자신이 되어야할 것이라고 시사하였다. 그는 실제로 단일 지도자였고, 심지어는 다비도 처음에는 그런 방향을 지지하였다.

프리머드에서 뉴턴의 역할과는 대조적으로, 다비의 사역은 대부분 순회부흥 집회 형식이었다. 그는 영국, 아일랜드를 연중무휴로 순회 방문했으며, 프랑스와 스위스에서도 수년간 체류하였다. 당연히 프리머드 회중은 더욱 더 뉴턴의 영향아래 있게 되었다. 이러한 상태는 적어도 처음 10년간은 별다른 문제가 없었다. 교회는 급성장했으며, 전도열은 뜨거웠다. 교인들은 성경 말씀에 대단히 박식하게 되어서 인근 다른 교회들에 비해 프리머드 교회는 남부 데번 지역에서 성경전문가들의 모임으로 명성을 얻게 되었다.

순회 설교 중 다비는 예언과 교회 조직에 대해서 자신의 의견을 홍보해 왔다. 그러나 다비의 부재 중, 뉴턴은 데번과 인근 서머세트 지역의 회중들 간에 다비와는 다른 자신의 견해를 가르쳐 왔다. 1845년, 다비가 유럽에서 돌아왔을 때, 그가 필수적인 것으로 믿은 사상들이 진행되기 위해서는 뉴턴의 영향이 단호하게 견제되어야 할 것을 발견하였다. 결국 뉴턴의 성품은 다비가 공격할 수 있는 좋은 빌미가 되었다.

정중하고 근면하고 고등교육을 받았고, 능력있는 설교가였음에도 불구하고, 뉴턴은 어딘가 오만하고 비판적인 정신을 가지고 있

채프만 화목을 시도하다

었다. 당연히 프리머드 회중의 많은 사람들이 그의 지도력 아래서 불안감을 갖게되었다. 프리머드 지도자들 중 한 사람인 알렉산터 켐블 경이 1845년, 뉴턴의 스타일 문제로 인하여 교회를 떠났다. 뉴턴의 공동 사역자 J. L. 해리스와도 충돌이 생겼다. 몇 년 후 뉴턴이 로버트 채프만에 대하여 쓴 글에서 그의 모습을 살펴보면 다음과 같다.

로버트 채프만도 마찬가지이다. 그는 예언적 진리를 수용한 적이 없다. 수년간 그는 천년설을 통째로 부인하였다. 들으려고도 하지 않았다. 그리고 나서 후에는 그저 한 생각으로만 받아들였다. 그리고는 빈궁을 은혜라고 추구하고 있다…나는 그의 방문을 기억하고 있다. 나는 별로 부유하지는 않다. 그러나 그는 나보다 더 궁핍했다. 그는 기도응답으로 누구나 식탁에서 얻을 수 있는 빵 한 조각이 없어서 하루 종일 걸어 다녔다. 대체로 이런 종류의 것들이다. 채프만이 어떤 의사를 방문한 것을 기억하고 있다. 의사의 부인은 크리스천이었고, 그들이 우리 모임에 참석하고 있었다. 채프만이 그들의 집에 가서 여주인에게 청하지 않고 그 집 하인을 찾아서 차 한 잔을 부탁하여 부엌에서 요리하는 사람과 함께 마셨다. 이것이 소위 겸손한 마음을 가진 그리스도인으로서의 증언이었다.

채프만은 이 어려운 기간 동안 진심으로 뉴턴을 지원코자 했다. 그러나 뉴턴은 채프만을 이해하지 못했다. 뉴턴은 또한 조지 뮬

로버트 채프만

러와 부유한 알렉산더 켐블 경, 콩글턴 경 등에 대해서도 비판적이었다. 이들은 채프만의 궁핍 생활방식을 택하지는 않았지만, 켐블과 콩글턴은 계급차별을 무시했고, 채프만과 같이 계급철폐를 지원하였다. 뉴턴은 이들의 입장에 동의하지 않았다.

1845년경, 프리머드의 그리스도인들은 이제까지 그처럼 왕성했던 복음전파의 열기를 상실하고, 행복했던 교제를 잃어버렸다. 다비는 이러한 현실을 목격하고, 1845년 중반쯤에 새로운 회중을 프리머드에서 시작할 것을 계획하였다. 다비의 이러한 조치는 많은 사람들이 환영했고, 또 다른 많은 사람들은 탄식했다. 뉴턴과 결별한 헤리스는 다비의 편에 섰다. 솔토우, 켐블 등 몇몇 지도자들은 뉴턴을 따랐다.

다른 지방에 있는 형제들이 다비의 의도를 알게되었을 때, 많은 사람들이 놀람을 금치 못했다. 콩글턴 경은 뉴턴의 지지자가 아니었지만, 다비의 결정을 극렬하게 반대했다. 채프만은 인내와 하나님 앞에서 교만의 고백만이 모든 문제를 해결할 것으로 생각했다. 프리머드 형제들 간에 나타난 악의는 확실히 그리스도인다운 정신은 아니었다. 그러나 어느 지역교회 안에 다양한 의견이 있는 것은 채프만에게는 새로운 현상은 아니었다. 그가 에벤에셀 채플에 왔을때 처음 직면한 것이 그러한 현상이었다. 그때 그는 가르쳐가면서, 한편으로는 오래 인내하였다. 결국에는 교인들이 근본적 일치에 도달했다. 그러한 접근이 왜 프리머드에서는 적용되지 않는 것인가?

채프만이 보기에 근본적인 문제는 두 개성의 충돌이었다. 그러

채프만 화목을 시도하다

므로 해결은 두 개성의 화해에 있다. 다비가 보기에 근본적인 문제는 그가 지도해온 운동(의 변질)에 있었다. 채프만은 지역적으로 보았고, 다비는 광역(廣域)적으로 보았다. 불화를 겪은 자신의 경험을 토대로 채프만은 1845년 말경에 다비에게 그가 계획한 것을 중단할 것을 권면했다. 채프만은 아마 이때 뉴턴도 만났던 것 같다. 전에 언급한 뉴턴의 편지 내용은 아마 이때의 방문 내용을 담고 있는 것 같다. 그렇다면 채프만의 방문은 별 효과가 없었던 것이 분명하다.

다비는 채프만의 권면을 거절하고 다음과 같이 말했다. "나는 일을 추진할 것이고, 누구든지 원하는 자는 나를 따를 것이오." 1845년 말, 그는 새로운 교회를 개척했으나, 아마 자신이 취한 조치의 영향에 대해서는 크게 착오를 한 것 같다. 그는 대다수가 뉴턴을 즉시 떠나, 뉴턴은 고립될 것으로 생각했음이 분명했다. 그러나 프리머드의 두 회중은 거의 같은 숫자로 나뉘어졌으며, 서로 대결하게 되었다. 더 중요한 것은 이 분열은 두 회중의 범위를 넘어서 전국에 혼란과 불행을 초래한 사실이다. 이 분열 이전에는 전 영국과 아일랜드의 모든 회중들이 긴밀한 일체감안에서 서로 한 지체로 생각하였으나, 이제는 어느 한 편을 선택해야할 형편이 되었다.

채프만은 프리머드 사건 해결을 위해서 능동적인 역할을 담당하기로 결정하였다. 분열을 방지해 보려는 그의 시도는 실패했다. 그래서 차선책으로 그는 치유를 도모했다. 사람들은 자신들의 고집이 그리스도의 정신을 거스른다는 것을 배워야할 필요가 있다. 몇몇 리더들과 함께 상의하면서, 채프만은 기도와 고백의 날이 필요하다는 것을 설득하였다. 사람들이 자신의 죄성을 인정하게 되면, 혹시 화해가 가능해질 것으로 생각했다. 채프만은 1846년 1월 자로 그가 교제하고 있는 모든 교회들에 회람(回覽)서신을 발송했다. 그 내용은 한편으로 경책하며, 한편으로는 회개를 촉구하는 것이었다.

전국 곳곳에 있는 주님의 형제들이 다음 달 두 번째 수요일을 정하여 그리스도의 교회 안에 발생한 분열을 인하여 기도와 겸손의 날로 택하고, 이 분열을 슬퍼하는 모든 형제들은 이 기도사역에 동참하기를 바랍니다. 일반적으로 다 인정하는 바와 같이, 만약 현재 하나님의 백성의 이처럼 추락한 모습이 하나님의 성령을 오랫 동안 근심케 한 쓴 열매라면, 그들이 공동으로 혹은 개인적으로, 공적으로 혹은 사적으로, 성령을 근심케 한 죄를 그처럼 가볍게 여겨온 죄는 더욱 더 하늘처럼 높은 것이 아니겠습니까?…그리스도의 모든 온유함과 겸손함으로 하나님의 백성들 간에 이견과 판단들로 인하여 하나님을 얼마나 욕되게 했는가를 자성해보도록 성도들의 양심에 호소하는 바입니다. 각기 다른 은혜와 지식과 각기 다른 은사와 직분들이 그리스도의 백성들 간에 당연히 인정되어야할 것입니다. 그러나 그러한 다양성은 하나님으로부터 연유된 것이며, 일치를 도모하는 것입니다. 진리를 거스른 판단은 언제나 성도의 교제를 차단하고, 만약 하나님 보좌앞에 애통하지 않으면 분쟁과 분열만을 초래할 뿐입니다.

채프만 화목을 시도하다

많은 회중들이 채프만의 이러한 편지를 배척했을 뿐만 아니라, 그러한 편지를 보낸 것 자체를 비난하였다. 그들에게 다비는 선한 양심으로 조치를 취한 것이며, 따라서 죄를 인정하거나 공적 회개를 해야할 필요가 없다는 것이었다.

채프만은 두 번째로 또 실패했다. 채프만이 그처럼 사랑하는 사람들이 채프만에게는 너무나 분명한 것, 즉 그리스도인들이 그리스도의 사랑으로 행하지 않고 있다는 사실과 하나님 앞에 고집을 고백하는 것이 화해를 위한 첫 걸음이라는 사실을 깨닫지 못하고 있었다.

이제 필연적 결과가 나타나는 것은 그저 시간 문제였다. 1847년, 해리스와 다비 및 기타 여러 사람들이 10년 전 기록된 뉴턴의 글 안에는 점점 이단성이 증가되어간 어빙주의(Irvingism)에 대한 비판도 있지만, 예수 그리스도의 죄 없으신 인성을 반박하는 것으로 해석할 수 있는 문구도 포함되어 있는 것을 발견하게 되었다. 1835년 이래, 학문의 탐구성이 강한 뉴턴은 그리스도의 인성과 그것이 의미하는 바에 대한 난제를 다루어 보려고 시도해 왔다. 성경학자들은 이미 그리스도는 "완전한 하나님이시며 완전한 인간"이라는 점에 동의했다. 그러나 한 인간으로서, 율법 아래에 있는 한 유대인으로서, 아담에게 임한 저주가 만약 예수에게 임했다면, 얼마만큼의 정도로 영향을 미쳤다는 것인가? (바로 이 문제로 어빙이 넘어졌으며, 수년 내에 다비가 그리스도의 고난에 대하여 글을 썼을 때, 다비에게도 문제가 되었던 것이다.)

뉴턴의 그릇된 진술(陳述) 내용과 그 논리적 결론이 분명하게 입증되었을 때, 뉴턴은 그 잘못을 공개적으로 철회하고, 그 내용을 문서로도 공표하였다. 그러나 다비와 그의 동조자들은 뉴턴의 개선은 진정한 심적변화는 아니라고 믿었으며, 남부 데번에 있는 뉴턴의 회중을 그들의 교제권에서 제거하도록 영향력을 행사하였다. 그들은 뉴턴의 동조자들은 이미 나쁜 교리에 감염되었으므로 영접할 수 없다고 생각했다. 이러한 우려와 그리스도인 형제들 간에 의심과 영적 순결을 위한 집념 등은 교회사를 통해서 볼 때, 유별난 것은 아니다. 이 사건은 아일랜드에서의 워커 추종자들(Walkerites)이나 켈리 추종자들(Kellyites)에게서 볼 수 있는 것이며, 영국과 스코틀랜드에서의 샌드마니 추종자들(Sandemanians) 등 많은 집단들에서 볼 수 있는 슬픈 현상들 중 하나이다. 이들은 처음 영적 순결을 찾아서 출발했으나, 사랑을 잃어버린 두려움을 인하여 굽은 길로 들어가버린 예들이다.

다비가 승리를 거두었다. 뉴턴은 실패를 인정하고 1847년 12월 프리머드를 영원히 떠나버렸다. 솔토우와 프리머드 회중의 개척 교회 교인 3명이 뉴턴의 교훈을 따른 것에 대해 마음의 깊은 고통을 안고 사과하였다. 솔토우는 불과 몇 개월 후, 그의 가족들과 함께 수치와 비탄과 쟁론을 떠나 엑시터 근처 엑스머드 시로 이사해 버렸다.

1848년 4월에 이르러서 이 분란은 브리스틀에 있는 베데스다 채플에도 번져 갔다. 뉴턴 편을 들었던 프리머드 교회의 한 가정이 브리스틀로 이사와서 베데스다 채플의 교인등록을 신청해 왔다. 그리고 인터뷰를 거친 후, 그들을 받아드렸다. 왜냐하면 그들이 뉴턴의

채프만 화목을 시도하다

잘못된 교리에 찬성하지 않는다고 말했기 때문이다. 그러나 이 결정이 바른 결정인지에 대해서 많은 교인들이 불안해했고, 물론 다비의 프리머드 교회는 대단히 불쾌하게 여겼다.

채프만은 이때쯤 아일랜드 선교여행에서 돌아왔고, 그로브스는 인도에서 귀국하였다. 둘 다 이 사건에 관여하고 있었다. 브리스털 시의 몇몇 회중의 지도자들이 5월에 바드에서 모임을 갖고 뉴턴의 글들을 검토해 본 후, 가능하면 화해를 위한 길을 건의해 보고자 했다. 뮬러와 채프만을 포함한 참석자들 중 대부분의 리더들은 뉴턴의 글이 어떤 부분은 이해하기 힘들고 어떤 부분은 상호모순된 부분들이 있으며, 심각한 오류를 내포하고 있다는데 의견의 일치를 보았다. 크레익은 학적 지식과 경험을 가진 사람으로 뉴턴의 글에 대해서 다른 사람보다 더 나은 분석을 제공할 수 있었으나, 그의 의견을 쉽게 발표하지 않고 있었다. 그가 보았을때 뉴턴의 진술들이 명료하게 분석하기에는 너무나 모호한 내용들이 많았다.

베데스다 장로들은 과거 지지자들을 수용한 뉴턴의 이유에 대해 설명할 필요를 느꼈고, 그들은 문서로 이것을 발표하였다. 그러나 다비와 그의 추종자들은 이 설명을 받아드리지 않았다. 다비의 요구에 따라 영국 전역에 걸쳐 많은 회중들이 베데스다를 그들의 교제권에서 배척했을 뿐만 아니라, 베데스다를 지지하는 회중 혹은 개인들과도 일체 관계를 단절해 버렸다. 이렇게 형제회는 두 진영으로 나뉘어 버렸다.

다비가 베데스다를 축출해버린 직후, 그는 뮬러와 여러가지 내

로버트 채프만

용을 상의하기 위해서 브리스털로 그를 찾아왔다. 무슨 화해의 길을 제안해 볼 의향이 있었는지 우리는 알길이 없다. 왜냐하면, 뮬러는 다비에게 화를 내며 상대하기를 거절했고, 그후 그들은 다시 만나지 않았다. 끝없는 악순환이 아직 끝나지 않은 것 같았다. 뮬러는 그의 성품답지 않게 인간적 보복을 가했다. 곧 이어, 신사적인 크레익 마저도 가담했다. 뉴턴 사건에 있어서 다비의 참모 역할을 했던 조지 위그렘은 뉴턴의 저술 내용을 속히 발표하지 않았다고 크레익을 비난하였다. 크레익의 사려 깊은 답변에도 불구하고, 위그렘은 만족치 않고 계속 비난했다. 드디어 분노가 터진 크레익은 "배타적인" 모든 형제회 사람들과는 관계를 단절한다는 성명을 발표해 버렸다.

    채프만은 이 사랑하는 두 친구들의 행동에 관해서 아무 글도 남긴 것이 없다. 그러나 채프만은 이들로 인한 깊은 슬픔을 금할 길이 없었다. 그는 물론 다비와 위그렘과 기타 여러 사람들이 행한 인신공격을 마땅치 않게 여겼지만, 그의 반응은 오직 사랑으로 행하였다. 틀림없이 채프만은 순진한 사람이거나 인간 본성의 현실을 이해하지 못하는 소망 없는 이상주의자로 여김을 받았을 것이다. 그러나 인간 본성을 깊이 이해한 채프만은 오직 하나님의 얼굴만 찾으면 그리스도인 형제들이 자신의 실패를 인정하고 회개하는 것이 가능하다는 것을 알고 있었다. 그 외의 남은 것들은 모든 변명에 불과하다.

    반스터벌이나 브리스털의 회중들과 같이 여러 지방의 회중들도 어차피 독자적인 신분을 가지고 있는데, "다른 회중들로부터 배척되었다는 것이 무슨 그리 대수로운 일인가?"라고 질문할지 모른다.

채프만 화목을 시도하다

그러나 채프만 같은 사람들에게는 그러한 조치가 대단히 비통한 사건이었다. 그처럼 많은 열매를 맺고, 위대한 예배의 자유를 체험했던 그 운동이 사탄의 궤계(詭計)로 깨어지는 것을 볼 때 아픔이 아닐 수 없었다. 같은 마음을 가진 신앙의 형제들 간의 교제는 너무나 감미로운 것이었다. 사이좋았던 그리스도인들 간의 관계가 이제는 다툼의 관계가 되었다. 처음 프리머드 회중의 멤버였던 한 사람이 훗날 다음과 같이 말한 기록이 있다. "사탄이 감상하기에 너무나 매혹적인 광경이었다. 그는 교묘한 수단으로 그 아름다움을 훼손해버렸고, 그 사랑스러움을 황량하게 했음이 틀림없다."

양 진영의 몇몇 사람들은 초래된 결과에 너무 가슴이 아픈 나머지 계속해서 화해를 시도해 보았으나, 종래 헛일이 되었다. 영국 전역에서 형제회 내에 영향력을 가진 리더들 12명과 간접적 관계를 가진 여러 명의 지도자들이 이 문제를 재검토하기 위하여 바드에서 모임을 가졌다. 이 회의 중 채프만은 다비에게 도전하여 다음과 같이 말했다. "당신은 분리하기 전에 좀 더 오래 기다려야 했을 것입니다." (뉴턴과의 갈등을 해결하지 못하고 1845년의 다비가 취한 조치에 대하여 말한 것임.) "나는 6개월을 기다리지 않았습니까?"라고 다비는 자신을 옹호하였다. 채프만은 노골적으로, 퉁명스럽게 "반스터벌이었다면, 6년을 기다렸을 것입니다."라고 답변했다.

바드 회의에 참석한 사람들은 베데스다와 그들을 동정하는 사람들이 그들 중 일부가 아직도 붙잡고 있는 이단성에 대하여 끝까지 대결할 것에 대해 다비와 그의 추종자들을 설득할 수 있을 것으로 희

로버트 채프만

망했으나 그들이 발표한 성명서는 아무 효과가 없었다. 채프만은 이러한 일련의 사건들에 대하여 심히 애통하였지만, 더 이상을 아무 것도 할 수가 없었다. 심지어는 다비를 옹호하는 형제들로부터 비방을 받기까지 하였다. 한 때 그를 기꺼이 영접했던 회중들의 일부가 이제는 외면하기 시작하였다. 그러나 다비는 채프만을 옹호해 주었다. 다비의 추종자들 중 어떤 사람들이 채프만은 기초교리에 부족하다고 말하자, 다비는 그들을 꾸짖고 다음과 같이 말했다. "그분을 험담하지 마시오. 그분은 내가 가르치는 바로 그것을 삶으로 살고 있는 분이요." 또 한번은 "우리는 하늘을 말로만 이야기하고 있지만, 로버트 채프만은 그 하늘의 삶을 살고 있소."라고 했다.

다비의 개성은 우리들 자신의 불안정한 모습을 반영하고 있다. 다만 그의 개성은 강력하게 나타났을 뿐이나, 그 안에서 우리들 자신의 모습이 나타나고 있다. 반대를 받으면, 그는 사납고 비그리스도인답게 되지만, 다른 때에는 사랑을 보이며 정중하기도 하다. 우리들과 똑같이 그는 어떤 행동에 대해서는 그렇게 할 수 밖에 없었다고 자신의 행동을 변명했다. 채프만이 성숙하게 유지해온 것과는 달리, 다비는 사랑과 단호함의 균형에 부족이 있었다.

채프만은 다비를 추종하는 형제 자매들에 대하여 비판적 말을 사용하지 않았다. 일부 사람들은 그들을 경멸하는 어투로 말하기도 했지만, 채프만은 여전히 그들을 "사랑하고 사모하는 형제들"이라고 불렀다(빌 4:1). 그러나 그의 슬픔은 깊었다. 그에게는, "꼴보기 싫은 것들, 잘 없어졌다."는 태도가 전혀 없었다. 그를 반대하고 더 이상

채프만 화목을 시도하다

그리스도인 형제로서 교제를 끊어버린 사람들이 사라져 버렸다는 것에 대하여 조금도 마음에 안도감이 없었다. 이 사람들은 그의 "형제들로서 그들의 양심에 따라, 그들을 향한 나의 교제를 거부했고, 나로부터 그들의 교제를 박탈해 버린 사람들"이었다. 다비에 대한 그의 사랑도 변함이 없었다. 몇 년이 지난 후, "열린" 형제회 지도자들이 리언민스터에서 회의를 진행하고 있을때, 다비가 세상을 떠났다는 소식이 들려왔다. 그때, 채프만이 일어나서 다비가 작곡한 "저 하늘 성도들의 안식"이라는 제목의 찬송을 함께 부를 것을 요청했다.

    뉴턴과 다비의 분쟁은 결국 화해를 보지 못했고, 일생동안 채프만의 마음에 애통이 되었다. 분열 이후 반스터벌에 세워진 한 배타적인 회중이 있었는데, 그 지역의 그리스도인들에게 불행의 근원이 되었다. 그 배타적 회중은 채프만을 비방하고, 베어 스트리트 채플의 개방적 회중이 이단을 옹호한다고 비판했다. 그러나 이 모든 상황가운데 채프만은 베어 스트리트 그리스도인들 간에 사랑의 정신을 유지하도록 도모해 왔다. 그는 결코 보복하지 않았다. 오직 기도와 사랑과 간절한 영으로 그를 대적하는 자들과 대면하였으며, 언제나 화해를 기대했다.

    화목을 도모하는 사람들 간에 채프만의 역할은 이 운동의 리더가 되게했다. 이 사건 이후로 문제가 있는 회중들은 그의 방문을 요청해 왔고, 그들은 깊은 존경심을 가지고 그의 의견을 경청했다. 사람들을 다루는 그의 단호하면서도 사랑스럽고 재치있는 태도들은 많은 사람들의 칭찬의 대상이 되었다. 그는 조심스럽게 조급한 태도나

로버트 채프만

성내는 것을 피하고, 그를 반대하거나 그의 판단에 그리스도를 반대하는 사람들에 대하여는 슬픔과 애정을 보였다.

1820년, 채프만이 더블린에서 일단의 사람들을 모아 인도했던 에드워드 크로닌에게 보낸 편지 내용을 살펴보자. 크로닌은 한 때 바그다드에서 선교사역을 하고 있던 노리스 그로브스를 도운 적이 있었다. 그러나 다비가 베데스다 채플이나 혹은 그들을 동조하는 모든 회중들은 더 이상 그들과 교제하지 말라는 요구를 받아들였기에 크로닌은 그로브스에게 편지를 보내어 이제는 더 이상 동역하지 않겠다고 알려왔다.

슬픔에 빠진 그로브스는 그에게 마음을 돌려보도록 호소하였으나 아무런 효과가 없었다. 그 두 사람간의 모든 대화는 단절되었다. 그러나 1881년, 크로닌 자신도 이 배타적 회중으로부터 쫓겨나는 신세가 되었다. 그 이유는 그가 어떤 문제의 해결을 다른 곳에서 구해 보려고 시도했기 때문이었다. 그때 채프만은 사랑의 마음을 담아 그에게 다음과 같은 편지를 보냈다. "형제가 주님이 용광로 안에 있다는 소식을 들었소. 이 짐을 당신과 함께 지지 않을 수가 없소… 우리 모두가 다 다른 사람을 책망하는 일에 더욱 자라가고 있습니다. 그들이 주님 안에서 형제들이든지 혹은 세상 사람들이든지 간에…우리는 다른 사람들의 허물을 인해 애통합니다. 왜냐하면 보혜사 성령님을 슬프게 하는 일들이기 때문입니다." 다른 사람들의 시련이 곧 채프만의 시련들이었다. 1887년에 쓴 채프만의 한 편지에 다음과 같은 글이 담겨 있다. "많은 하나님의 신실한 자녀들이 이 시대에서 겪

채프만 화목을 시도하다

고 있는 압력을 내가 잘 알고 있습니다. 나도 그들과 함께 용광로 안에 있습니다."

한 때 베어 스트리트 채플의 한 지도자가 뉴턴이 전했던 이단 교리를 가르친다고 비판을 받은 적이 있었다. 1869년 날짜로 채프만에게 보내온 편지에 이것이 사실인가 질문하는 내용이 있었다. 채프만의 단호하지만, 고뇌의 모습을 다음 편지에서 볼 수 있다.

아, 참으로 우리들, 사실은 모든 성도들은 각자가 하나님 앞에서 자신을 변명하게 될 것입니다만…귀하의 질문에 관해서 우리의 답변은 첫째, 그 사람이 이편에 서 있건 저 편에 서 있건 간에(우리는 양편을 다 그리스도의 머리에 속한, 우리가 소중하게 여기는 지체들이라고 생각합니다.), 그가 그러한 교훈을 들은 후에 우리와 함께 교제하기를 요구한다면, 그는 오직 하나님의 말씀과 그리스도의 법에 따라 판단을 받아야 할 것입니다. 서로 다른 사안을 분별하지 않으면 안 될 것입니다. 만약 어떤 사람이 괴악한 교리를 들여온다면…이곳 형제들은 그 사람의 행복과 치료를 위해서 기도할 것입니다…. 그러나 교제는 허용치 않을 것입니다…. 그리고 귀하가 언급한 그 특별한 사안에 대해서는 우리가 다 경건한 열심으로 살펴보았으나, 귀하가 언급한 형제가 어떤 괴악한 교리를 가르치고 있는 것을 발견하지 못했습니다…우리와 함께 모든 성도들은 하나님의 성령을 근심케 하지 않기를 바랍니다…그렇지 않으면 우리는

로버트 채프만

사방으로부터 자기 판단만이 뒤따르는 것을 보게 되지 않겠습니까?

또 다른 경우 채프만은 다음과 같이 기록하고 있다. "나는 여러 번 나의 믿음에 심각한 시련을 겪어왔습니다. 그러나 주님께서 그분 자신의 은혜의 때를 따라 방법을 공급해 주셨습니다." 기도에 대한 무응답은 믿음에 큰 시련을 가져온 것 같다. 채프만이 그의 형제들의 화목을 위해서 드린 그의 기도에는 응답이 없는 것처럼 느껴졌다. 그러나 그는 항상 다음과 같이 말했다. "우리 아버지께서 모든 것을 알고 계십니다." 그리고 이것이 그를 지탱해 주었다.

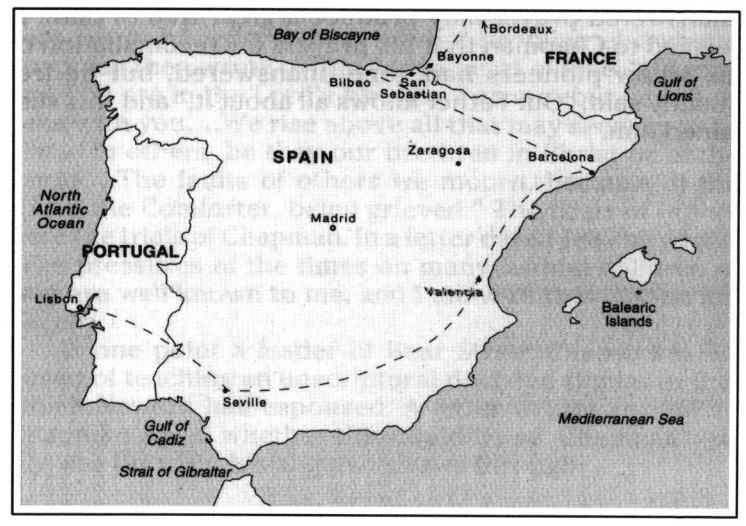

채프만의 제 2차 스페인 전도여행 길

채프만 화목을 시도하다

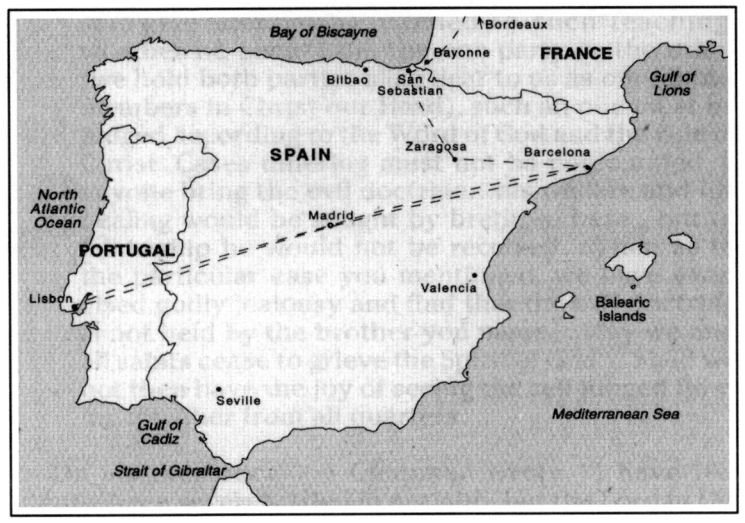

채프만의 제 3차 스페인 전도여행 길

14
쉬지 않는 복음 전도자

로버트 채프만은 그의 설교에서 자주 스페인을 언급했으며, 기도에서는 항상 언급했다. 1838년의 스페인 선교 여행은 그의 마음에 항상 생생하게 남아있었고, 하나님 말씀에 대한 무지 속에 살고 있는 스페인 사람들에 대한 채프만 마음에 있는 부담감은 세월이 지나도 감소되지 않았다. 1838년 이후 20년 동안, 스페인의 종교 상황은 그저 약간 나아졌을 뿐이다. 1850년, 스페인 전도자 마타모로스의 투옥에 대하여 여러 나라들이 규탄했음에도 불구하고, 스페인 정부의 프로테스탄트에 대한 태도는 여전히 경직 상태에 있었고, 공식적으로 복음전파 활동의 문은 닫혀 있었다.

로버트 채프만

제 2차 선교 여행

채프만은 1860년 초, 스페인 여행의 기회를 찾고 있었다. 베어 스트리트 채플과 뉴 빌딩 스트리트 사역에서 변함없이 도움을 제공한 베시 패지트는 이제 나이가 많이 들어서 지난 몇 년 동안 건강이 좋지 않았다. 채프만은 몸이 불편한 그녀를 오랫동안 돌보지 않은 채 두고 가기를 주저하고 있었다. 1863년, 그녀가 별세하고 난 후, 채프만은 2차 스페인 선교여행을 준비했다.

하나님께서도 W. 굴드, G. 로렌스와 그들의 아내들 마음에 스페인에 대한 부담을 불어 넣기 시작하셨다. 그들은 다 반스터벌 지역에 살고 있었다. 채프만이 여행 계획을 발표했을 때, 그들은 영구 선교사로 스페인에 갈 것을 하나님 앞에 헌신하였다. 스페인은 아직도 공개적 선교활동을 금지하고 있었기 때문에, 이 다섯 사람들은 인쇄소를 개업하기로 계획하고 1863년 말 영국을 떠났다.

스페인까지 가는 여정에 이 작은 그룹의 일행이 수행할 사역이 또 있었다. 채프만은 몇 명의 스페인 사람들이 가톨릭교회를 배척한 이유로 프랑스 보도(Bordeaux)에서 유배생활을 하고 있다는 소식을 들었다. 프랑스의 그리스도인들이 그들을 처음 만났을 때는 환영하고 거주를 도왔지만, 피난민들의 신세는 대단히 어려웠다. 거의 대부분은 일자리도 없었고, 수입은 밑바닥이었다. 그들은 모국으로 돌아갈 희망이 보이지 않았고, 참으로 격려가 필요했다. 영국의 많은 그리스도인들은 채프만 단체에 헌금하여 난민들에게 의복을 공급하는

쉬지 않는 복음 전도자

데 도움을 주었다. 선교사들은 수일 동안 길가에 체류하면서 가난한 자들을 돕고, 함께 기도하며 복음을 전했다.

그 다음 다섯 명의 선교사들은 스페인 국경 근처 프랑스 해안가 바이용을 향해 남쪽으로 이동하였다. 그곳에 마누엘 마타모로스가 유배생활을 하고 있었다. 마타모로스와 함께 기도를 드린 후, 채프만은 그와 함께 자신의 스페인 복음전도 계획을 상의하였다. 이 젊은 스페인 사람은 여러 가지 면에서 채프만에게 충고를 줄 수 있었다. 감옥 생활로 말미암아 쇄약해진 마타모로스는 머지않아 스페인에 복음이 들어갈 것을 확신하며, 외국에서 세상을 떠났다.

일행은 이제 스페인 북부 해안 지역 빌바오에 들어가서 스페인이 예전과는 달리 복음전파가 약간은 쉬워진 것을 발견하였다. 채프만은 다음과 같은 글을 보내왔다.

이곳 사역의 문이 약간씩 열리고 있습니다. "그 누가 하찮은 날을 경멸하겠습니까? …" 로마 교회는 비록 아직 국법상 국가지정교회로 되어 있기는 하지만, 대중의 양심을 지배하는 세력은 상실해 버렸습니다. 그러나 로마 교회를 경멸하는 자들에게는 이보다 더 나은 것이 없습니다.

이것이 스페인의 난제였다. 복음주의 교회들은 흩어져 지하에 잠적해 있었다. 대중의 대부분은 어디에 있는 줄도 모르고, 어디에 가서 어떻게 성경 말씀을 들을 수 있는지도 알지 못했다.

로버트 채프만

　굴드 내외와 로렌스 내외는 스페인 동부 해안 바르셀로나에 거주하기로 결정하였다. 60세가 된 채프만은 그들과 함께 잠시 머물러 있었고, 두 선교사 내외는 곧 그들의 선교기지가 될 인쇄소를 차리기 시작하였다. 그들이 자리를 잡게 되자 곧 그들은 걸어서 혹은 마차를 타고 동서남북 종횡무진으로 선교활동을 시작했다. 채프만은 포르투갈에도 들어가서 여행 중 만난 사람들에게 말씀을 전하고, 몇몇 아는 지인들을 찾아가 격려해 주고 떠났다.

　한 흥미로운 사건이 이 끝없는 복음전도자의 한 모습을 보여주고 있다. 한 선교회의 개척자로 스페인에서 일하는 사람이 사두마차로 여러 도시를 정기 운행하는 스테이지 코치를 타고 서빌(Seville) 시로 여행 중에 있었다. 그는 자기 옆에 한 사람이 조용히 성경을 꺼내어 읽기 시작한 모습을 보고, 다음과 같은 기록을 남겼다.

　나는 나의 소개를 하고, 곧 우리 둘이 다 같은 목적으로 여행 중에 있는 것을 알게 되었다. 나는 전국 각지를 다 돌아다녔기 때문에 내가 도움을 드리겠노라고 제안을 했다. 채프만 씨는 감사를 표시하면서 곧 그의 돈 지갑을 나에게 주었다. 나는 상당히 당황했으며 즉시 나는 한 선한 사람과 같이 여행객이 되었다고 생각했다. 그러나 그는 "머리가 약간 이상한" 사람 같았다. 우리가 서빌에 도착하자마자 많은 사람들이 떼로 몰려왔고, 그중 한 사람이 우리 짐을 호텔에 날라 줄테니 돈을 달라고 했다. 그러나 짐 옮기는 값은 이미 마차 운송비에 포함되어 있

쉬지 않는 복음 전도자

었기 때문에 나는 그 부당한 요구를 단호하게 거부했다. 내가 말다툼을 하고 있던 중에 나는 누가 가볍게 내 어깨를 만지는 것을 느꼈다. 내가 돌아다보았더니 채프만 씨가 "그분에게 돈을 주십시오."라고 말했다. 나는 격렬하게 "천만에요, 채프만 씨. 자, 여기 당신의 지갑이 있으니 원하시면, 당신께서 지불하십시오. 나는 관여하고 싶지 않습니다."라고 말했다. 그리고 그 다음 일어난 일을 나는 결코 잊어버릴 수가 없게 되었다. 채프만 씨는 즉시 그 사람이 요구하는 액수의 돈을 꺼내어 그 사람의 손에 꼭 쥐어주며, 그 사람의 행위가 부당한 일이라고 분명히 말하면서, 그러나 그는 이 땅에 구원의 복된 소식을 전하러 왔노라고 이야기했다. 그리고 그것은 "하나님께서 세상을 이처럼 사랑하사 그의 독생자를 주셨노라."는 바로 그 복음을 전하기 위한 것이라고 말했다. 이 사람이 거기 서서 복음을 들을 때, 아마 그 돈이 그의 손에서 불타지 않았을까 싶다. 나는 벌써 나와 함께 여행하는 이분을 인하여 내 마음 속에 커다란 변화가 일어나기 시작한 것을 알게 되었다. 그리고 내가 전도 여행자로서의 나를 스스로 중요하게 여겨온 자존감 대신에 나는 그분과 비교할 때 어린아이에 불과한 것을 느끼게 되었다.

함께 차를 마신 후에, 채프만 씨는 같이 산보를 나가겠느냐고 물었다. 나는 즉시 동의하고 우리는 함께 시가의 이곳 저곳을 산책하였다. 얼마 지나지 않아서 채프만 씨는 내게 몸을 돌려

로버트 채프만

"형제님, 혹시 우리 호텔로 돌아가는 길을 아십니까?"라고 물었다. "천만에요, 채프만 씨. 나는 여기 와 본 적이 없습니다." "괜찮습니다. 하나님께서 우리를 안내해 주시도록 기도합시다." 즉시, 미처 내가 무어라고 소리 지르기도 전에 (사실, 나는 소리를 질렀다.) 길가로 끌려가서 채프만 씨가 기도하는 소리를 들었다. 그는 주님께 말하기를 여기 우리가 주의 종들로 왔는데 호텔로 돌아갈 길을 안내해주시고, 사람들을 만나 그들의 영혼에 관한 말씀을 나눌 수 있는 기회도 허락해 달라고 했다. 나는 전에 이런 긴밀한 관계의 기도를 들어 본 적이 없었다. 이렇게 완전히 하나님만 의뢰하는 태도의 기도를 말이다. 그러나 나는 그를 따랐다.

우리는 곧 길을 따라 내려갔다. 채프만 씨는 간판들을 살펴보다가 한 곳에 머물더니 "여기, 영어로 쓰인 간판이 있소, 들어갑시다."라고 말했다. 그 상점은 종(鐘)을 파는 곳이었고, 우리가 들어갈 때 종이 모자를 쓴 한 사람이 안에서 나오며 우리를 맞았다. 채프만은 그를 향해 걸어가며 손을 들고 "당신은 영국 사람이군요?" 라고 했다. "그렇고말고요. 나의 모국어를 들으니 대단히 반갑습니다."라고 그는 대답했다. 채프만 씨는 "우리는 여기 복음을 전하러 왔습니다."라고 말하며, 종 가게 주인에게 구원 받으셨느냐고 물었다. 그는 "내가 이 나라에 들어온 이후 이런 질문은 처음 들어 볼 뿐만 아니라 나에 대하여 관심을 묻는 질문도 처음입니다. 만약 그것이 당신의 목적이라면

쉬지 않는 복음 전도자

안으로 들어 오십시오."라고 말했다.
나는 일이 어떻게 되는 것인가 생각하며 따라 들어갔다. 채프만 씨는 즉시 성경을 꺼내었고, 성경 말씀에 관하여 가장 흥미로운 대화가 나누어졌다. 상점 주인은 대단히 열중했고, 곧 함께 기도를 드렸다. 그리고 무릎을 꿇고 기도하던 자리에서 일어나며 채프만씨는 "우리는 여기 초행길인데, 혹시 -호텔 가는 길을 아시나요?" 라고 물었다. 그는 "알고말고요. 제가 친히 함께 가겠습니다."라고 즉시 대답했다. 그가 우리와 동행하여 길을 가는 동안, 나는 내가 전혀 예상치 않게 이 하나님의 사람을 만나게 되고 동행하게 된 것에 깊은 감동을 받았다.

이 이야기를 전한 선교부 직원은 몇 년후 서빌에 다시 들렸을 때 그 종 가게 주인을 찾아보았다. 채프만과 만난 이후로 그 상점 주인은 그리스도인이 되었을 뿐만 아니라 복음 전도자가 되어 있었다.

스페인의 정치적 혼란으로 말미암아 외국인들의 생활은 대단히 위험스러웠다. 그들은 항상 의심의 대상이 되었다. 굴드 내외와 로렌스 내외는 큰 반대와 핍박에 직면하였고, 결국 많은 고난 후 2년 만에 도시에서의 핍박을 피해 떠나야했다. 그러나 주님의 강권하심을 받아 그들은 다시 돌아와 로렌스는 바르셀로니아에서, 굴드 가정은 마드리드에서 사역을 재개하였다.

6개월 간을 스페인과 포르투갈에서 여행하며 복음을 전한 후 채프만은 영국으로 돌아 왔다. 열려가는 전망에 격려를 받은 채프만은 아직도 위험이 상존하기는 하지만 스페인의 영적 필요성에 대하여 계속 이야기하였다. 몇 년 후 스페인은 종교 자유를 선포하였고, 많은 영국 그리스도인들이 그곳에 도착하였다. 이들 중에 바로 헨리 페인과 앨버트 펜이 있었다. 페인은 반스터벌에서 주님을 영접하였고, 그의 아내는 베어 스트리트 채플의 학교 선생이었다. 펜은 브리스털에서 조지 뮬러의 지원을 받고 있는 한 학교의 교사였다. 이 두 가정의 내외는 1869년 10월 스페인에 도착하여, 바르셀로나에서 이미 사역하고 있던 로렌스와 함께 주간과 야간 학교를 시작하였다.

그러나 스페인은 외국 선교사들에게는 여전히 위험한 곳이었다. 앨버트 펜은 1870년 초에 발생한 제 2차 칼 지원파 반란 때, 암살을 겨우 모면하였다(1829년 폐지된 왕위 상속법 이후, 왕권을 주장한 Don Carlos Maria Isidro de Borbon 의 반란, 1855년). 그후 펜 부부는 마드리드로 이주하여 굴드 부부와 함께 사역을 계속하였다. 그들은 20년 동안 그 곳에서 세상을 떠날 때까지 하나님의 말씀 사역을 했다. 채프만은 끊임없이 이들 용감한 선교사들과 함께 그들을 격려하고 그들을 위해 기도하며 교류를 계속하였다.

제 3차 선교 여행

채프만은 1871년 다시 스페인으로 향했다. 그의 나이 68세였다. 대부분의 사람들에게는 은퇴할 나이였다. 그러나 전도자에게는 해야할 하나님의 일이 있었다. 그는 건강이 아직 대단히 좋은 편이었지만, 이번 10개월 여행은 지난 번처럼 걸어서 다니지는 않았다. 그

쉬지 않는 복음 전도자

는 프랑스-독일 전쟁이 끝난 후 4월에 출발했다. 다시 프랑스를 통해서 스페인으로 가는 여행 중, 그는 전쟁에 지치고 의기소침한 프랑스 사람들의 모습을 보게 되었다. 여행길에서 그는 다음과 같은 글을 시(詩)형식으로 보내왔다. "이 땅의 유쾌했던 심령들은 한숨을 쉬고, 기쁨의 모습과 음성은 사라져 버렸구나…아, 수많은 사람들이 하나님의 심판아래 심령이 굳어지고, 그 중에도 몇 사람은 경외와 감사로 우리들의 복음을 경청하도다." 그는 프랑스 군이건, 독일 군이건 간에 고향으로 돌아가는 수많은 병사들을 만나는 자마다 격려해 주었다. 그는 병사들의 전우를 상실한 슬픈 이야기와 전쟁의 공포에 대해서 이야기를 들어주었다. 그리고 그리스도의 위로와 평안을 들려주었다.

국경을 넘어 스페인에 들어왔을 때, 그는 먼저 산 세바치안시에 도착했다. 거기서 그는 그의 스페인 사역에 영적 열매가 있을 것을 확신할 수 있는 한 사건을 보았다. 한 정부 관리를 만났는데, 그는 몇 년 전 채프만의 전도를 듣고 그리스도를 믿게 되었다고 말했다. 그후 채프만은 자라고사로 향했다. 그곳에는 상당한 규모의 프로테스탄트 교회가 있었다. 채프만은 담임목사를 찾아 만났고, 그들은 곧 친구가 되었다. "자로고사에서 이 편지를 씁니다." 라고 채프만은 시작하였다. "이 도시는 마리아 숭배의 도시들 중에서도 으뜸입니다. 그런데 이곳에 우리들의 말씀을 사랑과 경외로 경청하는 프로테스탄트 목사가 있습니다…비록 복음에 대한 그의 이해는 미미합니다만, 상당한 규모의 그의 회중은 전체가 가난한 사람들입니다." 채프만은 두 주일 동안 매일 설교를 했고, 마지막 날 밤에는 새로 친구된 그 목사의 교회에서 설교를 했다. 많은 사람들이 모였다. 지난 두 번째의 전도 여행 때와는 달리, 이번에는 눈에 띠게 달라진 모습을 볼 수 있었다. 이를 인하여 그는 오직 하나님께 찬양을 드리지 않을 수 없었다.

이번 여행에서 채프만은 많은 시간을 바르셀로나에서 보냈다. 그 곳은 로렌스 부부와 페인스 부부와 싱딩히 많은 선교사들이 사역하고 있는 곳이었다. 바르셀로나 시 당국자들은 스페인의 다른 지역의 정부 관리들보다 훨씬 더 협조적이었다. 그 이유는 그 도시에 발생한 전염병이 퍼지지 않도록 해외 선교사들이 적극 노력했기 때문이다.

채프만은 편지에서 다음과 같이 말했다. "우리는 도착하자마자 모든 영국 형제들과 몇 사람의 스페인 형제들의 환영을 받았습니다. 주일 아침 우리는 한 학교에 모여서 주만찬 떡을 떼었습니다." 그는 스페인 신자들이 적극적으로 간소한 예배에 동참한 모습을 보고 크게 기뻐하였다. 예배에 참석한 한 소경에 대해서 채프만은 다음과 같이 말했다. "그분의 마음의 눈이 하나님의 성령에 의해서 열려진 것입니다…하나님의 이루신 일을 목격한 나의 마음은 큰 기쁨으로 충만합니다. 이보다 더 큰 표적들을 보고 또한 기뻐합니다." 그는 특별히 그의 친구되는 선교사들이 설립한 학교에 특별한 관심을 가졌다. 학생들과 이야기를 나눈 후, 채프만은 몇몇 학부형의 집을 방문하기로 결정하였다. 그는 학생들에게 나누어 준 성경을 각자 집에서 사용하고 있는 것을 보고 크게 기뻐하였다. 선교사들은 채프만의 사

쉬지 않는 복음 전도자

역으로 열매 맺은 몇 사람들의 침례를 채프만이 집례하도록 주선해 주었다. 영국에 보내온 그의 편지들은 스페인에서 하나님의 행하신 일들에 대한 감사로 넘쳐 있었다. 바르셀로나에서 몇 개월을 보낸 후, 채프만은 마드리드를 향하여 떠났다. 그곳에서는 펜 내외와 굴드의 아내와 함께 지냈다. 굴드는 최근에 세상을 떠났다. 그곳에서 채프만의 사역은 많은 열매가 있었기 때문에 영국으로 돌아가는 일정을 연기하였다. 8월에 그는 반스터벌 형제들에게 편지를 보내어 "여러분들에게 곧 돌아가려고 모든 노력을 하고 있습니다. 그러나 나는 이곳에 좀 더 머물러야할 필요를 봅니다. 처음 여러분을 떠날 때 기대했던 것 보다는 약간 더 머물러야할 필요를 말입니다."라고 전했다. 주께서는 그의 백성을 축복해 주시고 있는데, 채프만은 훌쩍 떠날 수가 없었다. 9월에 일어난 사건은 주님의 손을 보여주는 듯하다. 채프만의 편지에 다음과 같이 기록되어 있었다.

어제는 로렌스 형제와 그의 아이들과 두 명의 스페인 형제들이 국왕의 방문을 보려고 모여든 군중들에게 복음서들과 성경 말씀 전단을 배포하려고 바르셀로나에 있었습니다. 한두 명의 경찰이 아무 이유 없이 그들에게 자리를 비키라고 명령해서 할 수 없이 마차와 병사들의 행렬 안으로 밀려 들어갔습니다. 왕으로부터 멀지않은 곳에서 그들은 전단지를 나누어 주기 시작했습니다. 마차에 있던 사람들은 모두 다 서로 전단지 나누어 주기에 바빴습니다. 병사들은 책들을 얻으려고 심지

로버트 채프만

어느 행렬에서 벗어나기도 했습니다.

이전의 선교 여행에서와 마찬가지로 채프만은 휴식을 취하지 않은 것 같다. 10월 인도 사역에서 돌아와 반스터벌에서 휴식하고 있던 보우덴 내외에게 편지를 보내왔다. "지난 월요일 펜 형제와 로렌스 형제와 나는 최근에 학교를 시작한 산 속에 있는 마을 빌라실을 방문하였습니다. 밤에 약 25명의 청년이 모였습니다. 우리는 그들에게 세상일에 필요한 몇 가지들을 가르쳐 주고, 반을 나누어서 모두 복음을 전했습니다."

이전 여행에 채프만은 포르투갈에 접촉점을 만들어 두었기 때문에 그는 영국으로 돌아가기 전에 그곳에 들려보고자 했다. 11월에 기회가 생겨서, 소수의 인원이 먼저 기차를 타고 마드리드로 향하였다. 기차 여행은 대단히 힘들었으나, 정거장에 정차할 때마다 형제들은 복음서들을 배포할 수 있는 많은 기회들이 있었다. 한 정거장에 이르렀을 때 차장이 이들을 보고 철로가 사유재산인데 이들 하는 일은 규정에 위배된다고 생각했다. 경찰들이 와서 채프만 일행을 시장 앞으로 데려가려고 했다. 채프만은 때때로 주님께서 바리새인들과 서기관들에게 하신 것처럼, 지갑에서 돈을 꺼내어 말했다. "정거장에서 구걸하는 가난한 자들에게 내가 이 돈을 던져줄 권한이 있소, 없소? 여기 빵이 있습니다. 이 빵을 나누어 줄 권한이 내게 있소, 없소?" 경관들은 대답할 말을 찾지 못하고 그들을 풀어주었다.

마드리드에 내리자마자 일행은 포르투갈의 리스본행 차표를

쉬지 않는 복음 전도자

사서 기차를 갈아탔다. 밤에 도착하여 숙소를 찾았다. 짐을 도와주는 사람들은 이 여행객들이 영국 사람들이며 예수 믿는 사람인 것을 알고 단단히 경고를 주었다—집 주인이 정치적 극렬 분자이고 성질이 대단한 인물이기 때문에 조심하라는 것이었다. 그는 몇 년 전, 칼 반란 사건 때 가담한 인물이기 때문에 종교 문제를 거론한다는 것은 대단히 위험하다는 것이었다.

채프만은 별로 상관하지 않고 그 사람에게 말했다. "영국 사람이나, 스페인 사람에게 무엇보다 필요한 것이 한가지 있습니다." "무엇입니까?" "하나님과의 화목입니다. 당신은 이 화목을 소유하고 있습니까, 친구분? 저는 우리 주 예수 그리스도로 말미암아 그 화목을 지난 수년간 이미 소유하고 있습니다." 일행은 이 사람의 온순한 반응을 보고 놀랬다. 그는 이 사람들이 전도지를 나누어 주는 것을 보았고, 그가 본 그 전도지를 좀 달라고 요구해 왔다. 일행은 급히 그가 원하는 모든 전도지들을 그에게 주었다.

그들은 채프만이 8년 전에 방문했던 리스본에 도착했다. 채프만은 곧 열흘간의 여정을 시작하였다. 그는 지난 30년간 빈민들을 위해 학교를 운영해온 한 과부를 찾기 시작하였다. 그 부인은 채프만을 다시 보게된 것을 인하여 무척 기뻐하였다. 채프만은 "우리들을 다시 그녀에게 보내어 주신 하나님께 넘치는 감사"를 드린다고 했다.

리스본에서 보내온 편지에 채프만은 "우리는 여기서 단 한 번도 그리스도를 말하거나, 성경을 배포하는데 배척을 받지 않았습니다."라고 전했다. 12월 그는 마드리드로 돌아와서 그곳 선교사들에

로버트 채프만

게 작별 인사를 나누고 바르셀로나로 향하였다. 한 달 후, 그는 다시 그곳 형제들에게도 작별 인사를 나누었다. 그가 어렵게 그곳을 떠나는 것을 확실히 볼 수 있었다. 이것이 그의 마지막 스페인 선교 여행이 되었다.

수 년 후, 헨리 페인이 그의 사랑하는 선배를 추모하는 글을 다음과 같이 남겼다.

채프만 씨는 오직 한 책, 곧 성경의 사람이었다…그는 다만 성경을 봉독하는 사람일뿐만 아니라, 그 봉독을 기도와 함께 휴대하고 다닌 사람이었다…그는 그가 걷는 땅마다 기도의 물로 적셨다. 그가 (처음) 스페인을 여행할 때, 그는 단 한 사람의 신자도 알지 못했다. 그럼에도 불구하고 조금도 낙심치 않고 오직 하나님을 의뢰했다. 수년이 지난 후, 그에게 복음전도의 문이 열렸을 때…그는 조금도 놀라지 않았다. 그는 구했고, 인내로 응답을 기다렸다.

채프만의 스페인 선교 여행과 그의 끊임없는 기도는 그곳의 수많은 선교사들을 일깨웠으며, 그 나라의 문이 복음의 메시지에 열리도록 했다. 그는 이 일에 하나님의 도구로 쓰임 받은 것을 하나님께 감사드리지 않을 수 없었다. "오, 지난 300년 동안 성경을 몰아내고, 그 기간 내내 하나님의 자녀들을 죽여 온 이 어둠의 땅 한 구석에 이제는 하나님의 정결한 말씀이 자유롭게 전해지고 있는 것을 생각할 때, 말로 표현할 수 없는 하나님의 선물을 감사합니다!"

15
오랜 세월의 친구

로버트 채프만은 그의 긴 생애 동안 많은 가까운 친구들과 동역자들이 있었다. 그들 중 윌리엄 헤이크, 그는 매우 돋보이는 인물이다. 두 사람은 채프만이 반스터벌로 이사오기 전 1831년 토우스탁에 있는 토마스 퍽슬리 집에서 처음 만났다. 불과 1년 전, 뮬러와 크레익에게 있었던 관계처럼 채프만과 헤에크도 즉시 자연스런 연대감을 서로 느끼게 되었다. 비록 헤이크가 채프만보다 일곱 살이나 위인데다가 그는 큰 가정을 거느린 가장이었음에도 불구하고 연령을 초월한 연대감이었다. 훗날, 그들의 우정을 회고하면서, 채프만은 다음과 같이 기록하였다. "우리들의 마음은 성령님의 교제 안에서 곧 하나된 것을 느꼈습니다. ····우리는 상대방이 서로 성경을 사랑하는 사람임을 발견하였고, 조건 없이 주님께 순종하는 사람들임을 알게 되었습니다."

뮬러와 크레익은 성격이 상당히 다른 반면에, 채프만과 헤이크는 성격마저도 서로 대단히 닮았다. 둘 다 자신의 의견을 사실(寫實)적으로 표현하는 사람들이었고, 좋은 유머 감각을 가진 사람들이었다. 헤이크의 장모님은 헤이크가 영국 국교와 인연을 끊어서 이제 틈이 생겼다는 것을 상기시켰을 때, 윌리엄은 "그렇습니다. 장모님, 그렇지만 그 틈으로 이제는 빛이 들어오게 되었지요."라고 대답한 것을 기억하였다. 채프만이 그러한 것처럼, 헤이크도 그의 지혜로운 답변들로 유명했다. 헤이크의 명언들 중 하나는 이런 것이었다. "여러분이 자신의 허물이 생각나서 좌절감에 빠질 때, 당신 자신에게 말하지 마십시오…나쁜 동무와 사귀지 말고, 주님과 이야기 하십시오."

그러나 헤이크는 인내를 배워야할 필요가 있었다. 급한 성격을 지니고 태어난 그는 이것이 다른 사람에게 상처를 줄 위험성에 대해 알고 있었고, 이를 극복하는 길을 배웠다. 헤이크의 장례식 때, 채프만은 다음과 같이 기록했다. "나의 사랑하는 동역자는 다른 사람에 대한 깊은 배려를 가지고 있었고 부드럽고 사랑스런 성품의 사람이었지만, 타고난 급한 성품으로 금방 화를 내었습니다. 그러나 하나님의 은혜는 용서하신 그것을 또한 억제해 주시기에도 충분하였습니다. 헤이크는 하나님 앞에 마땅히 아뢰어야 할 자신에 대한 심판을 간과한 적이 없습니다. 그리하여 결국에는 자신을 온전히 극복함으로 인하여 다른 사람들은 그의 타고난 약점을 거의 인식하지 못했습니다."

오랜 세월의 친구

　헤이크는 분명히 다른 많은 사람들에게와 마찬가지로 채프만에게도 큰 영향을 미쳤다. 채프만은 자주 헤이크의 조언을 듣기 위하여 남쪽으로 40마일이나 떨어진 엑시터를 향하여 달려가곤 했다. 채프만이 평생을 몸바쳐 사역할 것으로 결정하고 반스터벌로 가기로 결정했을 때, 그는 헤이크가 그와 함께 하기를 원했다. 그러나 헤이크는 그당시 양육해야할 어린 아이들이 있었고, 크리스천 기숙학교 교장으로 보람된 일을 하고 있었으므로 움직이는 것이 아직 하나님의 뜻이 아님을 느꼈다. 실망이 되었지만 채프만은 다음과 같이 우아하게 대응했다. "열매가 익어서 내 무릎에 떨어지기 전에는 따지 아니하리라."
　1840년 쯤 되어서, 헤이크는 기숙학교의 문을 닫고 그의 가족을 바이드포드로 옮겼다. 그곳에서 터스컬럼이라고 하는 기숙학교의 교장이 되었다. 채프만은 이러한 조치에 기뻐했다. 이제 헤이크는 마차로 불과 1시간 쯤 걸리는 10마일 거리에 살게 되었기 때문이다. 이때부터 채프만과 헤이크 가정 간에는 참으로 다정한 교제를 갖게 되었다. 헤이크는 곧 매주 만찬을 갖기 위해 자기 집에서 교회모임을 갖기 시작하였다. 처음에는 몇몇 친구들과 그 가족들이 모였다. 그후 그들은 건물을 전세 내어 다른 회중들과 같이 집회를 가졌다.
　헤이크는 1860년까지 터스컬럼 학교를 감독했으나, 중병에 걸려 불과 몇 개월 밖에는 살지 못할 것으로 생각했다. 학교는 아들 조지가 책임을 떠맡았다. 윌리엄의 회복을 위하여 많은 사람들이 기도했으며, 엘리자베드 헤이크는, 65세된 그녀의 남편을 유명한 온천 도시 멜번으로 옮겼다. 그곳에서 충실한 친구 윌리엄 다이버의 극진한 간호를 받으면서 결국 헤이크는 건강을 회복했다.

사택을 하나님의 일에 바치다

1863년, 채프만의 친구요 동역자였던 베시 페지드가 80세로 세상을 떠났다. 별세하기 전, 베시는 뉴 빌딩 9번지에 있는 자기의 집을 윌리엄과 엘리자베드 헤이크 앞으로 등기를 이전해 놓았다. 곧바로 그들은 이사해 왔고 (그들은 나머지 여생을 9번지에서 보냈다.), 독신으로 사는 딸 엘리자베드가 와서 그들의 노후를 돌보았다. 헤이크 내외 혹은 회중들이 채프만의 주택 뒤편에 새 방을 증축하였다. 새 방들은 커다란 식당을 포함하고 있었다. 9번지에서 오랫 동안 모여 온 목요일 저녁 집회는 커져서 새 식당으로 옮겼다. 그럼에도 불구하고, 목요 모임에 참석하기를 원하는 베어 스트리트 채플의 모든 교인들이 다 모이기에는 비좁았다. 그래서 결국은 각자가 자기의 사는 구역에 할당된 목요일 저녁에 참석토록 조치했다. 이 인기 있던 구역 모임은 오후 늦은 시간까지 차를 나누고 성경봉독시간을 가졌다. 채프만과 헤이크, 두 사람이 함께 성경봉독을 인도했고, 이 두 사람의 대화는 사람들을 매료시켰다. 채프만 집에 유숙했던 방문객들은 흔히 금요일까지 연장해서 머물렀다. 이웃에 살던 한 사람은 채프만이 성경봉독을 시작하기 바로 전, 긴 붉은 카펫을 6호에서 9호까지의 좁은 골목길에 깔아서 방문객들의 신발이 흙에 묻지 않도록 배려한 것

오랜 세월의 친구

을 훗날 전해 주었다. 그 길은 먼지가 아니면 진흙 길이어서 채프만은 손님들에게 불편치 않도록 최선을 다했다.

헤이크는 타고난 설교가는 아니었지만, 탁월한 교사였다. 채프만은 이러한 그의 재능이 이 구역 모임에서 최대한으로 활용되도록 보살펴 주었다. 헤이크의 많은 강의 내용이 기록으로 남아 있었다. 그중 몇가지 내용은 이런 것이었다. "만약 당신의 들은 것이 하나님께로부터 온 것이고, 들은 것과 눈으로 본 것이 상치되면, 당신의 눈으로 본 것을 믿지 마십시오." 한 때 성경봉독 시간에 요한복음 15장을 읽어 내려가다가 중단하고, 참석한 어떤 사람에게 "당신은 언제나 당신의 방법을 따르겠소?"라고 물었다. 그리고 그는 자문자답 식으로 "물론, 나는 그렇게 하겠습니다. 이것이 곧 내 길을 가는 방법입니다. '너희가 내 안에 거하고 내 말이 너희 안에 거하면 무엇이든지 원하는대로 구하라 그리하면 이루리라.'"라고 답변했다. 아름다운 베이스 음성을 가진 헤이크는 자주 노래를 불렀고, 채프만 집에서 모인 성가 연습에도 정기적으로 참석하였다.

헤이크는 자기 집을 집회를 위해서 사용했고, 이전 주인 베시 패지트와 마찬가지로 하나님의 종들의 휴식처로도 공개했다. 영국 국교의 사제 H. B. 메카트니는 그가 처음 방문할 때의 일을 회고하는 책에서 헤이크와 채프만의 사택은 젊은 제자들의 수양관이 되었고, "선배된 우리들이 그들 젊은 형제들을 격려해주는 장소가 되었다."고 기록하고 있다. 다른 손님들과 방문했던 그는 채프만이 나타나기를 초조하게 기다리면서, 훗날 다음과 같이 기록하고 있다.

드디어, 채프만 씨가 들어왔다. 건장한 체구의 70대, 흰 머리, 흰 수염의 이 백발 노인은 모세의 모습이었다. 그리고 헤이크 씨가 뒤따라 들어 왔다. 그는 더 큰 키의 노인으로 허리가 더 굽고 야위었으며, 병을 앓고 있는 모습이었다. 그는 주의 성도, 아론을 연상케 했다. 두 형제들은 말할 수 없이 따뜻한 태도로 회중을 영접하였다. 그리고 나는 그처럼 거룩한 삶과 명성이 높은 인격의 사람이 대화하는 것을 직접 들었고, 다른 사람들과의 다른 모습을 목격하였다. 한 젊은 어머니의 팔에 안긴 아이가 심히 울기 시작하였다. 나는 대화의 중단으로 약간의 짜증을 느꼈다. 채프만 씨와 헤이크 씨는 가장 깊은 관심과 부드러운 모습으로 그 어머니에게 말하고 있었고, 그러는 사이 아이는 곧 잠이 들었다. 이것이 내가 거기서 처음 배운 사랑의 예술이었다.

메카트니는 며칠 동안 거기서 머물면서 채프만이 "마치 사랑하는 연인에게 하는 것처럼 헤이크를 돌보는 모습"을 기록하였다. "가나안의 언어('하나님을 알지 못하는 사람들 가운데서 하나님을 섬기는 사람들의 말'이라는 뜻(사 19:18, 역자주)가 그들의 대화의 전체에 마치 은빛 휘장처럼 퍼지는 것 같았다."

오랜 세월의 친구

그리스도 안에서 사랑하는 형제

윌리엄 헤이크와 로버트 채프만은 함께 하나님의 말씀사역에 동역하였다. 마을 사람들은 그들을 "조부님들"이라고 불렀으며, 그들이 반스터벌 거리를 함께 걸어가는 모습에 마을 사람들은 익숙해 있었다. 채프만은 종종 헤이크의 팔을 붙들고 걸었다. 헤이크는 이제 신체적으로 쇠약해 있었기 때문이다. 그들은 함께 전 도시를 조직적으로 심방하는 방법을 개발했다. 그들은 반스터벌의 남단에 있는 마을, 뉴포트에서 시작하여 북쪽 끝에 있는 필턴까지 걸어가면서 복음 전도지를 나누어 주고 누구든지 가능하면 방문했다. 그들의 생애와 마을 사람들을 향한 그들의 깊은 사랑은 그들이 믿는 주님을 증거하는 큰 도구가 되었으며, 주님은 헤이크에게 그후에도 25년이라는 충실하고 행복한 사역을 허락하셨다.

채프만과 헤이크는 성경 용어 놀이를 함께 즐겼다. 한 사람이 성경의 짧은 한 구절을 언급하면, 다른 사람이 나머지 부분을 완성하는 게임 같은 것이다. 한번은 그들이 학교에 가서 말씀을 전할 기회가 있었다. 길거리는 서리가 덮였고, 얼마를 걸어간 후, 헤이크는 둘 다 넘어지지 않고 다와서 다행이라고 말했다. 채프만은 간단히 "기드온을 기억하시오."라고 했다. 헤이크는 즉시 이것이 채프만의 도전인 것을 깨닫고 그의 뜻을 파악하기 위해서 곰곰이 생각했다. 기드온의 삶은 모범적이었기 때문에 이는 확실히 수수께끼였다. 이스라엘 백성이 그에게 왕이 되어 달라고 요청했으나, 그는 대답하기를 "주께서 너희를 다스리시느니라."고 대답했다(삿 8:23). 그리고 나서 기드온은 이스라엘 백성이 이스마엘 사람들에게 탈취한 금 귀고리들을 달라고 요청했다. 그가 받은 금패물들로 그는…점치는 물건…에봇을 만들었고 "온 이스라엘은 그것을 음란하게 섬겼으므로, 이것이 기드온과 그의 집에 올무가 되었다"(삿 8:27). 수년 동안 하나님을 잘 섬겼던 기드온은 넘어졌다. 그때 헤이크는 해답을 알게 되었다.

채프만과 헤이크 사이에는 한 번도 다툼이나 앙심의 역사가 없었다. "아, 사랑하는 형제, 우리에게는 한 번의 잡음도 없었소."라고 헤이크는 그의 말년에 말한 적이 있다. 성경을 사랑하는 그들은, 하나님의 말씀이 그들에게 만족하다는 확신으로 살았다. 채프만은 다음과 같이 기록하고 있다.

(우리는) 매일 각자가 서로에게 은혜의 보배와 진리를 공급했습니다. 성취된 성경 말씀들에 대해서는 우리들 각자의 판단에 놀라운 일치가 있었습니다. 앞으로 성취될 내용들에 대해서는 우리는 우수한 수준의 일치가 있었습니다…우리는 항상 하나님의 뜻을 알기 위해서 함께 하나님을 의뢰했습니다…우리의 판단이 일치하지 않을 때는 우리에게 한 마음을 주시도록 하나님을 의뢰했습니다. 우리 중 아무도 상대방의 판단에 거스르는 조치를 행하지 않았습니다 - 결과는 당연히 다툼도 앙심도 없게 되었습니다.

오랜 세월의 친구

후반에 언급된 내용은 채프만과 헤이크가 몇몇 예언들의 해석에 서로 의견이 다른 부분을 말하고 있는 것이다. 예를 들면, 채프만은 교회의 들려 올림받음(휴거)에 대해서 환난 후의 입장을 가지고 있었으며, 이 견해는 그당시 많은 형제들과 다른 견해였다. 이와 같은 비본질적 이슈들이 종종 그리스도인 형제들 간에 불화를 조성하기는 하지만, 채프만과 헤이크는 이러한 것들이 그들 사이에 불행을 초래하는 것을 절대 허락하지 않았다. 그들의 그리스도다운 사랑은 모든 다른 의견들을 극복하였다.

95세의 평안한 죽음

헤이크 부인은 건강이 좋지 않아 1873년에 세상을 떠났다. 엘리자베드가 1887년 사망하자, 다른 딸 메리 헤이크가 아버지를 돌보기 시작하였다. 인근 마을에서 사역하고 있던 주의 종들 중 한 사람인 R. 프레드 인덴던이라는 분이 반스터벌로 이사를 와서 채프만과 헤이크를 도와주며 그들의 사역과 서신왕래를 도왔다. 그는 훗날, 베어 스트리트 채플의 장로가 되었다.

1889년, 채프만은 그가 쓴 "덕담집(德談集)"을 프랑스어로 번역한 듀포기상 씨에게 편지를 보냈다. 듀포기상 씨는 스위스에 살고 있었다. 헤이크에 대해서 채프만은 "그분은 지금 95세인데도 집집마다 방문을 하며 성경봉독을 하고 (매주 한 번 그의 집에서 모여) 또한 글을 쓰며 주님의 사역을 계속할 수가 있습니다." 라고 말했다. 몇 개

로버트 채프만

월 후 기록한 편지에 채프만은 약해진 헤이크에 대하여 "1831년 12월부터 이제까지 함께 교제의 길을 걸어온 사랑하는 동역자"라고 부르고 있다. 이 날짜는 채프만이 1831년 여름 처음으로 헤이크를 만난 날짜도 아니고, 1832년 4월, 채프만이 반스터블에 도착한 날짜도 아니다. 아마 이 날짜는 채프만이 헤이크에게 에벤에셀 사역에 함께 해 달라고 초청한 날짜일 것이다.

윌리엄 헤이크는 1890년 마지막 날까지 활동적으로 살다가 95세의 나이로 세상을 떠났다. 세상을 떠나던 그날, 그는 방문자를 정거장에 배웅하고 돌아와서, 저녁 6시 채프만의 집에서 여러 사람들과 차를 나누는 자리에도 함께 했다. 그후 모임에 참석한 사람들과 함께 찬양을 드리고, 약 1시간 동안 그는 하나님 앞에 걷고, 서고, 앉음에 대해서 이야기를 나누었다. 이야기의 마지막 부분에 이르러서는 말을 더 이상 잇지 못했다. 그러나 부축을 받아서 그의 방까지 걸어갔다. 몇 시간 후 그는 세상을 떠났다. 아마도 뇌졸중이 온 것 같다.

로버트 채프만은 그의 친구의 죽음에 대한 큰 슬픔 때문에 그의 장례식에 참석할 수가 없었다. 그러나 그는 1890년 말 기록된 편지에 "나는 극심한 비탄에 빠졌을지라도, 나의 동역자와 함께 지고 가던 그 사역을 (이제 혼자라도) 지고 갈 힘을 얻고 지도를 받고 있습니다. '밤이 깊고 낮이 가까웠습니다'라고 적었다. 이 구절은 로마서 13장 12절의 내용이며, 그의 생애 마지막 10년간 그의 편지에 자주 등장한 구절이다.

오랜 세월의 친구

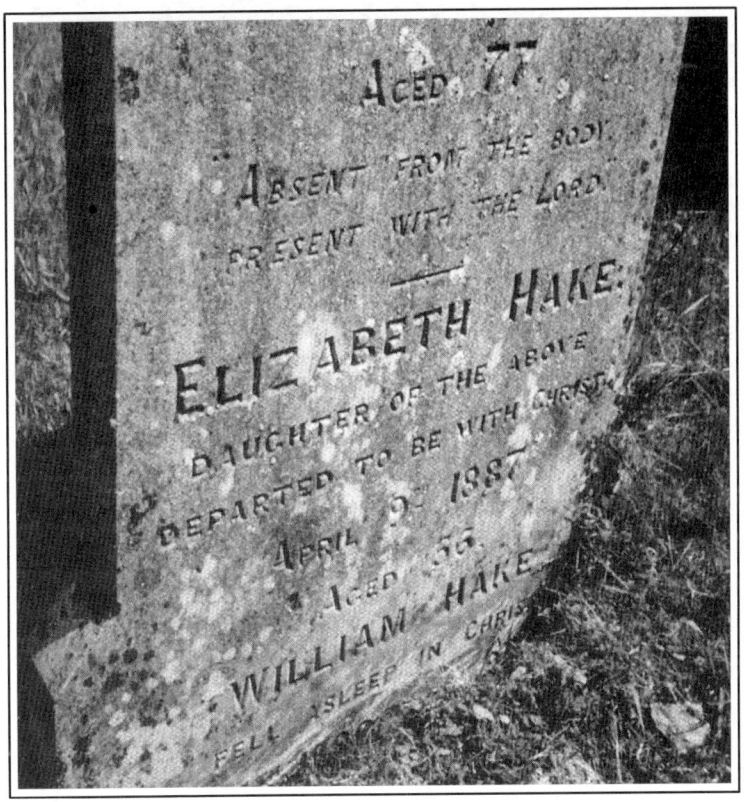

헤이크 가족 묘비(저자 제공)

채프만은 즉시 "70년의 순례"라는 제목으로 그의 친구를 위한 추모 작품을 집필하기 시작했다. 그 책은 주로 헤이크의 편지들과 성경 말씀에 대한 묵상등이었고, 서문은 메리 헤이크와 채프만이 공동으로 썼다. 채프만이 자신의 글을 출판하지 않은지가 오래 전인 것을 고려하면, 그가 헤이크의 사역에 큰 비중을 둔 것을 알 수 있다.

로버트 채프만

그의 부친이 별세한 후, 70세된 메리 헤이크는 특별히 채프만을 돌보아 주었고, 그의 편지들을 대필하기도 했다(채프만을 처음 알게 된 것은 메리가 10살 때였다). 건강이 좋지 않았던 메리는 그의 아버지가 세상 떠난지 4년 후, 1894년 10월에 별세하였다. 메리에 대하여 채프만은 "사랑하는 친구들에게 흔히 말하였는데, 나는 메리가 나보다 먼저 천국가기를 항상 소원했습니다. 나는 그가 세상에 홀로 남지 않기를 항상 바랬습니다. 하나님께서 나의 이 소원을 들어주신 것을 인하여 큰 위로가 됩니다. 그가 어린아이 때부터 그는 나의 딸과 같았습니다."라고 말했다.

16

그는 언어(言語)를 바르게
사용하는 길을 안다

로버트 채프만은 언어(言語)를 사랑하였다. 언어 놀이를 사랑하였고, 잠언을 짓기도 하고, 전혀 기대치 않는 방법으로 사용하기도 했다. 이로 인해 그의 사역은 보다 더 풍요했다. 그가 거의 숙달한 몇 개의 다른 언어들과 함께 그는 영어를 사랑하였다.

교장을 지낸 연세 많은 윌리엄 헤이크는 채프만만큼 영어를 구사하는 사람을 만나본 적이 없다고 말한 적이 있다. 자기의 생각을 표현하는데 채프만은 언제난 가장 적합한 단어를 선택하였다. 지금도 채프만의 글을 읽어보면 그의 글은 무언가 화려한 느낌을 주며, 때로는 비범한 문장 구성을 보게된다. 우리는 그것이 전 세대의 스타

로버트 채프만

일 때문일 것으로 여길 수도 있으나, 채프만의 스타일은 그의 당대 사람들과 비교해도 독특한 점이 있었다. 헤이크는 채프만의 언어를 "고전 영어"라고 불렀다. 왜냐하면 그의 서체는 앵글로-색슨과 성경의 용어들을 병합하였기 때문이다.

잠언에 익숙함

채프만은 가르칠때 잠언들을 사용하였다. 왜냐하면 그 자신이 이를 즐겨했을 뿐만 아니라, 예수님께서 알고 계셨던 것 같이 그도 박력 있는 말들이 평범한 산문체보다 더 기억에 남는다는 것을 알고 있었기 때문이다. 몇몇 친구들이 그의 많은 잠언들을 기록해 두었으며, 그들은 이것들을 모아 책으로 출판하고자 했으나, 채프만은 이를 반대하였다. 그가 사역을 시작한 처음 10년 동안의 그의 글들은 어떠한 것도 출판하기를 원치 않았다. 이러한 그의 태도는 그당시 많은 주의 종들의 경우와는 현저하게 달랐다. 동시대의 인물들이었던 존 다비와 찰스 스펄전 등의 막대한 분량의 책들과 비교되었다. 아마 채프만은 그가 말한 잠언들이, 어떤 사람들에게는, 하나님의 말씀을 대치해 버리지 않을까 하는 우려가 있었던 것 같다.

윌리엄 헤이크는 마침내 채프만을 설득해서 그의 잠언들을 "덕담집"(Choice Sayings)이라는 이름의 소책자로 출판하게 했으며, 그후 여러번 재판 되었다. 스펄전은 그 책에 대해서 "그 땅의 금은 좋은 금이다."라고 말했다. 채프만의 찬송곡들 중 165곡은 이미

그는 언어(言語)를 바르게 사용하는 길을 안다

모아 출판되었으며, 그의 "찬송가와 명상들"로 출판되었다. 다행히 그의 설교와 연설들의 일부가 "아름다운 언어들" 또한 "선한 목자" 등의 이름으로 출판되었다. 대부분의 이들 소책자들은 그가 세상을 떠난 이후에 출판되었다.

웅변적 설교자

존 스트리트 채플에 있을 때, 몇몇 사람들은 채프만이 설교의 은사를 갖지 못했다고 말했다. 그러나 그는 웅변적인 설교자가 되었다. 그가 즐겨했던 임무중 하나는 야외 설교였으며, 그는 그의 생애 거의 마지막 때까지 어떠한 기후에도 불구하고 반스터벌에서 정규적으로 설교하였다. 그는 보통 시(市) 광장에서 설교하거나, 토우강 강변 길 건너편에서 설교했다. 그는 매년 반스터벌 연중 박람회에 모인 군중들에게 설교했다. 그의 강력한 음성은 야외 설교에 큰 유익이 되었다. 북부 데번 저널에 실린 사망정보 기사(1902년 6월 19일 자)에 다음과 같은 내용이 기록되어있다.

기품이 있는 풍채를 가진 채프만 씨는 가장 인상적인 설교가였다. 그의 울리는 종소리 같은 음성은 강력한 침투력을 가졌고, 그가…옥외에서 말할 때는 대단히 많은 군중이 그의 음성을 분명하게 들을 수 있었다. 그의 몸자세는 편안하고 자연스러웠다. 강조를 위해서 손을 번쩍 드는 것이 그의 특성이었다. 그러나 그의 매력은 글로써 다 표현할 수가 없다.

어떤 사람은 채프만의 음성을 깊고 장중한 것으로 표현했다. 다른 사람은 부흥사였던 휫필드의 음성과 같이 선명하고 선율적이라고 말했다. 또 어떤 사람은 그가 읽거나 말할 때 음성의 굴곡을 잘 사용하는 것을 언급했다. 그리스도인의 사랑을 실천하고 있는 한 부인을 칭찬하는 채프만의 모습을 보면서 어떤 사람이 다음과 같이 말했다. "그가 말하는 태도와 어조는 표현을 초월한다. 그때, 나는 깊은 감명을 받았다."

성경을 교과서로 사용함

눈에 띄게 나타난 사람들을 제외하고는 ─ 요한 웨슬리의 경우과 같이 ─ 하나님의 종들의 매일의 활동들에 대한 기록은 남아있지 않다. 특별히 채프만의 경우가 그렇다. 그가 조언한 내용들과 그의 심방 내용들에 대해서는 기록이 남아 있지 않다. 그의 상담 내용은 비밀이었다. 그러나 그의 추모를 위한 이야기들을 모집할 때는 주변 모든 사람들이 할 이야기가 있었다. 이들 일화(逸話)의 많은 부분은 가르치는 기법에 관한 것들이었다.

어떤 종류의 고난을 겪고 있는 성도의 집을 방문했을 때, 채프만이 즐겨 사용한 방법 중 하나는, 성경말씀을 인용할 때 약간의 실수를 범하는 것이었다. 그때 성도는 잘못을 고쳐주며, 채프만의 의도를

그는 언어(言語)를 바르게 사용하는 길을 안다

깨닫게 된다. "여호와는 나의 목자시니, 내게 부족함이 있도다."라고 채프만은 장래 문제를 고민하고 있는 한 여성도에게 말했다. "내게는 부족함이 없도다."라고 그 여자는 채프만을 실수를 고쳐주면서, 자신의 처한 입장을 깨닫고, 채프만의 말을 경청하게 되었다.

또 한 번은 채프만이 새로 알게 된 어떤 사람에게 의기양양하게 "나는 무엇이든지 할수 있습니다."라고 말했다. 놀라서 의아해했던 이 사람은 채프만이 "내게 능력주시는 자 그리스도 안에서"라고 (빌 4:13) 말하자 즉시 정신을 되찾았다.

어떤 사람이 채프만에게 "기분이 어떠세요?" 하고 묻거나, 식사 후 "잘 드셨습니까?" 하고 물으면, 채프만이 즐겨하는 대답은 "만족하고 가득합니다(satisfied and full)."라는 말이었다. 묻는 사람이 그 뜻을 잘 모르는 듯 싶으면, 채프만은 재미있게 "은혜가 족하고 여호와의 복이 가득하다."고 신명기 말씀을 인용하였다(신 33:23).

어느 날 한 사람이 채프만에게 "어떠신가요?"라고 인사를 하자 채프만은 "짐을 지고 있소"라고 대답했다. 질문한 사람이 약간 걱정스러워 했으나, 채프만이 곧 "날마다 우리 짐을 지시는 주 곧 우리의 구원이신 하나님을 찬송할지로다."(시 68:19)라고 답변하자 곧 안심을 했다(영어의 뜻은, "하나님은 매일 우리 어깨에 은총의 짐을 지워주신다").

노바 스코티아에서 전도자로서 개척활동을 시작한 존 낙스 멕웬은 다음과 같은 이야기를 전해주었다. 채프만과 헤이크의 초청을 받고 멕웬은 휴식차 그들의 집에 머물게 되었다. 방문 첫날, 멕웬은

로버트 채프만

헤이크가 부재중일 때 채프만과 대화를 나누게 되었다. 이야기 도중 채프만은 "헤이크 씨는 대단히 자극적 말을 하는 형제입니다. 그는 아침 내내 나를 자극(provoke) 해 왔습니다."라고 말했다. 멕웬은 그처럼 겸손이 널리 알려진 사람으로부터 이러한 말을 들었을 때 대단히 놀랬다. 그러나 그의 경악은 오래 가지 않았다. 왜냐하면 채프만은 "헤이크 씨는 아침 내내 나의 사랑과 선행을 위해서 나를 자극(provoke) 해 왔습니다."라고 말했기 때문이다(히 10:24 절 참조).

성경구절 암기를 촉진하기 위해서 그들은 묵상이나 대화를 활용하였다. 채프만이 구절의 첫 부분을 암송하고, 헤이크가 다음 부분을 완성하도록 기다렸다. 이러한 방법은 언제나 다음 부분을 이을 수 없는 사람에게는 상당히 위협적일 수도 있었다. 그러나 채프만은 다른 사람에게 이런 일이 결코 걸림이 되지 않도록 놀라운 민감성을 가지고 있었다. 채프만 집에 유숙했던 한 손님이 98세된 채프만이 다른 손님과 다음과 같은 대화를 나누는 것을 들었다. 채프만이 "인내를 온전히…"라고 시작하자, 대답하는 사람이 약간 시간이 걸렸다. 그러자 채프만이 다시 "이루라. 이는 너희로 온전하고 구비하여 조금도 부족함이 없게 하려 함이라."라고 했다. 그리고 나서 채프만은 이 야고보서 1장 4절 말씀이 그의 머릿속에 남도록 몇 마디 더 첨가했다. 훗날 이 방문자는 다음과 같이 말했다. "나는 세상에 가장 탁월한 히브리어나 헬라어 성경학자의 강해보다 채프만의 말을 들었으면 하는 생각을 늘 해왔습니다."

채프만과 교제를 갖은 학자들이나 설교자들 중 많은 사람들이

그는 언어(言語)를 바르게 사용하는 길을 안다

채프만이 가진 심오한 성경 지식이나 비상한 통찰력에 대해서 자주 말한 적이 있다. 그러나 그는 교회가 지금까지 잊어버렸던 진리를 재발견했다고 말하는 일부 사람들 주장을 거부했다. "나는 새로 발견된 진리를 아는 것이 전혀 없습니다." "나는 이전에 다른 사람들이 소유하지 않았던 어떠한 것도 새로 가진 것은 없습니다." 그는 어떤 사람들이 주장하는 바와 같은 새로운 계시를 받았다고 결코 주장하지 않았다. 그의 당시 뿐만 아니라 오늘날에 있어서도 새로운 계시란 없다는 뜻이다.

적어도 한두 번 이상 아침 산보에서 돌아온 채프만은 다음과 같이 말한 적이 있었다. "오늘 아침에는 많은 회중이 있었소." 어떤 회중이었느냐고 물으면, 결국 한 사람 만났다는 것이다. "받아드리는 한 마음은 실로 많은 회중이요!"

책의 중요성

책은 젊은 채프만의 인격형성에 큰 영향을 미쳤다. 이미 본 바와 같이 이탈리아 문학은 특별히 그에게 매혹적이었다. 이 책에서 전에 인용한, 그가 번역한 미켈란젤로의 시는 이탈리아 문학이 계속해서 그에게 매력이 된 사실을 보여주고 있다. 그러므로 그의 유작(遺作)들을 보면 그가 회중들에게 권면을 할 때, 그의 권면이 거의 성경 말씀에만 제한되어 있는 것은 다소 놀라운 일이다.

그의 권면은 종교적인 책들과 비종교적인 책들을 다 다룬 듯하다. 채프만 시대에 일반인이 접할 수 있는 좋은 기독교 서적들이 많지 않았다. 기독교 서적이라고 간주되는 몇몇 책들은 성서적 바탕이 없었다. 새 신자들을 통상 종교 기사가 건전한 것인지조차 분별하기가 힘들었다. 오직 성경만이 확실한 하나님의 말씀이다. "사람의 책들은 쭉정이로 가득하게 창고에 쌓여 있으나, 하나님의 말씀은 알곡으로 가득하여 반포되고 있도다."라고 채프만은 즐겨 말했다. 이러한 2행 연귀(連句)는 채프만의 금지(禁止)성 보다는 조심성을 나타낸 것이라고 볼 수 있다. 그의 서신들에서도 같은 정신을 볼 수 있다.

그럼에도 더욱 성숙해진 채프만은 성경봉독을 선호했다. 그는 일간 신문에 많은 시간을 보내지 않았다. 어느날 신문배달 아이가 채프만에게 신문을 사라고 청했다. 채프만이 묻기를 "그 신문이 어제 뉴스를 전하고 있는가?"라고 했다. "아, 아닙니다"라고 그 아이는 대답했다. "오늘 뉴스를 전하고 있는가?"라고 묻자, "네, 그렇습니다"라고 답변하였다. "내일 뉴스도 거기 있나?" 놀란 아이에게 채프만은 성경을 들어보이면서 "이 책은 말이야, 나에게 어제 뉴스와 오늘, 내일 뉴스까지 알려주고 있지."라고 말했다.

한 때 어느 사람이 혹시 신간서적을 읽고 있느냐고 물었을 때, 성경에 손을 얹으면서, 사랑스럽게 대답했다. "이 책을 아직 끝내지 못했습니다."

그는 언어(言語)를 바르게 사용하는 길을 안다

최상의 이야기 전달자

채프만이 이야기를 잘하는 사람이 된 것은 결코 놀랄 일이 아니다. 그는 일화들을 매우 재미있게 이야기했으며, 언제나 영적 교훈을 목표로 하는 풍유(비교 이야기)들을 만들어 들려주었다. 그가 만든 풍유 중 하나는 채프만의 휴식소에 와서 쉬도록 초청한 방문객들이 반응이 없었을 때, 채프만이 겪은 위기의 때와 연관이 있는 듯하다.

그는 에베소서 5장 말씀으로 하나님께 항상 감사드려야 할 것에 대하여 가르치고 있었다. 청중 한 사람이 자기는 항상 그렇게는 할 수 없었다고 말했다. 채프만은 답변했다. "이유가 있음에 분명합니다. 당신 자신 한 구석에 뭔가 작은 일거리가 있음에 분명합니다." 채프만은 어떤 그리스도인이 자기 삶의 한 부분에서 하나님을 차단했다면, 그는 "어느 한 구석에 자기만의 일거리"가 생겼으며, 이로 인해 소위 역경이 닥치면 그가 배운 교훈에 따라 감사할 수 없다는 것을 알고 있었다. 이런 방식으로 답변을 하고 난 후, 채프만은 이 교훈을 자신에게 적용해야할 필요를 인식하였다. 조금 후에 그는 그의 고전적 영어로 다음과 같은 우화를 하나 지었다.

세 명의 동업자들이 (삼위일체에 대한 은유) 내가 누더기를 입고 오물 위에 앉은 모습을 보고, 크게 긍휼을 베풀어 나를 일으켜 세우고 목욕을 시키고, 옷을 갈아 입히고, 나를 동업에 가입시켜 주었다. 그처럼 동업자들은 지혜와 능력과 기술이 탁월하여 만사가 번성하였다. 모든 일이 형통했고, 내 손에 있는 수금에서는 음악이 흘러나왔다. 그러나 악한 때가 와서 내 마음속 한 구석에 나만의 작은 일거리를 만들고자 했다. 나는 삼륜차 하나를 만들어 동판으로 간판을 새겨 내 걸었다. "각종 질그릇들과 부서지기 쉬운 물건들 수리 전문. 전문가들: 미스터 자의(自意), 미스터 자기 지혜 회사." 이렇게 하는 동안 나의 거문고는 버들 나무위에 걸려 있었다. 나는 노래할 수 없었고, 만사는 실패였다. 내가 얻는 것이라고는 번민과 실망뿐이었다. 이제, 내가 기억하는 것은 이 모든 때에 위대한 일에는 등을 돌리고 있었다는 사실이다. 그러나 세 동업자들은 나를 긍휼히 여겨 그들의 수레바퀴를 굴려 나의 삼륜차를 박살을 내어버렸다. 나는 이를 보고 묵상하고, 세 동업자들에게 얼굴을 돌리며 통회하였다. 그들은 꾸짖지 않고 나를 영접하였으며, 버들나무 위에 걸려있던 수금은 다시 내 손에 돌아왔다. 아, 그러나 그 수금의 소리는 이전 보다 더 깊고 더 엄숙하였다.

이 풍유를 통해서 우리는 채프만이 그의 신앙생활 중에 무언가 자기 의지로 해보려다가 중심에서 하나님을 잃어버린 때가 있었던 것을 감지할 수 있을 것 같다. 자신의 계획은 실패했지만, 그는 귀중한 교훈을 배웠다.

17

사랑의 사도

채프만은 주님의 일에 전념하도록 부름을 받은 사람은 특별한 책임의 자리에 있는 사람이라는 것을 알고 있었다. 이 사실을 그는 다음과 같이 말하고 있다.

주 예수의 종은 그가 만나는 모든 사람에게 주의 말씀을 전해야 하는 자라는 것을 알고, 때를 얻든지 못 얻든지 항상 준비되어 있어야 한다. 또한 항상 주님께 배울 준비가 되어 있어야 한다. 다른 사람을 끊임없이 살펴야 할 필요가 있음을 알고, 모든 통로를 통하여 모든 은혜의 하나님으로부터 항상 새로운 공급을 받아야 한다. 말씀의 묵상과 기도는 그의 삶의 가장 중요한 부분이 되어야 한다. 그는 공적인 사역이나 사적인 대화

로버트 채프만

에 있어서 피조물을 마음에 두지 말고, 사람의 마음과 양심을 향하여 오직 그리스도를 존귀케 해야 한다. 다시 말하면, 그는 자기 눈앞에 항상 주님을 모셔두고 그를 바라보아야 한다. 그리고 주님과 함께 항상 동행하고, 모든 사람의 눈앞에 그리스도의 모습을 보여주어야 한다.

그리스도께 바친 채프만의 큰 헌신과 그분을 광대(廣大)케 하려는 그의 결심은 다른 사람들에 대한 그의 깊은 사랑과 헌신을 불러 일으켰다. 그가 작사한 다음 찬송가사는 채프만을 잘 아는 사람들로부터 그의 정신을 잘 반영하고 있다는 평을 받고 있다.

주님, 주님의 형제들이 나의 기쁨입니다,
강한 자나, 약한 자나, 그들은 나의 사랑입니다:
그들은 모두 내 눈에 보화입니다,
고집 센 자나, 온유한 자나.

고집 세고 반대하는 형제들은 언제나 우리 주위에 있기 마련이다. 그러나 채프만은 그들 모두를 사랑의 정신으로 다루는 법을 배웠다. 이러한 마음의 자세를 가진 채프만은 베어 스트리트 채플에 있는 양무리의 참 목자요 상담자가 되었다. 채프만은 결혼한 적이 없었음에도 불구하고 사람들이 자주 가정상담을 위해서 찾아왔다. 그는 결혼 관계에 대한 성경의 가르침을 바르게 이해시킴으로 말미암아 많

사랑의 사도

은 부부들이 상호 존경과 사랑을 회복하도록 도왔다. 부부 중 한 사람과만 대화할 때는 그 당사자와만 문제를 다루고, 자리에 없는 배우자의 문제는 언급하지 않았다. 먼저 상담자의 허물에 집중하여 문제를 다루었다. 상대방과의 바른 관계를 위해서는 먼저 그 자신이 하나님과의 바른 관계를 가져야할 필요성을 강조했다. 이는 기도와 회개를 통하여서 이루어 진다고 그는 생각했다. 채프만은 또한 믿는 자와 믿지 않는 자와의 결혼을 강력하게 반대하였다.

모든 사람을 향한 경건한 지혜와 사랑때문에 채프만은 높은 신망을 받게 되었으며, 심지어는 교회들이 경험하는 어려운 문제들에 대해서도 그에게 도움을 요청해 왔다. 채프만은 이러한 사역에 자주 부름을 받아서 이제 사람들은 그의 패턴에 익숙해지기 시작했다. 그는 회중 전체의 모임을 열고 이 땅에서 교회의 높은 책임성에 대하여 설교하였다. 그리고 나서 그는 문제의 구체적인 점들을 다루었다.

그의 인내의 모습이 뚜렷하게 보였다. 그러나 또한 그의 인간적인 모습도 보였다. 한 힘든 그리스도인이 반스터벌에 이사와서 살게 되었다. 어떤 사람이 채프만에게 그 형제가 어떻게 지내는지 물었다. 채프만은 다음과 같이 대답했다. "그가 우리 가운데 오기 전까지는 우리는 인내의 필요가 무엇인지 알지 못했습니다."

로버트 채프만은 사람들을 주의 깊게 관찰하였고, 이러한 그의 익숙한 습관은 어려운 상황을 다루는데 도움이 되었다. 어느 날 그가 심방한 어떤 부인이 채프만을 집안으로 인도하지 않고 문간에서 그를 심히 책망하였다. 그 부인이 생각하기에 채프만의 잘못된 점을 야

로버트 채프만

단치는 것이었다. 채프만은 옆에서 기다리고 있는 한 형제에게 말했다. "형제님, 이 귀한 자매의 말을 들어보시오. 이 자매는 자기 마음 속의 것을 다 내게 말하고 있소." 그러자 그 부인은 더 이상 계속할 수가 없었다. 혹시 어떤 사람이 다른 사람의 험담을 가지고 와서 말하면 채프만은 그 불평하는 사람에게 먼저 가서 상대방과 대면하여 문제를 이야기하라고 요구하였다. 양쪽의 이야기를 들어보아야만 공정한 판단을 내릴 수 있기 때문이라고 말해주었다.

물론 모든 사람들이 다 채프만을 좋아하지는 않았다. 어떤 사람들은 그의 죄에 대한 분명한 설교와 회개의 필요성에 대한 강조를 듣고 대단히 불쾌하게 생각했다. 이와 같은 비판자들에 대한 채프만의 사랑과 배려의 한 감동적인 이야기가 전해지고 있다. 반스터벌에 사는 한 식품점 주인이 채프만에 대하여 대단히 분개한 나머지 어느 날, 채프만이 야외에서 설교를 하고 있을 때, 그가 서있는 곳에 와서 침을 뱉고 갔다. 얼마 후 채프만의 친척 중 한 부유한 재산가가 채프만을 방문해서 어떻게 지내는가 보려고 찾아왔다. 채프만이 보내준 주소를 따라 마차를 타고 찾아왔는데 채프만이 빈민촌에 그처럼 간소한 집에서 살고 있는 것을 보고는 믿을 수가 없었다. 채프만은 그 친척을 간소하지만 정결한 집 안으로 안내해 드리고, 하나님을 의뢰하며 산다는 것이 무엇을 의미하는지를 설명하면서, 하나님께서 그의 모든 필요를 다 공급해주신 사실을 알려주었다. 그 친척은 자기가 여러가지 음식품을 좀 사다 주겠다고 제의했다. 채프만은 기꺼이 환영했으며, 그렇지만 반드시 자신이 말하는 어떤 특정 식품점에 가서

사랑의 사도

물건을 사도록 부탁했다. 그 친척은 그곳에서 많은 식품을 사고난 후 가격을 지불하고 나서, 주인에게 그 물건을 R. C. 채프만에게 배달해 달라고 부탁했다. 그 식품점 주인은 아마 당신이 잘못 찾아온 것 같다고 말했다. 그러나 그 친척된 사람은, "아니요, 채프만 자신이 그렇게 특별히 부탁한 것이오."라고 대답했다. 그 식품점 주인은 이전에 자신이 그렇게 채프만을 무자비하게 공격하고 수년 동안 그를 비판한 일들을 기억하고는 그 자리에서 통곡하며 눈물을 억제하지 못했다. 그는 곧 채프만을 찾아와서 용서를 빌며 그리스도를 영접하였다.

채프만이 반스터블에 이사 오기 전 있었던 한 사건은 채프만이 기도의 충실성에 대하여 배운 매우 소중한 교훈이 되었다.

70년 전 내가 런던 본드 스트리트에서 있었을 때 한 사건에 대한 기억이다. 그곳은 세상 사람들이 즐기는 전형적인 장소였다. 그런데, 그곳에 한 경건한, 대단히 영적인 제화공이 있었다. 그는 정기적으로 낮 12시가 되면 한적한 곳으로 물러가서 한 시간 동안 기도를 드렸다. 그는 종업원들에게 그 기간 동안에는 아무도 그를 부르지 말라고 부탁해 두었다. 어느 날 한 백작(伯爵)이 찾아 와서 주인을 보자고 했다. 그러자 한 종업원이 "그분은 지금 기도중입니다. 한 시간 동안은 아무도 그를 불러서는 안됩니다." 라고 대답했다. 그랬더니 그 백작은 "뭐? 부르지 말라고!" 라는 말을 성급하게 되풀이하면서, 화를 내고 상점을 떠나버렸다. 그 종업원은 그 사람이 다시 오지

로버트 채프만

않으리라고 생각했다. 그런데 어느 날, 그 사람이 다시 찾아와서 주인장을 보자고 말했다. 그는 여러 군데 구둣방을 돌아다녀 보았지만 아무데서도 자기 발에 맞는 신발을 맞출 수가 없었던 것이다. 그래서 그 백작은 이 신실한 제화공에게 돌아왔고, 그 후에도 여러 번 찾아왔으나 그의 기도시간 12시에는 결코 오지 않았다.

성경에 대한 채프만의 깊은 지식과 끊임없는 기도, 즉 하나님께서 그의 기도를 응답하시는 그런 내용으로 드린 기도는 그의 생애의 모든 면을 지배하였다. 기도 가운데 넘치는 그의 기쁨은 다음과 같은 찬송으로 나타났다.

오, 나 홀로, 위대하신 하나님과의 대화
이를 내가 사랑하노라,
이는, 내 영혼을 새롭게 하시는 주께서
내 아버지 되심이니이다.

채프만은 도고(禱告)는 특별한 사역이라고 생각했다. "하나님의 자녀가 자신을 위해서 기도한다는 것을 옳은 일이다. 그러나 그가 다른 사람들을 위해서 기도한다는 것은 더 훌륭한 일이다." 그의 도고의 목록은 문자적으로 무한하다고 볼 수 있다. 그는 사람들의 이름을 다 불러가며 기도했다. 어느 날 그가 아는 한 자매가 그녀의 아이들을 위해서 기도해 달라고 부탁했다. 채프만은 엄숙하게 "나는 자매님의 아이들을 위해서 기도를 시작할 수가 없습니다."라고 답변했다. 당황한 자매는 부담을 준 것에 대해서 사과했으나, 채프만은 곧 즐거운 얼굴로 말을 이어 나갔다. "기도를 이미 시작한지 오래 되었기 때문에 다시 시작할 수가 없다는 뜻입니다."

우리가 이미 전에 본 것처럼, 채프만이 처음 구원받았을 때, 많은 그의 가족들이 그를 배척하였다. 이러한 배척을 그는 주님을 믿는 믿음의 불가피한 대가로만 생각하지 않았다. 가족들을 위해서 정기적으로 기도했을 뿐만 아니라, 가능한 대화의 문을 항상 열어두었다. 그는 그의 형제자매들에 대하여 결코 포기하지 않았으며, 훗날 그들의 여러 명이 주께 돌아온 영적 열매를 거두었다. 참으로 "의인의 간구는 역사하는 힘이 많으니라"(약 5:16).

어린아이들에 대한 채프만의 특별한 사랑

채프만은 자기 자녀들은 없었지만, 아이들에 대해서 어떤 사람 못지않게 특별한 관심을 가지고 있었다. "아이들이 다만 구원받는 것만을 위해서 구하지 마시고, 그들이 하나님의 기뻐하시는 아이들이 되고, 그리스도를 섬기는 자들이 되도록 기도하십시오"(요 12:26). 그의 생애의 마지막 설교 중 하나는 부모들의 자녀교육에 관한 내용이다. 그는 말하기를, "많은 사람들이 다만 구원받은 것을 알기만 하면 스스로 만족하게 여기고 있습니다. 이것만으로 만족하지 말라고

로버트 채프만

말하십시오. 나는 그들이 하나님 말씀을 공부하고, 하나님을 아는 지식에 자라가기를 바랍니다. 나는 그들이 주 예수 그리스도와 지극히 친밀하기를 바란다고 말씀하십시오."(골 1:10).

채프만은 부모들에게 항상 이런 질문을 했다. "아이들이 첫 마디에 말을 잘 듣습니까?" 대부분 부모들이 아는 바와 같이 답변은, "아니요"이다. 부모와 자식 간에 끊임없는 마찰은 아이들이 자라가면서 자기 주장을 더해 간다는 점이다. 이 질문을 받은 어떤 부모들은 이러한 조언이 자기 자녀가 없는 미혼자들의 특성이라며 쉽게 물리쳐 버린다. 하지만, 순종에 대한 채프만의 강조점을 이해한 사람들은 그의 질문을 마치 사랑하는 친구나 선생의 귀중한 충고로 받아드렸다.

채프만은 아이들과 대단히 친숙했다. 그는 아이들을 사랑했고, 그가 방문한 가정의 아이들에게 특별한 관심을 보였다. 마치 특별한 친족관계를 가진 사이 같았다. H. B. 메카트니는 다음과 같이 말했다. "하나님의 교제는 그를 어린아이 같이 만들었다." 1890년경, 채프만이 80대가 되었을 때, 그는 스코트랜드를 방문하여 J. R. 콜드웰 댁에 머물게 되었다. 콜드웰은 다음과 같이 말하고 있다.

그는 정신적으로 신체적으로 왕성하였다. 그는 자기 습관대로 아침 일찍 일어났으나, 거의 매일 저녁 말씀을 전했고 듣는 사람들에게 전 생애에 남는 영향을 끼쳤다. …채프만 씨는 주로 성경 말씀 전체를 읽는 것과 묵상할 것을 강조하였다…그분의 빛나고 다정하며 사랑스럽고, 매력적인 정신은 심지어

사랑의 사도

어린 아이들의 마음까지도 사로잡았다. 그는 불과 두 세 살 된 우리의 딸아이와도 친구가 되었다. 오후에는 카펫 위에서 그 자신이 마치 다시 어린아이가 된 것 같이 아이들 놀이를 즐겼다. 어느 날 아침, 집안 식구들이 아직 깨기 전에 그때 약 6살 쯤 된 우리 아들을 위해서 종이 연을 만들어서 9시 쯤 밖에 나가 함께 연 놀이를 했다. 참으로 그의 방문은 하나님께서 한 믿는 사람 안에서, 바로 이 땅에서라도 얼마만큼이나 하나님의 아들의 형상을 이룰 수 있는 가를 보여주는 귀중한 예가 되었다.

어떤 부인은 그가 어린 소녀였을 때 채프만이 그녀에게 질문한 내용을 이렇게 기억하고 있었다. "착한 아이야, 왜 예수님께서 양처럼 도살장에 끌려가셨는지 그 이유를 알고 있니?" 그녀는 전에 그런 생각을 해본 적이 없었다. 채프만은 대답을 주지 않고 질문만 남겨 두었다. 훗날 그녀는 어머니에게 그 질문을 했고, 그 어머니는 이사야 53장을 읽으라고 지적해 주었다. 그녀는 53장에서 "그가 찔림은 우리의 허물을 인함이요 그가 상함은 우리의 죄악을 인함이라. 그가 징계를 받음으로 우리가 평화를 누리고, 그가 채찍에 맞음으로 우리가 나음을 입었도다. 우리는 다 양 같아서 그릇 행하며 각기 제 길로 갔거늘 여호와께서는 우리 무리의 죄악을 그에게 담당시키셨도다." 는 내용을 읽었다. 그녀는 이제 질문을 이해하고 그 답도 알게 되었다. 그리고 눈이 열려 그녀의 구원주를 가슴속에 영접하였다.

로버트 채프만

채프만의 친구 H. W. 솔토우는 그의 아이들이 얼마나 채프만의 방문을 고대하는지에 대한 내용을 전하면서, 그 이유는 아이들이 채프만과 이야기를 하고 싶었기 때문이라고 말했다. 한 때 채프만과 여러 사람들이 식사 초대를 받았고 아이들도 함께 했다. 채프만이 먼저 자리에 앉자 아이들이 그를 둘러앉았다. 어른들은 아이들이 자기들 식탁에 앉지 않고 채프만 식탁에 앉은 모습에 놀랬으나, 채프만은 한사코 그들과 함께 앉기를 원했다. 집주인들과 방문객들은 그들끼리 유머를 즐겼고, 아이들은 채프만과 함께 어른들 식탁에서 아이들 음식을 즐겼다.

그는 다른 사람들의 필요에 민감했다

다른 사람들의 필요에 민감한다는 것은 쉬운 일이 아니다. 그러나 채프만은 사람들의 필요에 민감할 뿐 아니라, 사려가 깊었다. 그의 사려 깊은 한 예는 정시에 모임을 시작하고 마치는 것이었다. 모임에 참석한 사람들 중에는 많은 하인들이 있었고 그들은 시간이 되면 돌아가야 할 형편에 있는 사람들이었다.

많은 회중들 간에 인기가 있었던 연중행사들은 영국 전역에 걸쳐 시행되고 있었으며, 교리와 신앙생활을 위한 토론과 격려의 모임이 되었다. 채프만은 베어 스트리트 채플을 시작한 후 반스터벌에서 연례(年例)회 모임을 조직했다. 그는 영국 전역에 걸쳐 강사들을 초청하였다. 그러나 일정을 강사 중심으로만 계획하지 않고, 강사들이

사랑의 사도

귀가할 때 정거장에 그들을 데려다 줄 현지 사람들의 시간에도 맞추어서 시간표를 작성하였다.

그의 신중(愼重)성은 심지어 글 쓰는 데도 반영되었다. 나이가 들어감에 따라 그의 필체를 사람들이 알아보기 힘들게 되었다. 어느 날 윌리엄 헤이크는 채프만이 그에게 써준 글 내용을 알아 볼 수 없노라고 말했다. 그래서 채프만은 자신의 문제로 다른 사람들이 어려움을 겪지 않도록 결심하였다. 의도적인 노력을 들여 그는 놀랍게 그의 필체를 향상 시켜나갔다. 그는 하나님께서 원하시는 전형적인 종이었다. 다른 사람의 필요를 내 것보다 먼저 생각하는 종으로서의 지도자이다.

채프만이 99세 때 쓴 그의 친필

하나님의 공급에 대한 확신

채프만은 결코 자신의 믿음을 보통 사람들에게 다 공통적으로

로버트 채프만

요구되는 것 이상의 것으로 생각하지 않았다. 그의 설교와 대화들은 믿음으로 살 것을 격려하는 말씀으로 가득차 있었다. 그에게 있어서 감사란 그러한 믿음의 자연스런 결과였다. 그는 "당신이 받은 긍휼들을 세어보시나요? 당신의 감사는 받은 긍휼의 분량과 부합하는가요?"라고 자주 질문했다. 채프만의 공적(公的), 사적(私的)인 사역의 대목표는 믿음을 격려하고 강화해 주는 것이었다. 그리고 그는 하나님께서 그의 모든 필요를 공급해 주시리라는 확신속에 살았다.

윌리엄 헤이크가 다음과 같은 실화를 전해주었다. 한 때, 자기와 채프만이 함께 남부 데번 지방을 여행 중이었고, 그들에게는 집으로 돌아갈 차비 밖에는 돈이 없었다. 그들이 잠시 헤어져야할 일이 생겨서 헤이크는 그 차비를 채프만에게 주었다. 얼마 후 그들이 다시 만났을 때, 채프만의 습관을 알고 있었던 헤이크는 채프만에게 차비를 잘 가지고 있느냐고 물었다. 채프만은 "우리의 아버지께서 알고 계십니다."라고만 대답했다. 정거장에 가까이 왔을 때 의심이 생긴 헤이크는 채프만에게 다시 물었다. 채프만은 고백하기를, 병들어 보이는 한 노인네가 그 돈이 필요할 것 같아서 그에게 주었다고 대답했다. "그럼, 이제 어떻게 하겠소?"라고 헤이크가 물었다.

"우리의 아버지께서 알고 계십니다."라고 채프만은 되풀이 했다. 그들이 정거장에 도착해서 기차를 기다리고 있었지만, 헤이크는 심기가 크게 편치 않았다. 기차가 막 정거장에 도착하자, 그들이 아는 한 친구가 헐레벌떡 달려와서 늦어서 미안하다고 말하며 그들의 차비보다 약간 많은 돈을 건네주었다.

사랑의 사도

　채프만이 나이가 많이 들어 혼자 여행이 불편해 졌을 때, 그를 동반하여 함께 여행했던 조지 피셔 씨도 비슷한 이야기를 전해 주었다. 그들이 리언민스터에서 집회가 끝나 돌아갈 때가 되었는데 둘 다 아무에게도 여비가 없었다. 채프만은 집회 중 어떤 사람이 약간의 여비를 주었는데, 그가 보기에 돈이 필요하다 싶은 사람에게 곧 주어버렸다. 정거장으로 가는 도중 피셔는 채프만에게 여비가 전혀 없는 것을 상기시켜 주었다. 채프만 씨는 대답하기를 "돈과 천만의 언덕위에 소떼를 소유하신 분이 누구이신가요?"라고 했다.
　정거장에 이르렀을 때, 방금 도착한 기차에서 한 사람이 채프만을 알아보고 곧바로 내려 급히 달려와서 5파운드 지폐를 건네주며 "여기 내 주머니에 이 돈이 지금까지 있었는데, 선생님을 만나서 반갑습니다."라고 말하고는 다시 금방 떠나는 기차에 올라타고 떠났다. 잠시 후 채프만은 그의 동행자에게 "돈은 누가 소유하고 있소?"라고 물었다.
　제임스 멘스필드라는 분이 어느날 반스트벌 정거장에 와서 지금 막 떠날 기차에 채프만이 앉아있는 것을 보았다. 채프만과 이야기를 나누다가 뭔가 의심스러워서 채프만에게 돈지갑을 보여달라고 청했다. 채프만은 웃으면서 지갑을 보여주었지만, 그 안에는 돈도 없고 차표도 없었다. 채프만은 그의 여행이 하나님의 뜻이라면, 하나님께서 차표를 공급해 주시리라는 확신을 가지고 정거장으로 향했던 것이다. 멘스필드가 그의 필요를 공급해 주었다. 그는 그날 주님의 메신저가 자기인 것을 알게 되었다.

로버트 채프만

채프만은 여러 가지 연중 컨퍼런스에 즐겁게 참석하였다. 그는 여러 번 말씀을 증거하도록 초청 받았고, 하나님의 종들과 교제하는 것을 크게 기뻐했다. 어느 날 리언민스터 집회 때 그는 특별히 부담감을 가지고 있는듯 했다. 그러나 얼마 후 그는 곧 그의 평상시의 유쾌한 모습으로 되돌아 왔다. 얼마 지나서 그의 친지들은 그가 상당한 거금을 선물로 받고 고민하고 있다가 그 돈 전부를 여러 사람들에게 다 나누어 준 사실을 알게 되었다.

몇 개의 회고들

하나님의 진리에 대해서는 무식한 사람들도 채프만에 대해서 말을 할 때는 조롱섞인 어조로 말하지 않고 하나님의 사람, 곧 "거룩한 사람"이라고 불렀다. 많은 사람들이 하나님께서 그를 특별히 돌보고 계신다고 믿었다. 어느 날 그가 마차를 타고 여행을 하게 되었을 때, 마차 주인이 다른 승객들에게 말했다. "여러분, 오늘은 여러분이 생명보험을 들 필요가 없습니다. 채프만 씨가 우리와 함께 타고 있습니다."

비슷한 일이 1850년 중반 엑시터에서 반스터벌을 연결하는 새로 건설된 기차 안에서 일어났다. 기차가 반스터벌을 향하여 내리막 길을 내려가고 있을 때, 한 여인이 공포에 사로잡히게 되었다. 승무원이 가까이 와서 그 부인을 위로해 주면서 말했다. "안심하십시오, 여기 채프만 씨가 함께 타고 있습니다."

사랑의 사도

　한 로마 가톨릭 교인이 자기를 찾아온 방문자에게 말하기를, 모든 프로테스탄트 교인들은 참 교회 밖에 있기 때문에 다 상실된 사람들이라고 말하다가, 잠시 말을 멈추고, "아, 그런데 만약 그들 중 천국 갈 사람이 하나 있다면, 반스터벌에 있는 한 사람이 천국에 갈 수 있을 것입니다…그 사람 이름은 모르지만, 뉴 빌딩 스트리트에 살고 있는 사람입니다. 그는 반스터벌에서 가장 나이 많은 사람이고 가장 거룩한 사람입니다"라고 말했다.

　반스터벌에서 태어나서 성장한 어떤 나이 많은 부인이 찰스 프레이저-스미드에게 들려준 한 토막의 이야기에 의하면, 자기와 남동생이 함께 1880년대 채프만이 운영하는 기관들에서 일할 때, 나이 어린 소년이었던 윈스턴 처칠이 (부모들과 함께) 채프만을 방문한 적이 있었다고 한다.

　프레이저-스미드의 이모(姨母)들 중 한 사람인 어떤 젊은 부인이 스페인에 있는 아동 특수 사역 선교회라는 이름으로 알려진 단체에서 어린이 사역을 위하여 스페인에 갈 뜻을 정하고 있었다. 스페인에 있는 선교사들 간에 오랫 동안 채프만이 가지고 있던 영향력과 그의 지혜로운 조언에 대하여 잘 알고 있었던 이 부인은 그의 도움을 얻기 위하여 반스터벌행 기차를 탔다. 나이 많은 채프만이 이 부인의 소원을 다 듣고 나서 내일 아침 출발하기 전 다시 들러달라고 부탁했다. 다음날 아침 그는 그녀의 사역을 인정하고 축복하며, 그녀의 안전을 위해서 함께 기도를 시작하였다. 기도하는 중 이 부인을 정거장에 데려갈 마차가 왔다. 밖에 마차 소리를 들었지만, 이 부인은 채프만의 긴 기도를 중단하지 않았다. 마차를 타고 정거장에 도착했을 때는 이미 기차는 떠나고 말았다. 몇 시간 후 그 기차가 큰 사고를 당했다는 소식을 듣고, 이 부인은 이 사건이 자신의 안전을 위한 주님의 배려라고 생각하고 스페인으로 떠났다.

다음은 반스터벌에 살았던 어떤 군인이 선교사 F. S. 아노트 씨에게 들려준 이야기이다. 밤늦게까지 흥청거리고 놀다가 새벽에 집에 돌아가는 길에 성경을 손에 들고 걸어가는 한 노인을 자주 보게 되었다. 이 노인은 군인을 불러 세우고 그의 죄에 대하여 말해 주곤 했다. 수년이 지난 후, 채프만에게 들은 말들의 기억이 결국 이 군인이 그리스도를 영접한 계기가 되었다.

채프만은 자주 혀를 절제해야 할 필요성에 대하여 설교하였다. 한 번은 그렇게 설교한 후에 남편과 별거하고 있으며 채프만의 상담을 받아드리지 않고 있었던 한 젊은 부인이 자기를 공중 앞에서 나타내었다고 채프만을 책망하였다. 채프만은 그가 설교 준비를 하고 있을 때, 그 여자의 일은 염두에도 없었다는 것을 확실히 말해 주었다. 오히려 성령께서 그녀의 마음속에 말씀하시고 있는 것이라고 단언했다. 그 여자는 이것을 받아드렸고, 얼마 후 곧 남편과 화목을 회복하였다.

이러한 일들의 세월이—나눔의 세월, 화평의 세월, 사랑의 세월—채프만과 함께 흘러갔다. 일부 그리스도인들은 웅변가로, 부흥사로, 기관 지도자로, 혹은 신학자로 명성을 얻었다. 그러나, 사랑의 사도로는 오직 소수의 사람들만이 먼 훗날까지 이름을 남기고 갔다.

사랑의 사도

이것이 바로 그리스도를 살기로 결심한 채프만의 결심으로 인하여 그가 성취한 생애였다.

18

친구들과 지인들

남을 돌보고 사랑하는 사람들은 통상 많은 친구들을 가지고 있기 마련이다. 이것은 바로 로버트 채프만의 경우에 해당된다. 그의 정신은 그의 집을 방문한 어떤 방문객의 기억속에 이렇게 남아있다. "나는 그때 그의 고함치는 사랑의 음성을 지금도 듣는 듯 하다. '만나서 반갑소, 어서 오시오. 환영합니다, 사랑하는 형제님!'

그의 친구들은 그저 극소수의 절친한 사람들에게만 국한된 것은 아니었다. 그의 친구들은 가난한 사람, 부유한 사람, 유명한 사람, 무명의 사람들 모두가 포함되었다. 그의 지인들은 사회 각계각층의 모든 사람들이었다. 예를들면, 채프만은 영국 수상직을 세 번이나 지낸 W. E. 글레드스톤과도 편지를 왕래했으며, 또한 1833년 대영제국에서 노예무역 폐지 운동의 주도자 윌버포스 의원의 아들이며 국교

로버트 채프만

회의 고위성직자인 사무엘 윌버포스와도 안면을 가지고 있었다. 이미 채프만의 친구들과 지인들에 관하여 언급한 바 있지만, 좀 더 많은 사람들에 대한 간략한 소개가 필요하다.

찰스 헤든 스펄전

찰스 헤든 스펄전은 열정적이고 사람들의 혼을 사로잡는 침례교 설교자였으며, 그의 사역지는 런던에 소재한 대형교회 메트로폴리턴 테버내클이었다. 그의 공적 사역은 채프만의 것과 대단히 달랐으나 두 사람은 많은 면에서 공통점이 있었다. 그들은 둘 다 하나님에 대한 헌신과 성경의 권위에 대해서는 가장 높은 가치를 두고 있었다. 그들은 둘다 새로운 일에 개척적인 정신을 가지고 있었으며, 또한 열렬한 복음주의자들이었다. 스펄전은 특수침례교인이었고, 채프만은 이에 상이한 견해를 가지고 있었으나, 그들은 둘 다 이러한 이견이 그들의 우정과 교제에 방해가 되지 않게 했다. 스펄전은 채프만에 대해서 자기가 아는 사람 중 가장 성자다운 사람이고 불렀으며, 채프만의 책 "덕담집"을 높이 평가하였다.

58세라는 비교적 짧은 생애의 말년에 스펄전은 점증하는 소위 고등비평학이라고 하는 가설에 대한 강력한 반대로 인해 동료 침례교 지도자들로부터 소외를 당하게 되었다. 채프만은 자신이 속한 형제회 운동 안에서 생긴 분열의 고통을 겪은 체험을 인하여 스펄전의 고뇌를 충분히 동정할 수 있었다. 변함없는 위로자, 채프만은 런던에

친구들과 지인들

있는 스펄전의 집을 방문하여 그를 위로했고, 스펄전이 세상 떠나기 바로 전 다시 방문한 적이 있었다.

J. 허드슨 테일러

1852년, J. 허드슨 테일러가 20세 때, 그는 중국 선교를 위한 마음에 부담을 가지고 있었고, 로버트 채프만의 지혜와 선교열정에 대하여 알고 있었으므로 그는 채프만의 조언을 신실하게 구했다. 테일러가 중국선교 활동을 이미 시작한 후, 그가 영국선교사들은 중국식 옷을 입고, 중국 음식을 먹어야 한다고 주장함으로 말미암아 영국 국내 후원자들 간에 크게 반발이 일어났다. 1863년, 그는 영국에 다시 돌아와서 런던에 있는 중국 선교 협회의 조지 피어스의 집에서 채프만과 다시 만났다. 그 당시 테일러는 중국 내지 선교 (CIM) 라고 부르는 초교파 국제 선교회 구성을 생각하고 있었다.

채프만은 그를 격려하며 스스로가 CIM의 첫 번째의 '중재인들' -선교 자문위원들- 중 한 사람이 되었다. 채프만의 친구 조지 뮬러도, 그가 운영하는 성서 지식 학원(SKI)을 통하여 CIM의 상당한 금액의 재정 후원자가 되었으며, 1866년까지 계속되었다. 테일러는 여러 번에 걸쳐서 채프만을 만나러 반스터벌을 방문하였다. 반스터벌 발송의 한 편지(날짜가 기록되지 않음)에서 우리는 채프만 특유의 필체를 볼 수 있다. "나의 사랑하는 테일러 형제님, 당신에 대한 우리의 요구를 고려에 넣어두시오. 형제님의 사역에 우리가 동참하기를 소원하고 있소. 아, 속히 오셔서 여기 당신의 형제들에게 말씀을 전해 주시오. 언제 오실 수 있는지 알려 주시기 바랍니다…하나님께서는 우리들의 열린 입에 채워주시기를 원하고 계십니다." 1872년, 그들이 다시 만났을 때, 채프만의 사랑이 가득찬 환영의 말은 다음과 같았다. "당신이 중국으로 떠난 이후, 나는 매일 형제를 방문하였소!" 그는 테일러를 위해서 매일 그 이름을 불러 기도하였다.

헨리 W. 솔토우

헨리 솔토우는 프리머드 시의 한 큰 교회의 초창기에 잘 알려진 사람으로, 채프만과 마찬가지로 부유한 재벌 가정에서 출생하였다. 또한 채프만과 마찬가지로 솔토우도 변호사 출신이었다. 솔토우 가문은 전통적인 국교회 교인들이었다. 그러나 그는 1837년, 펄시 홀의 설교를 듣고 중생하게 되었다. 그리고 나서 그는 변호사직을 떠나서(그러나 재산은 계속 소유하고 있었다), 프리머드 주변의 작은 마을들과 산골들을 돌아다니며 전도를 시작했다. 훗날 그는 기독교 서적과 문서 배포를 위해서 한 작은 상점을 열었다. 프리머드에서 그는 채프만을 만났고, 그들은 좋은 친구가 되었다.

솔토우는 존 다비가 1845년 프리머드에 새로운 교회를 개척하려는 결정에 찬성할 수 없었으므로, B. W. 뉴턴이 1847년 프리머드를 떠날 때까지 뉴턴을 지원하였다. 뉴턴을 지원했던 그의 조치로 말미암아 프리머드의 형제들간에 자신의 입장이 회복할 수 없을 만큼

친구들과 지인들

손상되었다고 생각이 되어서 솔토우는 1848년 가족을 데리고 엑스머드로 이사해 버렸다. 그 당시 바이드포드에서 교장으로 있었던 윌리엄 헤이크가 솔토우에게 교사직을 제안했을 때 그는 기꺼이 받아 드렸다. 1851년 그는 그의 친구들, 채프만과 헤이크에게 가까운 지역인 바이드포드로 옮겨갔다. 그곳에서 그는 보다 더 단절된 환경 속에서 살며, 구약 중에서 그가 좋아하는 주제들에 대한 글을 쓰면서 가르치는 일을 계속하였다.

솔토우 부인은 그때까지 침례를 받은 적이 없었다. 왜냐하면 프리머드 교회는 침례를 강조하지 않았기 때문이다. 그러나 솔토우 가정이 바이드포드로 이사온 후 헤이크와 채프만의 강력한 영향을 받아 솔토우 부인과 그의 딸들은 침례의 중요성을 깨닫게 되었다. 1854년 로버트 채프만은 바이드포 강에서 그녀와 그의 세 딸들에게 침례를 베풀었다.

아마 채프만을 통해서 이 기간 동안 솔토우는 허드슨 테일러의 중국 선교 소식을 듣게 되었을 것이다. 뮬러의 본을 따라서, 솔토우 가정은 테일러의 사역을 돕기 시작했다. 모든 그리스도인들의 일치에 대한 그의 신념에 따라, 솔토우는 그의 아들 헨리가 의료 선교 사역을 위해 중국 내지 선교사로 떠날 때 그를 축복하여 보냈고, 그의 딸 헨리에타가 영국 CIM 본부에서 사역을 시작했을 때도 축복해 주었다.

솔토우의 건강이 쇠약해져 갈 때, 그는 1870년 그의 친구들이 있는 반스터벌로 이주하였다. 헤이크는 이미 이사와서 거주하고 있었다. 솔토우는 1875년 세상을 떠났다. 그의 아들은 약 27년 후 채프만이 별세했을 때, 장례식의 주 강사 중 한 사람으로 말씀을 전했다. 그는 그의 설교에서 이제 채프만이 세상을 떠나고 없으니 그리스도인들에게는 더욱더 그리스도만을 의지하는 길 밖에는 없다고 말했다. 이 흥미있는 발언은 채프만이 자신의 글들을 출판하지 않거나 자신을 나타내지 않으려고 했던 그의 의도의 핵심을 잘 반영하고 있다.

스웨인 보언 부부

버밍헴에 살고 있던 스웨인 보언 내외는 채프만이 영국 중부지방을 방문할 때면, 자주 그를 대접하였다. 보언 부인은 어린 소녀 시절 반스터벌에서 살았으며 영국 국교회의 한 저명한 사람의 딸이었다. 그녀는 베어 스트리트 채플에 출석하였으며, 채프만이 전하는 복음을 듣고 회심하게 되었다. 그녀가 침례를 받고자 해서 그의 아버지에게 그 뜻을 말했을 때, 그녀의 아버지는 화를 내고 허락하지 않았다. 그래도 그녀가 계속 요구하자, 만약 침례를 받으면 집에서 나가라고 말했다. 그러나 주님의 명령에 복종하는 것이 마땅하고 생각한 딸은 토우 강에서 채프만에 의해 침례를 받았다. 집에 돌아왔을 때 그녀의 아버지는 딸을 영접하였고, 그래서 주님의 축복이 임한 것을 알게 되었다. 스웨인 부부는 채프만이 세상을 떠날 때까지 가까운 친구로 지냈다.

친구들과 지인들

W. H. 베네트, E. H. 베네트

주의 종으로서의 W. H. 베네트의 사역은 로버트 그리블과 함께 시작하였다. 그의 사역은 그리블이 별세하기 전 짧은 기간이었다. 베네트는 채프만의 노후 기간에 대해서 잘 알고 있었으며 채프만이 세상을 떠난 후 몇 개월이 지나, 채프만에 대한 긴 전기를 저술하였다. 웰스 지방 카디프에서 살고 있었던 E. H. 베네트는 채프만과 거의 40년을 아는 사이였으며, 그가 저술한 짧은 전기에는 채프만의 스페인 사역에 관한 흥미있는 다음과 같은 내용이 포함되어 있다. "채프만과 그의 일행들은 하나님의 말씀을 배포한다는 죄목으로 부재자 재판을 받고 실형 선고를 받았다."

덴햄 스미드

덴햄 스미드는 이름이 널지 알려진 부흥사였으며 채프만과도 관계가 좋은 친구였다. 스미드의 사역은 1859년 영국제도(英國諸島)를 휩쓸었던 대부흥 이후 더블린 근방 지역이 중심지가 되었다. 스미드가 한 때 채프만에게 누군가가 당신의 전기를 써야할 것이라고 말한 적이 있었다. 채프만은 답변했다. "지금 써지고 있으며, 내일 아침 출판될 것이오." 또 다른 때, 채프만은 전기에 관한 견해를 다음과 같이 기술하였다. "누구든지 전기의 완전한 모형을 발견하려면, 창세

로버트 채프만

기 5장 21-24절과 히브리서 11장 5절에서 발견할 수 있습니다." 그가 의미한 완전한 모델이란 하나님과 동행했던 에녹이었다.

제임스 라이트

제임스 라이트는 뮬러의 나이가 많이 들었을 때 뮬러의 에쉴리 다운스 고아원의 운영자로 일한 사람이었으며 채프만과 오랜 친구였다. 라이트는 그가 처음 채프만을 만난 해를 1841년으로 기록하고 있다. 채프만은 오후마다 한 지역에서 주일학교 모임에 말씀을 전했고, 저녁에는 베데스다 채플로 돌아왔다. 라이트는 특별히 채프만의 놀라운 음성을 기억하고 있었으며, 그의 간단 명료한 복음제시와 그의 억양이 얼마나 큰 효과를 더했는지를 말했다. 라이트는 어떤 사람이 다음과 같이 말한 것을 기록하고 있다. "나는 채프만이 시편을 읽는 것만 들어도 설교를 듣는 만큼의 효과를 보았습니다." 라이트는 다음과 같이 계속하고 있다.

그의 음성의 융통성과 능란한 억양은 의심할 여지없이 설교의 효과와 관계가 있다. 그 뿐만 아니라, 그가 가진 성경말씀의 깊은 의미에 대한 비상한 이해력이 또한 그 효과를 가져 온 것이다. 그러나 나는…그 효과의 진정한 능력은 그가 영감을 받은 하나님의 말씀에 대한 강렬한 사랑과 경외감에 있었다고 믿는다…그가 하나님의 음성을 그처럼 강력하게 집중하여 경

친구들과 지인들

청함으로 말미암아 나타난 결과 중 하나는, 그가 기도할 때 하나님께 드리는 말의 내용이 특출한 점이었다.

에쉴리 다운에 위치한, 뮬러가 과거에 고아원으로 사용한 건물(저자 제공)

라이트가 G. F. 버긴에게 고아원 부원장이 되어달라고 부탁했을 때, 버긴은 즉시 반스터벌에 가서 로버트 채프만을 만나 이 제의에 대하여 의견을 청했다. 그가 임무에 적합하리라는 채프만의 말을 듣고 버긴은 곧 응락했다. 채프만이 1902년 세상을 떠났을 때 버긴은 다음과 같이 기록하고 있다.

(그는) 조지 뮬러의 가장 오래되고, 가장 가까운 친구 중의 한 사람이었다. 뮬러는 적어도 한 번 이상, 그가 어려운 일에 직

로버트 채프만

면했을 때, 채프만을 찾아가 상담을 받았다. 이러한 신뢰감에 대해 채프만 씨가 보인 반응은 그 고아원의 68년간의 운영기간동안 그가 중단 없이 기도해 온 점에서 나타났다. 내가 1901년 반스터벌을 방문한 것은 이 강한 영적 지도자가 그때까지 나를 인도해 주었다는 사실을 알고 있었기 때문이었다. 그 자신의 입술로…조금도 주저 없이 우리의 계획을 전적으로 후원해주는 격려의 말을 해주었을 때 우리는 확신을 갖게 되었다.

헨리 그로브스

헨리 그로브스는 안토니 노리스 그로브스의 아들이었으며, 그는 그의 아버지의 "열린" 입장에 대해 적극 동조하였다. 헨리는 19세기 후반 열린 형제들 사이에서 (프리머드 형제단 내의 개방적 입장의 교인들) 인정된 지도자였다. 그는 1872년 처음 시작된 "섬김의 공명(共鳴)"이라는 선교잡지의 제 1대 편집장으로서, 채프만을 잘 설득하여 스페인과 기타 지역에서 행한 선교활동 내용을 잡지에 올렸다. 이미 언급한 바와 같이 채프만은 정당하지 않은 관심이 자신에게 쏠리지 않도록 자기 이름이 인쇄되는 것을 피하였다. 그럼에도 불구하고 몇몇 내용은 매개체를 통해서 알려지는 것이 필요하다고 느꼈다.

몇 개의 다른 채프만의 글도 결국 인쇄된 것들이 있었다. 예를 들면 "계절내의 진리"라는 간행물은 W. J. 스톡스, 헨리 다이어 및 채

친구들과 지인들

프만의 글들을 모은 단행본이었다. 헨리 다이어는 1860년 중병에 걸린 헤이크를 간호하여 건강을 회복케 한 윌리엄 다이어의 형제였다. 헨리와 채프만은 예언 문제들에 관하여 어떤 내용은 서로 의견이 달랐으나 그것이 그들의 가까운 우정관계에 방해가 되지 않게 했다. 이러한 내용은 다음 장에서 다룰 것이다.

19

본질적 교리와 비본질적 교리

채프만은 소위 정식 신학 교육은 받지 않았다. 그러나 그당시에는 이것이 흔한 일이었다. 영국 국교의 많은 사제들은 거의 신학 교육을 받지 못했다. 그는 해링턴 에번스 문하에서 배웠으며 많은 위대한 개혁자들의 책들을 공부하였다. 그의 성서에 대한 이해는 그가 가진 친구들과의 교류를 통해서 형성되어가기도 했지만, 채프만의 신학은 본질적으로 성서에 근거하였다.

성서에 바탕을 둔 신학

채프만의 교리적 입장은 오직 하나의 전제에 기초하고 있었다. 그것은 "성경 전체를 연구해야 하는 것"이었다. "우리의 마음은 하나

로버트 채프만

님 말씀의 충만으로 확정되었으며…거의 모든 거짓 교리에 대한 낌새를 발견할 수 있는 한편…어떠한 오류도 성경 전체의 테스트는 당해낼 수 없다." 이 문장은 윌리엄 헤이크에 대한 추모 글에서 발견된 내용이며, 어떠한 신학적 주장도 전후문맥을 떠나서 일부 단편적인 성경구절에 기초하여 전개되어서는 안된다는 채프만의 전형적인 태도를 반영하고 있다. 하나님 말씀을 철저하게 공부해온 채프만은 그의 설교가 균형을 유지하도록 심혈을 기울였다. 성경에 대한 그의 사상은 다음과 같은 그의 묵상 기록에서 잘 반영되고 있다.

하나님의 책은 순례하는 하나님의 자녀들을 위한 만나의 창고이다…성경 말씀을 소홀히 하는 큰 이유는 시간이 없기 때문이 아니라, 마음이 없기 때문이다. 무언가 다른 우상이 그리스도를 대신해버렸다…성경을 소홀히 하는 하나님의 자녀는 영광의 주님을 기쁘시게 해야 할 자신의 임무를 수행할 수 없다…누구든지 성경을 바르게 사용하면 성경은 세상에서 가장 기쁜 책이 된다…나에게 맞게 무엇을 택하며 (부끄럽게도) 성경을 읽는다는 것과 그리스도안에서 내가 하나님과 친숙하게 되기 위하여 성경을 탐구한다는 것은 동쪽이 서쪽에서 먼 것 같은 다른 것이다. (만약 내가 전자의 일을 행한다면) 나는 그리스도의 복음을 내가 알지 못하는 모세의 법으로 대치해 버리는 것이다. 그리고 그리스도의 복음은 기쁨과 평강의 길이 아니라 강철같은 족쇄가 된다.

본질적 교리와 비본질적 교리

이 마지막 문장은 채프만이 이스라엘 백성에게 주신 하나님의 계명과 교회에 주신 하나님의 은혜와의 구별을 보여주는 내용이다. 채프만은 온유한 성품과 용서의 정신으로 잘 알려진 사람이지만, 때로는 그가 강조하는 점을 나타내기 위해서 신랄(辛辣)한 재치를 사용하기도 했다. 예를 들면, 고등비평학에 대한 그의 반대 입장을 나타내는 때였다. 1860년쯤 성경에 대한 고등비평은 영국에서 많은 추종자들을 모았다. C. H. 스펄전은 이에 반대하는 강력한 설교를 하였고, 많은 반대자들에 대항해야했다. (고등비평이란 다음과 같은 가정(假定)에서 출발한 철학이다: 성경은 영감된 하나님의 말씀이 아니라, 어떤 진리들을 예로 나타내기 위하여 고안된 이야기들의 집합문서이다. 많은 성경 인물들은 실존한 적이 없다. 성경에 기록된 많은 사건은 발생한 적이 없다.) 고등비평을 다루면서 저녁을 마친 후, 채프만은 다음과 같은 비유를 들어 설명하였다.

구름 한 점 없는 어느 여름 정오의 대낮에 길을 걸어가다가, 나는 내가 전에 전혀 본 적이 없는 한 낯선 사람을 만났습니다. 그는 친절하고 크게 은혜를 베푸는 태도로 내게 길을 안내해 주겠다고 말했습니다. 나는 그의 손에 등잔이 들려있는 것을 보았는데 거기에는 희미한 촛불이 있었습니다. 긍휼한 마음이 나의 웃음을 겨우 진정케 했습니다. 그래서 최대한 엄숙한 모습으로 그의 제안을 거절하고 나의 길을 갔습니다. 훗날 나는 그 사람의 이름이 고등비평이라는 이야기를 들었습니다.

로버트 채프만

　채프만은 어떤 사람의 글이 성경말씀과 일치되는지 입증하기 전에는 누구의 글도 신뢰하지 않았다. 그가 사람들에게 성경이 그들의 독서의 중심이 되어야 한다고 권면해온 것은 바로 이러한 그의 인격의 반영이다. 심지어는 그리스도인들 간에도 하나님의 말씀은 거의 배제해 버리고 사람들의 쓴 글을 중히 여기고 토론하는 경향이 있다. 의심할 여지없이 바로 이러한 경향을 인하여 채프만은 자신의 글이 출판되지 않도록 조심하였다.

　그는 일반적으로 성경을 세대주의적 관점에서 보았으나, 다른 사람들처럼 다른점을 강조하지는 않았다. 예를 들면, 각기 다른 세대에 살았던, 하나님을 경외하는 사람들간의 세대주의적 특성에 대해 자세히 설명하는 대신, 다음과 같이 그들의 하나됨에 대하여 강조하였다. "아담 안에 있는 모든 사람이 아담 안에서 다 죽었다. 그리고 그리스도 안에서 모든 사람이 생명을 얻었다. 이것은 모든 세대의 하나님의 택함을 받은 사람들에게 다 공통된 일이다. (택함을 받은) 모든 사람은 다 새로운 피조물이다. 모든 사람은 그리스도의 성육신 이전이거나 이후이거나, 하나님의 아들로부터 생명을 얻는다."

　논란이 되는 해석들에 대하여 어떤 입장을 선호하기 이전에 그는 그 문제를 수년간 연구하곤 했다. B. W. 뉴턴은 채프만이 종말에 도래하는 예언된 천년 기간에 대한 분명한 입장을 가지고 있지 않다고 불평했다. 이 불평은 뉴턴이 채프만을 알고 있었던 기간 중에는 사실일 수도 있었다. 채프만은 한때 어떤 특별한 성경에 대한 "결정된 판단"에 도달했을 때, 그 판단을 다시 변경해야할 이유를 발견하지 못했다고 말한 적이 있다. 때로는 이러한 태도가 그의 동료들과는 다른 견해로 귀결되기도 했다.

주요 주제들에 대한 채프만의 관점

침례와 교회 일치

　채프만에게는 침례, 갈보리, 성도들의 일치 등의 문제들은 중요한 개념들이었으며, 그는 자주 이 주제들에 대하여 설교했다. 그는 새신자의 경험에 있어서 침례란 가장 높은 우선순위 중의 하나로 여겼고, 80세가 될 때까지 토우 강에서 침례를 베풀었다. 그는 침수(浸水) 침례란 믿는 사람이 그리스도의 죽으심과 부활에 동일시됨을 표현하는 것이라고 가르쳤다. 그러나 그는 침례가 구원에 영향을 미친다는 견해에는 강력하게 반대하였다. 일찍 에벤에셀 시절 이후, 그는 침례가 에벤에셀에서의 회원 가입 조건이 되는 것을 금지하였으며, 그후 베어 스트리트 채플에서도 마찬가지였다. 그는 또한 침례가 주만찬에 참여하는 전제조건이 되는 것도 금지하였다. 95세 때, 그의 편지에서 다음과 같이 기록하고 있다.

　　침례는 가장 간단한 형태로 예수님 자신의 죽으심, 장사됨과 부활의 표시이며 그리고 그의 지체들의 죽음, 장사, 부활을 표시합니다. 하나님의 말씀과 성령에 의해서 아담의 자녀가 사망에서 생명으로 옮겨졌을때, 이제 그 하나님의 자녀는 그리

로버트 채프만

스도께서 머리가 되시는 몸의 한 지체가 되는 것입니다. 그리고 새언약의 모든 의무가 각 지체들에게 구속력을 갖게됩니다. 만약 새 신자가 소중한 상징들, 물 침례 등에 대해서 무지하거나 소홀하게 여기면, 반드시 바르게 교훈해야 합니다. 그러나 어떻게 해야 합니까? 잘라버리는 것이 아니라, 오직 예수님 같이 온유함과 예절바르고 지혜로운 교훈으로 해야합니다. 혹은 때로 필요하면 책망함으로 해야 합니다. 이와 같이 하지 않으면 보혜사 성령님을 근심케 하는 것이 되며, 배척하는 자나 배척당하는 자들 모두에게 적잖은 해를 입게하고 특별히 전자에게 더 해가 됩니다.

채프만은 그리스도인 신앙생활의 올바른 이해는 그리스도의 십자가에서 시작하는 것으로 여겼다. 그리고 그 십자가를 깊이 생각하는 것은 하나님 앞에 합당하게 행하는 삶에 대단히 중요한 것이었다. 그가 매주 주만찬을 집행하는 이유는 바로 여기에 있었다. 교회 일치에 대한 그의 개념은 다양한 의견을 가진 모든 신자들이 근본 교리의 오류에 빠져 있지 않는 한, 진정한 교회를 형성하고 있으며 자유롭게 교단을 넘어서 교류하며 예배드리는 것을 의미했다. 그는 성경에 대한 이해의 정도가 아니라 (이것이 중요하기는 하지만) 그리스도 안에 있는 '생명'(곧 삶)이 그리스도 안에서 공통된 결속(結束)이라고 생각했다.

본질적 교리와 비본질적 교리

예언

　채프만 시대에 예언은 많은 그리스도인들 사이에 인기 있는 주제였다. 그는 가끔 예언에 대하여 설교를 했지만, 다른 많은 설교자들이 이 주제에 대하여 압도적으로 중요성을 강조한 것처럼 그렇게 하지는 않았다. 그는 아마 많은 예언에 대한 해석들이 추상적 범위에 속한 것이며, 이러한 추상적인 일에 너무 많은 에너지를 소모함으로 말미암아 그리스도인의 삶의 본질에 헌신 되어야 할 시간과 에너지가 낭비된 것으로 생각한 것 같다.

　이렇게 추측할 수 있는 몇 가지 이유들이 있다. 채프만이 아직 런던의 존 스트리트 채플에 출석하던 1826년-해링턴 에번스를 위해서 1818년 존 스트리트 채플 건물을 지어준-헨리 드러먼드가 강력한 장로교 설교자였던 에드워드 어빙의 영향을 받게 되었다. 레이전트 스퀘어에 있었던 어빙의 넓은 집회장소는 존 스트리트 채플에서 불과 몇 걸음 거리에 있었다. 그때 그의 주요 관심사는 예언이었다. 그리스도의 죄없으신 인성(人性) 교리를 부인함으로써 그는 불명예 가운데 장로교회에서 배척되었다. 그러나 어빙의 사상에 너무 심취된 드러먼드는 런던의 남서부 지역에 있는 엘버리의 자기 저택 안에서 수차례에 걸친 예언 집회를 개최하였다. 향후 4년 동안 이 집회들은 터무니없는 추측만 무성한 집회로 하락해 버렸다. 에번스, 채프만, 기타 다른 존 스트리트 채플 교인들이 이 집회에 참석하지는 않았다할지라도 그 소문은 들었을 것이 분명하다. 에번스는 이 기간 동안 공적으로 어빙의 교리들을 배척하였다.

로버트 채프만

엘버리 집회가 사라져 갈 무렵, 아일랜드에 사는 파워스 코트 부인이 유사한 예언 집회들을 개최하였다. 이 집회들은 1831년에서 1835년까지 계속되었다. 어빙은 처음 몇 번의 집회에 참석했으나, 다비와 벨렛 같은 사람들이 참석해서 주도권을 장악하게 되자 자취를 감추어 버렸다. (다비와 벨렛 등도 이 때쯤 예언에 관심을 가지기 시작하였다.) 뮬러와 크레이크는 1832년 이들 집회에 참석한 적이 있었다. 그러나 채프만은 참석하지 않은 것이 분명하다. 엘버리의 광란이 채프만의 마음에 선명하게 남아있었는지는 논쟁거리이지만, 그처럼 수많은 사람들이 참여했던 집회에 그가 참석하지 않았다는 것은 그 주제가 본질적으로 중요하지 않다는 그의 신념에 따른 것이다.

채프만이 그의 사역을 시작한지 처음 몇 년간에는 천년기간에 대한 그의 입장이 분명치 않은 것이 확실했으나, 훗날에는 확실한 입장을 갖게 되었다. 형제회 내부에 그의 많은 동료들과 마찬가지로, 채프만은 요한계시록 20장 4-7절의 천년과-새 하늘과 새 땅의-마지막 완전에 대한 구별을 분명히 하였다. 그러나 그의 천년은 많은 사람들의 견해와는 달리 우주적 평화는 아니었다. 다음 내용을 검토해 보자.

다시 오시는 시기는 저 건너편에 있는 것의 영광의 입구에 불과하다. 그리고 우리가 지금 구별하는 것보다 더 분명하게 구별해야 한다. 만약 성경을 좀 더 정확하게 읽어본다면, 그리스도의 이 땅에서 통치의 황금 홀은 그 통치의 범위면에서보다

본질적 교리와 비본질적 교리

그 성격에 있어서 더욱 장엄한 것이다. (천년 기간 중) 전 세계에 걸친 우주적 평화란 성경의 조명에 부합치 않다. 더이상 "전쟁을 연습하지 않을"(사 2:4, 역자주) 민족들은 오직 이스라엘 백성으로부터 하나님을 사랑하는 것을 배운 민족들뿐일 것이다. 그때 이스라엘은 이전에 그들이 큰 불신앙을 가졌던 것처럼, 이제는 반대로 큰 신앙을 갖게 될 것이다. 이스라엘은 더 이상 전쟁 연습을 하지 않을 것이고, 그들의 마을과 성에 더 이상 성벽을 쌓지 않을 것이다. 이스라엘로부터 배운 백성들도 이스라엘과 같이 될 것이다. 그러나 내 생각에는 황금 홀의 통치밖에 있는 민족들에게는 큰백보좌 심판대가 세워지는 때까지 부수고 소멸하는 시편 2편 말씀과 같은 철장(鐵杖)의 통치만이 있을 것이다. 천년의 상태도 여전히 부패의 상태일 것이고, 오직 새 피조물(시대)만이 썩지 않을 상태일 것이다.

채프만은 조지 뮬러와 소수의 몇 형제들과 함께 성경은 대 환란이 땅에 임하기 전 모든 성도가 비밀 휴거되어 가는 일을 가르치지 않는다고 믿었다. 그들은 교회 전체가 대 환란 기간을 통과한다고 믿었다. 윌리엄 헤이크는 채프만의 견해에 동의하지 않았으며, 그가 어떤 사람에게 주님께서 어느 순간에라도 오셔서 (휴거되어 갈 것을) 설명해 준 일이 있었다는 것을 채프만에게 들려준 적이 있었다. 채프만은 다음과 같이 대답했다.

로버트 채프만

"아, 헤이크 형제님, 나는 준비가 되어 있기는 하지만, 성경에 있는 말씀은 아닙니다."

채프만은 1890년대 중반에 그의 인생 나머지 10여 년의 사역의 동반자였던 E. S. 피어스에게 예언과 휴거에 대한 그의 생각을 받아쓰도록 요청했다. 이 문서는 여러 개의 사본을 만들어서 "생각하게 하는 질문들"이라는 제목으로 친구들에게 회람되었다. 채프만과 절친했던 친구 헨리 아이어는 채프만과 동의하지는 않았지만 대단히 주의 깊고 전문적인 문채의 답변서를 작성하였다. 이것은 지금까지 보관되고 있으나 출판되지는 않았다. 1925년 윌리엄 메리어트가 피어스에게 "생각하게 하는 질문들"의 출판을 요구하여 허락을 받았다. 메리어트에 보낸 피어스의 답변이 흥미롭다.

일푸러쿰(Ilfracombe)에서 휴일을 보내고 있을 때, 사랑하는 채프만(R. C. C.)이 나에게 14개의 질문을 받아 써달라고 부탁했다. 나는 또한 랑그 씨와 함께 미래사에 대한 대화를 나눈 적이 있었다(랑그 씨는 탁월한 성경학자 중 한 분이었다). 그 결과 나는 그분이 채프만 씨와 매우 유사한 견해를 갖고 있음을 발견하였다. 채프만 씨의 견해란, 그는 한 가지 선택이 있음을 확실히 믿고 있었으며—그가 내게 말한 그의 말을 그대로 인용하여— 자신이 선택된 사람들 중 하나가 되는 영광으로부터 배제되어 버리지 않도록 하나님의 계시된 말씀 전체에

본질적 교리와 비본질적 교리

순종하는 삶을 살 것을 추구하고 있으며, 그리고 주님의 재림 때 하나님의 백성 전부를 이 땅에서 데려가신다는 약속을 성경에서 발견할 수 없었다는 견해이다.

이러므로 채프만은 주님의 백성의 일부 휴거설을 믿었다. 그의 친구 대부분은 예언에 대한 채프만의 견해에 동의하지 않았으나, 채프만은 마음을 바꾸어야 할 이유를 발견하지 못했다. 그 사안에 관한 한 그는 "결정된 판단"에 도달했다. 그러나 그는 자기의 예언 해석에 사람들이 동의하는 것이 중요하다고 생각하지도 않았다. 그는 사실 그의 견해가 분열을 야기할 잠재적 위험요소가 있다는 것을 인식하고 있었다. 왜냐하면 베어 스트리트 채플의 다른 장로들중에는 순간 휴거 해석을 믿는 사람들이 많이 있었기 때문이다. 1896년, 93세의 채프만은 장로들을 불러 모아 다음과 같이 말했다. "제가 여러분들을 부른 목적은 우리 회중 안에서 반대되는 견해를 가르침으로 분열을 야기해서는 않된다는 것을 설명하기 위한 것입니다." 채프만은 기독교 신앙의 본질적 교리들과 구원의 믿음에 관한 비본질적 요소들의 차이를 알고 있었다. 그는 자신의 자아가 일치를 희생하고 비본질적이며 추론적 교리들을 변호하도록 허락하지 않았다.

그리스도의 시험

19세기의 공통적인 질문 하나가 오늘날도 제기되고 있다. '그리스도는 죄성을 갖지 않았는데, 어떻게 시험을 받으실 수 있었는가?' 이와 밀접한 관계가 있는 다른 질문은 다음과 같다. '그리스도는 죄를 범할 수가 있었는가?' 채프만은 이에 대해 다음과 같이 답변하고 있다.

> 시험(유혹)이 중생하지 않은 사람에게는 하늘에 속한 종류의 고통이나 혹은 영적인 종류의 고통을 주지 않는다. 그러나 하나님의 자녀들에게는 고통을 준다. 하나님의 자녀가 하나님을 닮을수록 더욱더 죄에 대한 시험을 느낀다. 하나님의 아들-거룩하신 분, 해가 없으신 분, 더럽지 않고 더럽혀질 수 없으신 분, 죄를 알지도 못하시고, 죄가 없으신 분-그분에게는 분명 시험의 화살이 표현못할 정도로 고통스럽게 역사했을 것이다. 그분은 고난을 겪으셨고 시험을 당하셨으며, 그가 시험을 당하셨음으로 시험당한 자들을 도우실 수 있으셨다. 시험당한 사람들도 하나님께로 다시 태어났기 때문에 중생하지 않은 자들은 느낄 수 없는 악의 시험에 대한 고통을 느낄 수가 있다. 그러나 예수님 안에는 시험에 반응을 보일 아무 것도 없었다.

신자의 권징

교회 안에서의 징계와 잘못된 교리를 다루는 문제에 관해서 채프만은 기꺼이 단호한 조치를 취하고자 했다. 채프만이 인정한 베어 스트리트의 한 지도자가 악한 자의 심판은 영원한 것이 아니라는 입장으로 흘러갔다. 채프만과 헤이크는 이 문제에 대해서 그와 상담하

본질적 교리와 비본질적 교리

고 영원한 처벌을 기록한 성경 구절들을 보여주었다. 교만으로 인하여 이 사람은 마음을 바꾸지 않았고, 회중 안에 계속하여 자기 입장을 퍼트렸다. 결국 베어 스트리트 장로들은 그를 교제권에서 제거하였다. 이 형제는 마침내 자기의 오류를 알게 되었고, 회개하였으며 회중은 그를 기꺼이 환영하였다.

우리는 채프만이 헤이크와 함께 조지 뮬러에게 보낸 1871년의 편지에서 거짓 교리에 대한 그의 사상을 배울 수 있다.

최근에 우리가 당신과 함께 상의하였던 잘못된 교리들의 무거운 문제들에 대하여, 잘못된 형제들을 향하여 우리는 부드러운 심령과 시은좌에서 자신을 심판하는 정신으로 대처하고있습니다…악한 자들의 심판 기간을 제한하는 지금, 널리 퍼진 이 교리에 대하여 우리는 오직 깊은 탄식과 거룩한 분노로 바라볼 뿐입니다. 잘못 가고 있는 자들에 대해서는 오직 그리스도의 심장으로 대하고, 그 잘못된 교리에 대해서는 철장으로 대할 것입니다…그들의 어리석음, 곧 하나님의 공의의 손을 속박하고, 악한 자의 심판을 제한하는 어리석음을…보여주는데…모든 온유함으로 하도록 합시다. 권면에는 반드시 도고(禱告)가 뒤따라야 할 것입니다. 그러나 이 모든 온유함이 허사가 되었을 때, 주님께 충성하며 그릇한 자에게 친절함으로 그들과의 교제를 피하고 거절함이 마땅합니다. 왜냐하면, 그들은 이단의 일부가 되어버렸기 때문입니다.

로버트 채프만

거스르는 자를 제거함으로 회중 내의 문제를 해결한 후에도 만족함이 없게 되자, 채프만은 그 사람을 위해서 계속 기도하였다. 결코 유쾌한 일이 아닌 출회는 당사자가 회개하지 않고, 회중의 영적 건전에 분명한 위협이 되었을때 취해야 하는 마지막 수단이었다. 한때 출회된 사람이 채프만에 대하여 큰 앙심을 품고 다시는 그와 대화하지 않겠다고 맹세했다. 얼마 후, 그들은 길거리에서 마주치게 되었다. 그 사람이 자기에 대해서 한 모든 말을 다 알고 있었던 채프만은 그를 포옹하면서 다음과 같이 말했다.

"사랑하는 형제님, 하나님이 당신을 사랑합니다. 그리스도께서 당신을 사랑합니다. 나도 당신을 사랑합니다."라고 말했다. 이 말은 그의 모든 혐오감을 깨뜨려 버렸다. 그는 회개하고 머지않아 베어 스트리트 채플에서 함께 떡을 나누게 되었다.

그리스도께 대한 순종

신실한 그리스도인들 간에도 때로는 그리스도에 대한 순종의 역할에 대해 다른 의견을 가질 수 있다. 그것이 구원의 전제조건이 되는가? 그것이 구원의 리트머스 테스트가 되는가? "자연인(구원받지 아니한 사람들)의 종교는 성경을 거꾸로 뒤집어 놓고 행위로부터 시작하여 긍휼을 위한 소망으로 사람들을 인도하는 반면, 성경은 죄의 용서로부터 시작하여 기꺼이 순종에 이르게 한다." 1884년에 쓴 편지에서 채프만은 다음과 같이 기록하고 있다.

본질적 교리와 비본질적 교리

수천 명 중 단 한 사람도 하나님 나라의 통치에 참예할 자격이 있는 사람은 없을 것이며, 또한 '나는 성령으로 행한다'고 광고할 수 있는 사람도 없을 것이다…요한복음 17장에서 그리스도께서는…하나님의 자녀들 간에 순종에 관하여 단 한 치의 차별도 두지 않았다. 그는 오직 중생한 자들과 불신자들 간에 상상도 할 수 없는 차이가 있음을 언급하고 있을 뿐이다. 그러나 하나님의 공의는 그리스도에게 속한 각 사람은 각자의 순종에 따라서 적합한 자리와 직위가 정해지는 것을 보장하고 있다… 하나님의 나라에서 주님의 영광과 다스림에 참예하는 특혜는 오직 자녀 됨과 그리스도와의 하나 됨에 달려 있지, 순종의 분량에 달려있는 것은 아니다.

섬김

주의 종으로 섬기고자 원하는 젊은 신자들에게 채프만이 주는 충고들은 하나님께서 인도하는 어떠한 종류의 사역이든지 기꺼이 섬길 자세가 되어 있어야할 것, 신앙의 연장자들의 조언을 들을 것, 성경 말씀을 깊이 기도하는 마음으로 묵상할 것 등을 언급하였다. 그는 지금 가지고 있는 직업을 성급하게 떠나는 것을 경고하였다. 그가 상담한 한 젊은 선교사에 관해서 채프만은 다음과 같이 기록하고 있다.

그 사랑스런 젊은이가 내게 와서 그가 아프리카에 가서 그리스도를 섬기는 문제를 심각하게 고려하고 있다고 말했다. 나

로버트 채프만

는 그에게 충고하기를 그리스도의 성령으로 하나님의 인도함을 받고 다시는 의문을 제기하지 않을 때까지 하나님께 의뢰하고 기다리라고 했다. 한 때 중국 선교를 위한 부름이 그의 마음속에 부담이 되었고, 그로 인해 영적 갈등이 있었다. 그러나 그 갈등은 이내 아프리카에서 그리스도를 전하는 부름을 확인하는 계기가 되었다.

로버트 채프만의 신학은 성경 전체에 뿌리를 두고 있었다. 그는 순이론적이며 추론적인 주제들에 대해서는 큰 비중을 두지 않았다. 그러나 성경에서 분명한 것들에 대해서는 단호했다. 어떤 사람들은 다른 사람의 관점에서 사물을 보는 능력이 결핍되어 있는 것 같다. 채프만은 그런 부류의 사람은 아니었다. 채프만은 자기와 의견이 다른 사람들의 느낌에 대하여 민감하였으며, 비본질적 문제들에 있어서 자기 의견이 소수에 속했을 때는 자기 주장을 내세워서 분열을 야기하지 않았다.

본질적 교리와 비본질적 교리

채프만의 노후 사진들

20

그의 생애의 최고의 날들

채프만은 그의 일생 마지막 10년의 기간, 이때가 자기 생애의 최상의 날들이라고 자주 말했다. 그는 자주 그의 마지막 날들이 그의 생애의 최선이 되기를 기도해 왔다. 하나님께서는 그의 종의 기도를 들어주셨다. 채프만은 그의 친구들에게 "현재가 우리들의 최선의 때입니다. 우리들은 이미 이 날들을 위해서 운명이 결정되어 있었습니다. 하나님을 온전히 기쁘시게 할 은혜가 우리에게 충만하기 때문입니다."라고 상기시키곤 했다. 그는 잃어버린 기회를 뒤돌아보며, 이렇게 했더라면 좋았을 것을 하면서 괴벽스런 노인으로 늙어가지 않겠다는 결심을 해두었다. 하나님을 기쁘시게 하며 살아갈 충만한 은혜가 아직 넘치게 있었다. 그리고 채프만은 체력이 허락하는 한 주님을 섬길 기회를 항상 찾고 있었다.

로버트 채프만

채프만의 가장 말년의 기간 동안, 세 채의 집들이 휴식소로 사용되고 있었다. 뉴 빌딩 6호, 9호 외에도(이 건물들은 아마 이때쯤, 그로스비너 스트리트 채플이 소유하고 있었다), 더 많은 방문객들을 위해서 채프만이 살고 있었던 주택의 곁에 있었던, 8호 건물도 구입했다. 사람들은 자주 그들이 거했던 집들이 안락했으며, 가구들이 모두 구비되어 있었다고 말했다. 이때는 상당수의 유급 종업원들이 방문객들을 보살피고 있었다. 그러나 주택 구입비, 종업원들 월급, 가구들, 식품비 등 운영자금은 기부금이나, 수수료, 혹은 관광객들의 사용료 등으로 충당했다. 채프만은 주의 종들로부터는 결코 비용을 요구하지 않았다.

사람은 언제 노인이 되는가? 채프만에게는 확실히 90세 후반기였다. 그는 베어 스트리트 채플의 정기 집회에서 교대로 설교했으며—이때쯤 아마 교회 명칭이 그로스비너 스트리트 채플로 변경된 것 같다—그는 98세 생일 때까지 매주 세 차례의 성경 공부반을 인도하거나 참석하였다. 거의 매일 같이 누군가가 그에게 찾아와서 상담을 구했다. 각지로부터 기도 요청이 들어왔으며, 채프만은 친구들을 위해서 뿐만 아니라, 알지 못하는 사람들을 위해서도 "나의 현재 주 업무"인 도고를 드렸다. 헨리에타 솔토우가 중국을 향해 떠날 무렵, 채프만은 "중국에서 사역하는 당신의 동역자들을 찾아보려고 하는 당신의 결의에 대하여 당신과 함께 기뻐하며, 나의 사랑하는 허드슨 테일러 형제와 함께 모든 그곳 사람들을 나의 가슴에 안고 은혜의 보좌 앞에 항상 나가고 있습니다."라고 기록하고 있다. 그는 이 사역을

그의 생애의 최고의 날들

위해서 그의 생애를 마칠 때까지 도고를 드렸다.

　그가 90대에 들어서면서 채프만은 여행하는 것을 줄였으나, 서신교류는 계속했다. 그는 그의 혈육의 유일한 생존자인 여동생 애러밸라와 대단히 가까이 지냈으며, 그녀는 불과 서너 시간 걸리는 클리프턴에 살고 있었다. 그는 그 나이에도 아직 시적인 감수성을 잃지 않았다. 그가 92세 때 그의 여동생에게 보낸 편지에서 "나는 최근에 받은 한 편의 노래를 너에게 부른다."라고 말하고 4행시 한편을 적어 보냈다. 그리고 마지막에 "사랑하는 애러밸라, 너의 마음이 나의 마음과 함께 노래하리라."라고 기록했다. 그는 계속 유쾌하게 살았으며, 놀랍게 건강했다. 93세때 "나는 건강하며, 참으로 건강합니다. 왜냐하면, 나의 경주의 목표가 다가오고 있는 이때, 주 예수 그리스도는 하나님의 성령으로 인하여 나의 마음속에 더욱 더 존귀해지고 있기 때문입니다."라고 기록했다. 94세때 그는 "신체의 고통이 없고, 하나님과 그리스도 안에서 누린 안식을 인하여, 만물은 하늘과 같고, 영원이 여기에 임한 듯하며, 하나님 안에서 기쁨이 충만합니다."라고 기록했다.

　날짜가 적혀 있지 않지만 아마 95세 때, 채프만은 애러밸라에게 보낸 편지에서 다음과 같이 말했다. "적은 지출로 나는 큰 부를 얻었다. 겨울 옷을 생각 없이 처분해 버리고 났더니, 나들이를 할 수 없어 갇혀있게 되었다. 그러나 갇혀 있는 동안-하나님과 함께-나는, 그리스도 나의 위대한 대제사장께서 하나님 우편에 계신 것을 믿음의 눈으로 더욱 선명하게 바라 볼 수 있게 되었다." 이 편지 끝에서 그

로버트 채프만

는 다음과 같이 기록했다. "사우스 몰튼(반스터벌에서 십여 마일 이상 떨어진 도시)에서 2주 동안 있으면서, 우리들의 사랑하는 경건한 종들에게 고된 일을 잠시 쉬는 안식을 주게 되었다." 그때까지도 그는 그 지역 사역자들을 돌보고 있었다.

1898년, 채프만은 어떤 사람이 채프만의 이름을 따서 자기의 막내아들의 이름을 짓기 원한다고 하면서 허락을 청해왔을 때, 다음과 같이 기록했다. "기도와 성경 봉독이 금사슬이 되게 하여 어떠한 사탄의 간교와 세력도 풀어 놓거나 파괴하지 못하게 하십시오. 나는 청년 시절 이후 지금까지, 금년 96세, 기쁨 속에서 나의 날들을 보내고 있습니다."

그의 노령의 나이에도 불구하고 채프만은 스페인에 있는 선교사 친지들과 교신하고 있었다. 1899년 1월, 채프만은 다음과 같은 내용의 서신을 보냈다. "바르셀로나, 코루나, 비고, 카르타헤나, 마드리드, 리나레스 및 스페인 각지에 있는 나의 귀하고 사랑하는 형제님들, 나의 97세 생일을 사랑으로 기억하고 계신 분들에게…나에게는 모든 것이 형통합니다…이 나이에 겉사람의 모든 연약으로부터 자유함을 받은 사실이 나에게는 큰 책임감을 느끼게 합니다." 채프만은 또한 그 형제들과 사촌들의 자녀들과도 계속 소식을 유지해 왔다. 1899년 그의 친척 중 한 사람, R. B. 채프만으로부터 과일 선물을 받고 감사드리는 편지에, "금년 여름에 여기서 다시 만나기를 고대하네…나는 노인들이 일반적으로 다 겪는 겉사람의 연약이 없이 잘 지내고 있네."라고 적었다.

그의 생애의 최고의 날들

J. 노만 케이스가 1900년 6월 채프만을 방문했을 때, 그는 채프만이 신앙생활을 시작할 때 처음 수년 동안, 하나님의 사역을 위해서 자기가 노년에 이르기까지 하나님께서 그를 지키시리라는 것을 확신하게 되었노라고 말하는 것을 들었다. 그래서 채프만은 고령(高齡)이 되었을 때도 신체의 연약으로 말미암아 영적사역이 방해받지 못하도록 결심을 하였다. 이 사실은 왜 그가 열심히 이른 아침 걷기 운동과 목욕하는 일을 하고 이것을 게을리 하지 않았는가에 대한 설명이 된다.

1901년 여름, 채프만을 잘 알지 못하고, 자기 이름을 오직 "E. S." 로만 기록한 어떤 사람이 조금 오랫동안 머물기 위해서 채프만의 집을 방문했다. 이 사람이 목격한 98세의 노령의 채프만은 그의 젊은 시절의 모습과 별 차이가 없었다. 그는 다음과 같이 기록했다.

그는 통상 아침 3시에 일어나서 찬물 목욕을 하고, 6시 30분까지 성경 봉독과 기도시간을 가졌다. 그러고 나서 (그의 진정한 조력자) 피어스 씨와 혹은 함께 가기를 원하는 사람들이 있으면, 약 20분 간 함께 아침 산보를 했다…점심 식사를 든 후 2시 30분까지 휴식을 취하고, 외부 손님들이나 혹은 휴식소에 유숙하는 사람들과 상담과 여러 가지 문제를 상의하는 시간을 가졌다. 저녁 6시에 함께 차를 나누고, 8시가 지나면 잠자리에 들어갔다…주일날에는, (토요일) 금식으로 인해 지친 모습보다는, 그의 노령에도 불구하고 더욱 왕성한 모습이었다. 나는 그가 친구들 중 한 사람에게, 기쁨이 충만한 음성으로 "주께서 부활하셨습니다. 형제님, 참으로 주께서 부활하셨습니다!"라고 외치는 것을 들었다. 이러한 때는 그가 아침 식사에 나오면서 하늘의 일들로 인하여 찬송과 감사로 그의 영혼이 충만하고 기쁨이 넘치는 모습으로 있었다. 뿐만 아니라, 그는 그의 식탁에 둘러앉은 모든 사람들의 귀와 가슴에도 그의 찬송과 감사로 충만케 하였다. 그는 최대한으로 사람들을 즐겁게 했으며, 친구들과 유쾌하고 덕이 되는 대화를 계속하고, 재미있는 이야기를 들으면 그는 큰 소리를 내어 마음껏 웃었다…그의 즐거운 얼굴에서 흘러나오는 빛은 한 사람도 예외없이 모든 사람들 위에 떨어졌다. "내 주위에 젊은 사람들이 있다는 것은 나의 노년의 최대의 위안입니다."라고 그는 자주 말했다.

E. S.는 또한 1901년까지 계속된 성경공부에 대해서 이렇게 기록하고 있다.

화요일 성경공부 제목은 일반적으로 누구든지 원하는 내용이 있으면 그 제안을 따라 진행했다. 금요일 저녁 공부는 목요일 구역 모임에서 나온 제목들을 가지고 진행했다. 바로 이 성경공부 시간에 채프만 씨의 최선의 모습이 보인다. 그의 모든 사고는 활동적이며, 그의 관심은 놀랍게 주제에 초점을 유지하였다. 모임은 찬송으로 시작되고, 이어서 채프만 씨가 기도를

그의 생애의 최고의 날들

드렸다. 그 다음 손더스 씨가 공부할 본문의 성경 구절을 읽고 간략한 설명을 해주었다. 그리고 손더스 씨와 채프만이 본문의 내용을 부연(敷衍)하여 설명해 주었으며, 그 다음 서로 대화로 진행되었다.

손더스는 그로스비너 스티리트 채플의 한 장로였으며, 수년 전 윌리엄 헤이크의 역할을 맡았다. E. S. 는 계속해서 다음과 같이 기록했다.

아침 식사 후, 하인들을 포함해서 모든 식구들이 다 모여 식당에서 가족 예배를 드렸다. 찬송을 드리고 채프만 씨가 성경구절을 봉독하고 해설해주었으며, 마지막 기도를 드렸다…내가 생생하게 기억하고 있는 한 사건은, 어느 날 저녁 식사 때 우리가 훗날 영광에 들어가는 문제가 대화의 주제가 되었을 때 일어난 일이다. 참석자 중 어떤 부인이 "나는 당신과 같은 그런 높은 지위에 도달할 것 같지 않습니다."라고 말했다. 나는 그 때 채프만의 얼굴에 나타난 고뇌의 모습을 결코 쉽게 잊을 수가 없다. 그는 그의 나이프와 포크를 떨어뜨렸고, 그의 얼굴은 붉게 물들었다. 그리고 그는 강력한 어조로 말했다. "나의 귀한 자매님, 나는 자매님을 책망하고자 하는 마음이 듭니다. 자매님은 지위에 대해서 도무지 이해하지 못하고 계십니다. 우리는 모두가 다 주님의 몸의 지체들이며, 서로가 서로의 지체

로버트 채프만

들입니다. 그리고 우리가 영광에 들어갔을 때, 손은 결코 책망을 받지 않습니다. 왜냐하면, 손은 발의 일을 하지 않기 때문입니다. 우리는 모두가 다 각자의 적합한 자리에 있게 됩니다. 단 한 지체도 빗나간 곳에 있지 않을 것입니다. 그리고 우리는 온전하게 아버지의 정하신 자리에 만족할 것입니다."

정신적으로 왕성한 98세의 노인, 그는 또한 언어에 대한 열정도 잃지 않았다. E. S. 는 그의 방문 기간 중, 채프만이 한 스위스 사람에게 영어를 바르게 말하고 쓰는 법을 가르쳐 주는 것을 목격하였다.

20세기가 시작될 무렵, 채프만은 거의 전설적 인물이 되어있었다. 그의 무성한 백발과 수염은 "반스터벌의 조부"의 모습을 보였고, 많은 사람들이 그렇게 불렀다. 그만이 처음 동료들 가운데 유일한 생존자가 되었다. 채프만, 그로브스, 헤이크, 패지트, 뮬러, 크레익, 다비, 크로닌, 콩글턴과 다른 수많은 인물들, 이들은 모두가 예배를 위하여 새로운 형태의, 그리고 독특한 모양의 교회를 시작한 일에 주역을 담당한 사람들이었다. 이때쯤 해서 전 세계적으로 수 천 개의 교회들이 이러한 모습으로 모였고, 보다 자유스러운 연합체를 통해 함께 집회를 열며 문서와 설교자들을 교류하였다. 노령의 채프만은 역사적 과거와의 연결 고리가 되었으며, 많은 사람들이 그를 보기위해 반스터벌을 방문하였고, 심지어는 호기심에서 찾아온 사람들도 있었다.

그로스비너 스트리트 채플에서 채프만이 전한 마지막 설교는

그의 생애의 최고의 날들

그의 98세 생일 직전에 있었다. 설교는 약 1시간 15분 정도였다. 1902년, 그의 99세 생일 때, 채프만은 전 세계로부터 생일 축하 메시지들을 받았다. 반스터벌 신문은 채프만의 생일을 긴 기사로 다루었고, 기자는 그 기사의 마지막에 다음과 같이 기록하였다. "반스터벌이 유명하다고 주장하는 것들 중 이 도시가 학자요, 성자요, 저술가요, 설교자인 채프만의 고유한 생애와 동일시되고 있다는 주장은 결코 작은 것이 아니다." 채프만은 이 날을 평범하게 보냈다. 그 날의 대부분 시간을 자기 집 목공소에서 친구들을 위한 쟁반을 만드는 일에 전념하였다.

1902년 5월말 채프만은 인근에 있는 사우드 몰턴을 방문하여 그곳 그리스도인들을 돕고 격려해 주었다. 그는 건강하게 귀가하였다. 6월 2일 그는 평상대로 일어났으나, 몸이 불편하였다. 오후에 약간의 뇌졸중으로 마비가 왔으나 정신은 맑았다.

이 소문이 곧 퍼져서 바이드포드에서 G. 헤이크(윌리엄 헤이크의 아들)가 찾아와서 피어스 내외를 도왔다. 카디프에서 E. H. 베넷가 왔고, 채프만과 여러번 함께 여행했던 G. 피셔, 지난 10년간 채프만을 도운 사역자들 중 하나인 R. F. 아이덴든이 찾아왔다. 채프만은 열흘간을 이렇게 지냈다. 사람들이 모여 그를 24시간 지켜보았다. 그리고 그가 하는 말을 하나도 놓지지 않고 기록했다. 그를 돌보고 있던 사람 중 하나는 "그의 마음은 온통 말씀으로 가득 차 있었다.'라고 기록했다. 그가 세상을 떠나기 하루 전날, 채프만은 피어스씨에게 반스터벌에서 모이는 연례 집회에서 읽을 내용을 받아쓰게 부

로버트 채프만

탁하였다. "나는 나의 하늘의 아버지 하나님의 주권에 허리 굽혀 경배드립니다. 나는 아버지의 뜻밖에는 가진 것이 없습니다. 우리는 하나님이 사랑인 것을 알고 있습니다. 그리고 만약, 끝도 없는 이 사랑과 오류가 없는 지혜가 연합하게 된다면, 하나님의 자녀들, 우리에게 어떠한 일이 온다 할지라도, 우리에게는 넘치는 감사 밖에는 없을 것입니다. 우리는 그리스도의 온전한 심장을 소유하고 있으며, 그것은 우리 모두의 것입니다(그것이 우리 소유의 전부입니다)."

1902년 6월 12일, 하나님의 종 로버트 클리버 채프만은 그의 영원한 안식에 들어갔다. 그는 평소에 이 세상에서 그의 가족들의 고향 욕사이어로 돌아가기 보다는, 그의 사역의 땅 반스터벌에 묻히기를 원했다. 그가 죽기 오래 전에 그가 죽으면 거의 40년 전에 세상을 떠난 믿음의 동역자 엘리자베드 패지트의 무덤에 묻히기로 이미 합의가 있었다. 첫 번째의 장지가 21년이 지나면 법에 의해서 두 번째의 장지로 허락될 수가 있었다. 한 묘지에 두 사람이 묻히는 것은 통상적인 일이었다. 이 일을 위해 공식적인 조치를 취한 것은 없었다. 그래서 이 두 사역자들은 한 공동묘지와 묘비를 사용하였다. 비석에는 단순히 "하나님은 사랑이시다."는 문구 밖에는 없었다.

그의 생애의 최고의 날들

로버트 채프만과 엘리자베드 패지트가
합장(合葬)된 묘지의 비석(저자 제공)

　영국제도(諸島)와 유럽 대륙에서 약 2,000명이 그의 장례식에 찾아왔다. 다양한 색깔의 신앙을 가진 사람들이었다. 이처럼 많은 사람들로 인해 간결하게 장례식을 치룬다는 것은 불가능하게 되었다. 참석한 사람들 중 불과 소수의 사람들만이 말씀을 전할 수 있었고, 장례예배가 집행된 그로스비너 스트리트 채플의 넓은 본당에도 극히 소수의 사람들만이 들어갈 수 있었다. 채프만이 작곡한 몇 개의 찬송가가 연주되었다.
　반스터벌 주민들과 많은 방문객들은 채프만의 시신이 그의 집

로버트 채프만

뉴 빌딩에서 그로스비너 스트리트 채플로 옮겨지고, 또 채플에서 약 1마일 떨어진 장지로 옮겨지는 동안 길가에서 마지막 고별의 인사를 했다. 약 80명의 사람들이 교대로 관을 지고 갔다. 영국 왕 에드워드의 대관식 준비의 즐거운 경축을 준비하고 있던 반스터벌은 이제 열린 묘지앞에서 슬픔을 목격하고 있었다.

그러나 실상 장례란 죽은 자를 위한 것이 아니고 산자들을 위한 것이다. 채프만은 사람들이 자기의 죽음에나, 심지어는 자기의 생애에 대하여 주목하지 않기를 원했다. 그는 사람들이 오직 그들의 구원주에게 주목하기를 원했다. 그는 의도적으로 그가 전세계 각지에서 받은 많은 편지들의 대부분을 소각해 버림으로 사람들이 자기에 대해서 말하지 않게 했다. 그러므로 그의 동시대 사람들에 비해서 채프만에 관한 기록은 대단히 적었다. 채프만의 시 한 구절이 이러한 채프만의 정신을 반영하고 있다.

사랑하는 자들이여! 어찌하여 죽은 자들의 무덤을
장식하고 있소?
비석에는 왜 이름을 새기고 있소?
나그네가 그의 침대에서 쉬고 있는 것을 보시오.
그의 순례는 끝이 났고, 달려갈 길을 신속히 잘 마치고,
영혼은 예수님께 돌아갔소!

긍휼자께서 친수로 각자의 이름을 기록해 두었소.

그의 생애의 최고의 날들

영원한 보혈의 글자로.
가서, 어린양의 책에 기록된 그것을 믿음으로 읽어보시오.
영원하고 영원토록 동일한 기록,
하나님의 품에 간직된 그 기록을!

중국 내지 선교회의 J. 노만 케이스는 채프만이 세상을 떠난 조금 후 1902년 6월, 채프만을 추모하는 글에서 다음과 같이 기록하고 있다.

그 안에 있던 중국과 세계 여러 곳에 흩어져 있던 선교사들은 그들의 참 친구이며, 은혜의 보좌 앞에 항상 기도해주던 그들의 조력자를 잃게 되었다…그토록 많은 사람들이 이 한 사람의 사역과 본을 따라서 은혜와 경건의 길을 찾게 되고, 도움을 받게 된 것은 참으로 놀라운 일이다. 캐나다와 오스트레일리아, 중국과 영국제도에서 수많은 남종과 여종들이, 친구들 혹은 신앙을 고백하는 그리스도인들과 또한 세상으로부터 받아온 반대와 조소를 무릅쓰고, 신약성경의 교회 제도와 경건한 삶과 희생적 섬김의 길을 담대하게 달려간 것은 이제 세상을 떠난 우리의 한 친구의 일관성 있는 생애를 인함이다.

그는 계속해서 다음과 같이 기록했다.

로버트 채프만

1901년 6월, 나는 나의 존귀한 형제를 마지막으로 보았다…연례회 모임에서 채프만 씨는 거기 모인 그리스도인들의 회중 앞에서 가장 복된 말씀을 약 1시간가량 증거하였다…이 방문 기간에 나는 그와 함께 채프만의 심방을 요청한 한 중병자를 방문할 수 있는 큰 은혜를 체험한 적이 있었다. 이 사람은 채프만 씨의 설교를 정규적으로 경청한 사람은 아니었다. 그러나 그는 채프만의 경건하고 겸손하며 다른 사람들을 위해서 자기를 부인하는 그의 삶을 수년 동안 목격해 왔다. 이제, 그가 도움이 필요한 시기에 그의 마을에서 그가 보기를 원하는 유일한 사람, 그리고 자기의 영적 문제를 나누기 원하는 유일한 사람은 오직 채프만 뿐이었다. 99세의 이 노령의 조부(祖父)는, 나의 팔을 의지하여 자기를 부른 이 낯선 사람에게 은혜와 진리의 말씀을 전해주기 위해 얼마 동안 함께 걸어갔다…그는 또한 우리들의 중국 사역에 관한 이야기를 듣기 위해 우리가 하루 더 머물기를 원했다. 그 이유는 그가 우리의 중국 사역의 동역자이며, 우리 사역을 위해서 수년 동안 기도하고 있기 때문이라고 말했다.

채프만이 별세한지 얼마 후, 발생한 한 사건이 그의 인격을 잘 반영하고 있다. 많은 사람들이 그가 소유했던 물건을 기념품으로 갖기를 원했다. 그의 친구들은 채프만의 청지기가 결정하는 것을 따르기로 합의를 보았다. 그의 책상, 의자, 의복들, 개인 소지품들이 이렇

그의 생애의 최고의 날들

게 나누어 졌다. 프레드 아이덴든이 그가 받은 채프만의 나이트가운에 대하여 휴식소에 머물렀던 한 손님에 들려준 이야기이다. 몇 개월 후, 아이덴든은 그 기념품을 어떤 사람에게 보여주며 옛 이야기를 나누고자 했다. 그런데 그 나이트가운을 찾을 길이 없었다. 얼마 후 그는 그 옷이 로데지아 선교지에 보내는 짐에 함께 넣어 보내진 것을 깨닫게 되었다. 지금쯤 그 옷은 원주민 중 한 사람에게 주어졌을 것이다. 아이덴든은 그가 받은 유일한 기념품을 입고 행복해 하는 어떤 사람의 모습을 상상해 보았다. 그는 그의 잃어버린 보물에 대해서 아픈 마음이 있었지만, 그는 다음과 같이 말했다. "그러나 채프만 씨는 바로 그것을 기뻐할 것입니다!"

21

로버트 채프만의 유산

채프만이 이 세상을 떠나서 하늘나라로 간 후, 그는 무엇을 유산으로 남겼는가? 물론 물질적 유산은 거의 없었다. 가구 몇 개, 연장들, 부엌살림 몇 개와 의복들. 그러나 그의 유산은 이것들보다 훨씬 위대한 것들이었다. 그리스도를 사랑했던 한 사람의 본(本)을 남긴 것이다. 채프만은 하나님의 사람이란 하나님을 기쁘시게 하는 것이 자기 인생의 본업이 된 사람을 뜻한다고 말했다. 이 정의는 채프만에게 잘 부합된다. 하나님을 기쁘시게 하고 그리스도를 사는 것이 그의 생애의 목표였다. 이 목표의 달성을 위한 그의 노력은 자연스럽게 그가 참 지도자, 곧 섬기는 종-지도자가 될 수 있게 했다. 다른 사람들을 섬기고 돌보는 그의 긴 생애는 예수님 닮은 그의 인격을 입증하고 있다. 그는 참으로 사랑의 사도였다.

로버트 채프만

　수많은 사람들이 그에게 영향을 받았기 때문에 그의 명성은 불가피했다. 그러나 그의 명성은 그의 뜻을 거스른 것이었다. 그는 탁월한 종교작가가 될 수도 있었다. 그러나 그는 출판사들로부터 아첨이 섞인 많은 청탁들을 거부했다. 그는 그의 명성이 높아지는 것은 어떠한 것도 반드시 배척하였다. 그의 어록(語錄)은 그가 알지 못하는 사이에 그의 친구들에 의해서 편집되었다. 그의 "덕담(德談)집"은 수익금 전부가 선교비용에 쓰일 것을 조건으로 출판되었다. 그는 그의 "찬송과 명상집"을 준비하고 출판하게 했지만 오직 그 지방에 있는 한 어려운 인쇄소의 재정지원을 위하여 한 것이었다. 우리는 그의 출판 제한과 그가 문서들을 다 없애버린 일에 대하여 유감스럽게 생각할 수 있지만, 이러한 결정들은 오히려 그의 인간성의 참 모습을 진실하게 반영하고 있다.

행동적인 믿음의 사람

　그는 분명히 종교적 각성운동의 개척자들 중 한 사람이었지만, 채프만은 어떤 종교적 사상이나 잃어버린 진리를 회복하려는 새로운 학파를 만들지 않았다. 그의 통찰력은 오랜 동안의 성경 탐구로부터 유래된 것이었다. 그는 성경을 16세부터 공부하기 시작하였고, 향후 84년간, 하루에도 수많은 시간을 성경공부에 전념했다. 이것이 바로 그의 영적 능력의 근원이었고, 하나님의 뜻을 아는 지식의 근원이 되었다. 그리고 기도는 그의 끝없는 주 업무였다. 그는 모든 활동을 위

로버트 채프만의 유산

해서 기도했고, 매사를 하나님께 다 아뢰었다. 어떤 사람은 말하기를, 채프만이 성경실력에 탁월한 사람들과 앉아서 성경을 연구할 때 보면, 그가 그들보다 월등하게 뛰어난 것을 볼 수 있었다고 한다. 헨리 다이어는 한 때 채프만의 말씀은 한 독수리가 하늘을 향해 치솟는 것 같다고 말한 적이 있다. 그는 구름보다 높은 곳에 있었다. "그의 모습은 오직 가끔 볼 수 있을 정도입니다." 다이어는 말하기를 "로버트 채프만은 그의 설교에서 황금의 원광(原鑛)을 성도들에게 나누어 주었습니다. 이 원광은 듣는 사람들이 그들 스스로 부수어야 하는 것이었습니다. 그들이 더 많이 부술수록 그들은 더 많은 것을 보게 됩니다."

채프만의 사역은 존 스트리트 채플에서 시작하여, 에번에셀로 확장되고, 거기서 반스터벌로, 그리고 북부 데번 주위 지역으로 확장되어 갔다. 그의 선교사역 관심은 여러 나라에 그의 영향력을 미치게 했다. 그의 사랑과 지혜는 간결한 예배와 오직 성경의 가르침만을 전하는 교회 운동에 크게 기여했다. 그의 생애가 끝날 무렵, 지구 사방에 그의 이름이 알려지게 되었다.

채프만은 다른 사람들이 그의 물질적 필요를 위해서 하나님의 공급에만 의존하는 그의 특별한 생활방식을 본받기를 기대하지 않았으나, 그리스도인들이 그들에게 주신 믿음을 삶 속에서 실천하기를 원했으며, 하나님의 공급에 의뢰한다는 것이 변칙이라기보다는 정상이라는 것을 사람들이 믿기 원했다. 그는 "여호와께서 예비하시리라."(창 22:14) 는 말씀을 마음속에 간직해 두었다. 그래서 여호와께

로버트 채프만

서는 그와 그의 사역을 위하여 예비해 주셨다.

하나님 지혜의 배달자

그리스도에 대한 채프만의 큰 사랑은 그의 인간관계에서 반영되고 있었다. 그는 사람들의 물질적, 영적 복리에 대해서 큰 관심을 가지고 있었다. 그리고 사랑스럽지 않은 사람들에 대하여 사랑과 관심을 베푸는 능력을 가지고 있었다. 그러나 그는 그리스도와 같은 사랑이란 모든 사람을 기쁘게 해야 할 필요를 의미하는 것은 아니라는 것을 알고 있었다. 그는 한 때 말하기를 "나의 주된 소원은 그분을 기쁘시게 하는 것입니다. 만약 내가 나의 형제들을 기쁘게 하면, 나도 기쁜 일입니다. 혹시 실패한다 할지라도, 실망하지는 않습니다."

하나님께서는 이 헌신된 사람을 사용하시어 당신의 양떼의 목자가 되게 하셨고, 믿는 자들과 믿지 않는 자들을 가르치게 하셨으며, 상처를 치료하고 하나님의 사역자들을 회복하고 새롭게 하도록 하셨다. 하나님께서는 그에게 인간을 지혜롭게 다루는 경건한 지혜와 능력을 주셨다. "덕담(德談)집"에 "만약 사랑의 눈에 허물이 보이면, 사랑은 그가 보는 허물을 신실함으로 책망한다. 볼 수 있는 이유는 사랑이 분별할 줄 알기 때문이다."라는 구절이 있다. 그는 사랑을 다음과 같이 정의하고 있다. "우리가 말하는 사랑은 온유하고 겸손하며 지혜롭게 행하며 덕을 세운다. 어리석고 자긍하는 자를 참으면서도, 그들의 어리석음은 피한다."

로버트 채프만의 유산

그래서 많은 사람들과 교회들은 그의 상담을 구했다. 그의 상담은 절대 편견이 없어서 많은 사람들은 그의 상담에 큰 확신을 가지고 있었다. 따라서 그의 상담은 많은 가정과 교회들을 연합하게 했다. 그의 지혜와 도고는 브리스털에 있던 뮬러의 고아원과 허드슨 테일러의 중국 내지 선교회의 영력(靈力)의 일부가 되었다. 채프만이 세상을 떠날 무렵, 북부 데번 지역에 약 80개의 한 몸 같은 교회들이 있었다. 이는 전 세계에서 가장 조밀한 회중들의 집합체라고 볼 수 있다. 이 교회들은 그들이 서로 사랑하고 관용적 정신으로 잘 알려진 교회들이었다. 대체로 채프만의 본과 그의 끝없는 도고의 결과라고 볼 수 있다.

한 사랑의 사도

채프만이 신학자로 알려진 것은 아니다. 그러나 그는 성경에 대한 심오한 통찰력을 가지고 있었다. 그는 많은 찬송곡 가사를 작사했지만, 유명한 작가로 알려진 것은 아니다. 그는 놀라운 음성을 가지고 있었지만, 웅변가로 알려진 것도 아니다. 그의 동료들은 채프만의 탁월성과 그의 설교가 수천 명의 가슴에 심금을 두드린 것을 인정하였지만, 그는 유명한 설교가도 아니었다.

채프만이 유명한 것은 그의 유별난 사랑과 은혜, 그리고 진리 때문이었다. 그는 영국에서 너무 잘 알려졌기 때문에, 어떤 외국에서 온 편지 봉투에 다만, "사랑의 대학교, R. C. 채프만. 영국"이라고 기

로버트 채프만

재된 것이 정확하게 채프만에게 배달된 적도 있었다. 결국 그는 사랑의 사도로 알려진 사람이었다.

    이 하나님의 종은 교리에는 건전했고, 행실에는 정직했다. 사랑은 그의 모든 행동을 지배했고, 이 사랑은 그리스도께 바친 그의 헌신으로부터 유래된 것이었다. 하나님께서는 로버트 채프만 안에서 그리스도인의 삶을 살았던 한 인간의 본을 우리에게 보여주셨다.

부록 A

채프만의 가계

채프만 가문이 시작되었던 지역은 외로운, 한적한 곳이었으나 풍토가 아름다운 곳이었다. 수 세기를 걸쳐 강인한 백성들이 영국 북동부 해안가, 바위와 절벽의 마을들에 흩어져 살아왔다. 그들은 항구에서 그들의 선박을 건조(建造)하고, 해운(海運)을 통해서 음식을 조달하였다. 해안선 건너편에, 서쪽으로 절벽같이 하늘로 치솟은 땅, 곧 적막한 황무지, 나무 한그루 없이 안개에 휩싸인 땅이 끝없이 펼쳐져 있었다. 고원의 높은 곳에서 형성된 물줄기들이 합쳐서 에스크 강을 이루었고, 가파른 계곡으로 쏟아져 내려와서 두 절벽 사이로 흘러내려 결국 북해에 도달했다. 그곳에 항구가 형성되었고 공장(工匠)들이 모여 보트와 큰 배들을 건조했다. 태양이 북해의 구름을 가르고 나타날 때, 그 빛은 해안가에 지어진 하얗게 도배된 집들 위에 비쳤고, 그 모습을 마을 사람들은 휫비—하얀 마을—라고 불

로버트 채프만

렀다.

횟비 항(港)은 다음과 같은 이야기들로 역사에서 한 자리를 차지하였다. 18세기 횟비에서 제임스 쿡 선장이 항해 연습을 하고 있었고, 그의 4척의 함선은 모두 그곳에서 건조되었다. 그린랜드 바다 탐험에 참가했던 스카왈스비(Scoresbys, 노르웨이 해에 있는 그린랜드 동부지방) 사람들과 그들의 동행들은 이곳(횟비)에서 그들의 기술을 익혔다. 이들보다 훨씬 이전, 영국 최초의 시인, 캐드몬은(주후 670년) 항구를 내려다보는 높은 절벽 위에 세워진 횟비 수도원에서 그가 작사한 유명한 찬송곡을 노래했다. 채프만의 일가가 바로 이 북부 욕사이어의 횟비 지역에서 자랐고 번영했다. 기록들을 보면 채프만 가문은 1277년 이전, 헨리 3세의 통치 때에 이곳에 정착하였다. 가문(家門)의 성(姓), 채프만은 그 조상들이 행상들(chapmans)이었기 때문에 유래된 것이었다(chapman은 물건을 사고파는 사람이라는 뜻이다). 이때에, 요크의 상인 로버트 채프만이라고 하는 사람이 영국 왕으로부터 "영국에 큰 기근이 들었으므로 옥수수를 사오도록" 왕명을 받고 덴마크로 파견되었다. 이 왕명은 덴마크 왕에게 보내는 추천서와 함께 내려졌다.

채프만 가문은 18세기 횟비 지방의 상당한 토호(土豪)가 되었다. 채프만 가문의 대부분 가족들은 어떤 형태든지 바다와 관계있는 직업들을 갖게 되었다. 그들은 수출입상이나, 선주(船主) 혹은 조선업자, 영국 해군 장교들, 돛 제조업자, 혹은 선구(船具)업 등에 종사하였다. 진취적이고 사업의 번성함을 누린 다산(多産)의 채프만 가

채프만의 가계

문은 1800년도에 와서 여러 지파들을 갖게 되었다. 채프만 가문이 휫비에서 최초의 은행업을 시작하였다. 그들 중 일부는 실업자들과 기계 공업 전문가들이 되었고, 또 다른 사람들은 아프리카에서 유명한 스포츠 분야에 종사하는 사람들도 있었다. 또 그 가문에서 판사들, 국회의원, 국교회 사제들도 배출되었다.

채프만 집안이 번성해 가는 기간 중, 퀘이커 교와 관계가 시작되었다. 1647년, 조지 폭스가 소위 "그리스도의 내적 빛"이라는 것을 전파하기 시작했다. 그는 특별한 신경(信經)들 보다는 영적 경험들을 더 강조하였으며, 사람의 행실에 있어서 성경보다는 성령의 인도가 더 중요하다고 설교하였다. 이러한 교훈은 영국 사람들에게는 새로운 것이었으며, 곧 많은 사람들의 마음을 붙잡았다. 영국 국교는 각 개인 안에서 일하시는 성령의 역사를 가르치는 성경구절들을 강조하지 않았다. 사람들의 영적 삶에 있는 빈 틈을 채워주는 퀘이커 운동은 급속히 번져갔다.

조지 폭스의 영향은 신속하게 휫비에 도달했다. 1659년, 퀘이커 교도 몇 사람이 마을 변두리에 있는 얼마의 땅을 구입하여 묘지로 사용했다. 1689년, 조지 폭스와 같은 연배의 윌리엄 채프만이 퀘이커 교인이 된 것을 공적으로 선포했다.

퀘이커 파가 18세기 휫비 지역의 지배적 종교 세력으로 군림하였으며, 대부분의 채프만 가족들이 퀘이커 교도가 되었다. 퀘이커의 공식 교리는 어떠한 이유로든지 간에 무기 휴대를 금지하였다. 이 사안은 배를 소유하고 있으며 다른 나라의 선박이나 혹은 해적들로부

로버트 채프만

터 보호를 위하여 무장해야 하는 선주들에게 문제가 되었다. 휫비 문학 및 철학협회의 한 역사가는 말하기를, "채프만 가문의 퀘이커와의 단절 문제는 그들이 영국정부에 배를 임대해 주는 조건으로 무기를 장치해야 하는 의무와, 퀘이커교에 남는 문제 중 아마 전자를 선택한 것으로 보는 것이 타당할 것 같다."고 말했다.

이리하여 많은 채프만 사람들과 퀘이커 교인들은 공식 회원에서는 탈퇴했지만, 자신들이 퀘이커 교인이라는 신분을 버리지는 않았다. 그들 중 일부는 휫비 북쪽 몇 마일 떨어진 마을에서 새로운 모임을 시작하였으며 훨씬 완화된 노선을 따랐다. 윌리엄의 아들이며, R. C. 채프만의 증조부였던 아벨 채프만은 휫비에 계속 머물렀다. 퀘이커들로부터 출회되었고, 그들의 묘지 사용이 거부 되었으므로 아벨은 그들의 묘지 곁에 자신과 가족들을 위해서 단정한 가족묘지를 마련하였다. 한 세대 이후에 현지 퀘이커들은 채프만 묘지를 자기들 묘지로 합쳐 주었다. 아마 어떤 종류의 합의가 이루어진 듯하다.

이 당시 퀘이커에 대한 휫비 채프만 가족의 관계와 영국 국교와의 관계는 그리 분명하지 않다. 아벨의 아들 중 한 사람, 존은 영국 국교 교회에서 결혼식을 올렸지만, 그의 아들들의 이름은 퀘이커의 휫비 호적부에 올라있다. 토마스 채프만이 그 아들들 중 한 명이었고, 그의 아들(R. C. 채프만)도 역시 퀘이커 호적에 기록되어 있었다. 그러나 호적부에는 토마스와 그의 아들들 이름 옆에 "비회원" 혹은 "비연합자"라는 표시가 첨가되어 있었다. 그(토마스)의 자녀들이 성공회 의식을 따라 명명되었지만 퀘이커 교인 명부에도 기록되어 있

채프만의 가계

는 점으로 보아 채프만의 가족들 중에는 여전히 퀘이커에 속해 있었으며 그 자녀들의 이름이 퀘이커 교적부에 남아있기를 원하는 사람들이 있었음이 분명하다.

    로버트 클리버 채프만이 태어난 토마스 채프만 가의 종교성향은 분명치가 않은 것 같다. 18세기 후반에 채프만 집안은 덴마크 엘시노어에서 상당히 큰 사업을 운영하고 있었다. 1791년, 토마스 채프만이 결혼한 이후 사업을 떠맡아 책임을 지게 되었다. 엘시노어의 생활환경은 안락한 편이었고, 그의 가족은 많은 옛 지인들과의 인맥이 있었다. 그래서 토마스는 그의 젊은 아내 엔 클리버를 대리고 스웨덴 해협 바로 건너편에 있는 덴마크의 해안가에 정착했다. 토마스와 엔이 엘시노어로 이주 하자마자 자녀들이 줄지어 태어났다. 1793년에 엔이 태어났고, 그 다음에 존, 에드워드, 윌리엄이 연년생으로 태어났다. 그 다음 영아 때 죽은 토마스가 출생했고, 1803년 1월 4일 토마스가에 여섯 번째 아이로 로버트 채프만이 태어났다. 로버트 이후에 헨리, 제인, 토마스, 그리고 1814년 막내 에라벨라가 출생했다.

로버트 채프만의 조상들

    로버트 채프만   15??-1607
    존 채프만   1570-1614
    로버트 채프만   1603-1685
    윌리엄 채프만   1646-1720

로버트 채프만

아벨 채프만	1694-1777
존 채프만	1732-1822
토마스 채프만	1766-1844
로버트 채프만	1803-1902

부록 B

에번스, 뮬러, 그로브스, 크레익, 패지트

로버트 채프만은 독자적 사상가로 알려졌고, (이것이) 시간이 흘러감에 따라 그의 명성으로 자라갔다. 그는 어떠한 입장이든지 그것이 성경말씀과 부합할 때까지 입장을 취하지 않았다. 때로는 어떤 사소한 견해들에 대해서는 그의 교제하는 친구들과 다르기도 했으며, 그의 친구들의 영향이 있었음에도 불구하고 다른 점들은 여전히 있었다. 그리스도인으로서의 삶과 교회 생활에 관해서 채프만에게 가장 큰 영향을 끼친 사람은 헤링턴 에번스였다. 그러나 1832년 반스터벌에 도착한 이후에는 그의 의견과 동조하며 그를 도와준 많은 지도자들과 광범하게 교제하였다. 로버트 그리벌, 토마스 퍽슬리, 윌리엄 헤이크 등에 대해서는 이미 다룬바 있다. 이 부록에서는 헤링턴 에번스, 조지 뮬러, 노리스 그로브스, 헨리 크레익, 엘리자베드 패지트 등의 생애와 사역들에 대해서 좀 더 상세하게 다루고

로버트 채프만

자 한다.

헤링턴 에번스는 로버트 채프만이 반스터벌에서 사역하는 동안 계속해서 지원하고 격려해 주었으며 그들의 우정은 더욱 깊어갔다. 이 두 사람은 자주 연락하며 빈번하게 강단의 교류도 가졌다. 채프만은 에번스의 조언을 구하고, 받은 조언에 항상 감사하게 생각했다. 채프만의 명성이 높아 가는데 대해 에번스가 시기하는 듯한 흔적은 없다. 에번스가 보내온 편지들에서 보면 채프만에 대한 에번스의 변함없는 사랑과 긍지의 마음을 볼 수 있다. 또한 채프만의 반스터벌 사역에 깊은 관심의 모습도 볼 수 있다.

1833년 9월, 채프만이 런던을 떠난 지 1년 반이 지났을때, 에번스는 휴가 중 반스터벌을 방문했다. 존 스트리트에 있는 회중에게 보내는 편지에서 에번스는 "우리들의 사랑하는 형제 채프만이 여러분들을 깊이 사랑하며, 여러분들을 위해 매일 기도드리고 있음을 전해 달라고 나에게 부탁합니다." 1835년 늦은 여름 북부 데번에서 휴가 중에 에번스는 이러한 편지를 보내왔다.

"(존 스트리트 회중에게) 다음 주 나는 그동안(휴가중) 두 번 만난 우리들의 사랑하는 채프만 형제의 지역을 방문할 계획입니다. 그의 마음은 여러분들이 보인 그리스도의 사랑의 증거로인해 여러분에 대한 사랑으로 가득차 있습니다. 내 대신 (존 스트리트에서) 채프만 형제가 예배를 인도해 주도록 여러분이 요청해 온 것을 그는 지극히 감사하고 있습니다. 우리들 마

에번스, 뮬러, <u>그로브스</u>, 크레익, 패지트

음속에서 그처럼 소중한 에벤에셀 교회를 위해서 많은 기도를 드리고 있습니다."

에번스와 그의 아내가 휴가를 끝내고 런던에 돌아와서, 에번스의 아내가 어린 시절 살았던 태플로에 들렸을 때 반스터벌에서 온 편지가 그들을 기다리고 있었다. 에번스는 존 스트리트 교인들에게 다음과 같이 편지를 보냈다.

오늘…사랑하는 채프만 형제로부터 그가 중병에 걸렸다는 소식을 전한 편지를 받았습니다. 이 땅에서는 만사가 덧없다는 교훈을 배웠습니다. 조심해야 할 필요를 적잖게 느낀 것은, 체력에 관한 한 그처럼 강건했던 분인데, 그러나 그의 체력을 자랑치 말아야겠다는 것을 느낀 것입니다. 이제는…한줄기 바람에도 흩어지는 풀의 꽃잎처럼…그도 시들수 있습니다…이 땅에서 내가 긍휼을 보인 사람들 중 그와 같은 사람은 거의 본 적이 없습니다. 그는 사랑의 사람이며, 언제나 준비된 종이며, 무엇보다 담대하고 유모와 같이 온유한 분입니다.

이것이 채프만이 불과 몇 번 밖에 앓지 않았던 병에 관한 유일한 기록이다. 그는 회복되었고, 분명히 많은 성도들의 기도가 응답되었다.

에번스는 2년 후 다시 반스터벌에서 보낸 편지에서 채프만이

로버트 채프만

존 스트리트로 가서 설교할 수 없게 된 것을 인하여 깊은 유감을 나타내고 있다. 그 편지의 내용을 보면 사람들이 얼마나 채프만을 듣기 원하고 있으며, 아마 채프만이 다룰 수 있다고 그들이 생각하는 문제가 있었음을 감지할 수 있다.

우리들의 사랑하는 채프만 형제는 건강합니다. 그는 그의 많은 사랑을 여러분에게 전해주기를 원하고 있습니다. 나의 부재 중 그가 여러분에게 오기를 바라는 여러분의 간절한 요구를 전달했습니다. 그러나 그는 집을 떠날 준비가 되지 않은 것 같습니다. 큰 실망을 고백했습니다. 그 실망은 내가 표현할 수 있는 것 이상이었지만, 그것은 주님의 뜻이며 우리의 뜻은 옳은 것이 아닙니다. 그는 머지않아 여러분들의 뜻을 이룰 수 있다는 것을 잊지 않고 있습니다. 우리들의 방문을 통해 우리들은 새 힘을 받게 되었고, 우리는 반스터벌 교회가 우리의 영혼을 크게 강건케하며 격려하는 것들을 보았습니다.

조지 뮬러는 1829년 선교훈련을 받기 위해서 독일에서 런던에 왔다. 놀랍게도 어떤 사람이 뮬러에게 그가 도착한지 1개월 후 독립 선교사로 바그다드를 향해 떠날 준비를 하고 있는 노리스 그로브스에 대해서 말해 주었다. 이 이야기는 뮬러에게 큰 영향을 끼쳤다. 그는 특별히 그로브스가 그의 생활비의 필요를 위해서 선교단체에 의

에번스, 뮬러, 그로브스, 크레익, 패지트

존하지 않고 혼자 힘으로, 오직 하나님의 인도와 공급만을 의뢰하고 떠날 계획을 하고 있음을 듣고 충격을 받았다.

뮬러가 교육받고 있는 선교기관의 규정들이 곧 뮬러의 마음을 혼란케하기 시작했고 그로브스의 모형이 그의 마음에 크게 영향을 주었다. 그는 선교기관에 계속 머물러 있어야 할 것인지를 회의하게 되었다. 그가 병들었을 때 그의 친구들과 의사들은 그가 잠시 런던을 떠날 것을 권했다. 뮬러는 그것이 좋은 생각이라고 결정하고 남부 데번셔에 있는 엑세 강 가까이에 있는 휴양지로 갈 것을 결정했다. 6월에 런던을 떠나서 그는 담벽으로 둘러싸인 곧 엑시터로부터 약 20마일 떨어진 틴머스에서 머물 곳을 한군데 찾았다.

틴머스에서 그는 그의 신학적 이해에 큰 영향을 미친 몇몇 비국교도 그리스도인들과 알게 되었다. 이들 중 한 사람인 헨리 크레익은 쉘던 근교의 한 침례교회에서 정규적으로 설교를 하고 있었다. 하나님의 말씀으로만 설교하는 이 사람들의 자유함을 목격하고 뮬러는 즉시 그들의 사역에 동참하기로 결정하였다. 뮬러는 설교하기를 원했으나, 아무도 그의 독일어 엑센트가 강한 영어 설교를 듣고 싶어 하지 않았다.

가을이 되자 뮬러는 런던 선교기관으로 돌아왔다. 그의 생각은 선교기관들과 별도로 독립해서 주님의 일을 할 수 있는 자유에 대하여 집중되어 갔다. 그는 그로브스가 바그다드로 가는 여정 가운데 쎄인트 피터스버그에 안전하게 도착했다는 소식을 들었다. 이로 인하여 그는 마음에 더욱 움직임을 느꼈다. 얼마의 시간이 지난 후, 뮬러는 사람의 선교회로부터 선교사 임명을 받는다는 것이 비성서적이라는 확신이 들었다. 그래서 그는 12월에 선교기관과의 관계를 정리해 버렸다. 그리고 그는 런던을 떠나서 12월 31일 틴머스에 도착하였다.

그가 떠나기 전 누군가가 엑시터에 살고 있던 성도 엘리자베드 패지트의 주소를 주었다. 엑시터에 아는 사람들이 있는, 그리고 신분이 밝혀지지 않은 한 형제가 뮬러에게 계속 그로브스 소식을 전해준 것 같다. 틴머스에 정착한지 3주일 후, 뮬러는 패지트 자매를 방문하기 위해 엑시터를 향했다. 그녀는 즉시 자기가 폴티모어 근방에 전세 내어 가구들을 갖추어 둔 작은 채플에서 설교하도록 뮬러를 초청하였다. 뮬러는 곧바로 패지트의 초청을 받아드렸다. 그때 그의 소원은 오직 설교하고자 하는 큰 열정 밖에는 없었다. 이것이 뮬러의 처음 영어설교였다.

미혼이었던 엘리자베드 패지트는 여동생 샬로트와 함께 살고 있었다. 주님께 온전히 헌신한 엘리자베드는 그녀가 안면이 있는 많은 크리스천 남자들과 쉽게 동역하고 있었다. 그 남자 동료들은 그녀를 베시라고 불렀다. 자신이 비국교도였지만 그녀는 그의 지역에 있는 비국교 교회들과는 별로 가까운 교제가 없었다. 엑시터 근방 주민들은 복음으로 교육받지 못하고 있었으며 오직 냉랭하고 생명 없는 성공회식 그리스도인들과 일부 경직된 비국교 교회들 밖에는 없음을 보고, 그녀는 작은 채플을 마련하고 경건한 사람들을 찾아 설교하도록 부탁해 왔다.

에번스, 뮬러, 그로브스, 크레익, 패지트

1825년에 이르러 그로브스는 대단히 경건한 사람으로 지역에 이름이 알려져 있었다. 패지트는 그를 알고자 마음을 먹었다. 그로브스가 더블린에 있는 트리니티 대학에서 선교사역 준비를 위해 등록했을 때, 몇 개의 소그룹으로 남녀 교인들이 모여 기도하며 성경공부를 하고 있다는 사실을 알게 되었다. 이 사람들은 아일랜드에 있는 성공회 교회에 만족치 못하고 있을 뿐만 아니라, 회원제도에 대하여 엄격한 기준을 가지고 있는 비국교 교회에 대해서도 만족하지 못하고 있었다. 그로브스는 이 소그룹 교인들은 공식 사제들과는 전혀 독립적으로 자유롭게 예배를 드리고 있음을 알게 되었고, 지금까지 패지트가 해온 말을 확인하게 되었다. 그는 곧 영국 국교와 모든 관계를 단절했다. 향후 수년간 그로브스는 그의 동료들 중에서 모든 신자는 그들이 소유한 성경의 빛의 분량에 근거하지 않고 그리스도 안에 있는 삶에 근거하여 일치 되어야 한다고 주장하는 강력한 지도자가 되었다. 그로브스는 패지트가 처음 그에게 찾아와서 폴티모어에서 설교해달라고 부탁을 했을 때 경악했던 경험을 훗날 상고한 적이 있다. 아직 영국 국교에 충성감을 가지고 있었던 그는 강력하게 거절하였다. 그러나 그의 영적 분별력이 성숙해감에 따라 그는 마음을 바꾸었고, 바그다드로 떠날 때까지 정기적으로 그곳에 가서 설교를 했다.

패지트는 뮬러가 엑시터에 있을 때 윌리엄 헤이크 내외와 함께 지내도록 주선을 했다. 헤이크 내외는 그때 그로브스의 큰 저택을 기숙사 학교로 사용하면서 그 집에 머물고 있었다. 그로브스의 여동생 메리가 헤이크의 학교 일을 돕고 있었다. 그해 가을 메리와 뮬러가

로버트 채프만

결혼했다. 메리는 뮬러의 이상주의와 열정을 전력을 다해 지원하며 훌륭한 아내가 되었다.

그로브스가 1825년 출판한 "크리스천 헌신"이란 제목의 소책자를 메리가 뮬러에게 보여 준 것이 분명했다. 이 소책자는 검소하고 궁핍한 생활방식을 강조하고 모든 필요의 공급을 하나님께 의뢰하는 것을 가르치고 있다. 이러한 생활 방식이 그로브스가 택한 삶이며 그는 일생 동안 그렇게 살았다. 그는 이 소책자를 로버트 모리슨 박사(프로테스탄트 중국선교 개척자)를 포함해서 많은 선교사들에게 보냈다. 모리슨 박사는 그 책으로부터 심오한 영향을 받았다고 고백했다. 이 소책자는 오직 하나님께 의뢰하는 것을 살아온 뮬러에게도 심오한 영향을 미친 것이 분명하다.

틴머스에 도착한 즉시 뮬러는 북부 데번 지역 히스코트에 있는 토마스 퍽슬리 교회를 포함하여 인근 여러 마을의 채플들에서 설교할 수 있는 기회가 주어졌다. 그후 곧 이어 뮬러는 틴머스에 있는 한 작은 회중교회의 담임목사로 부임하였다.

회중교회는 유아세례를 가르치고 있었으며, 젊은 뮬러는 변화를 기다리는 인내를 아직 소유하지 못한 때였다. 틴머스에서 그가 초기에 시작한 조치 중 하나는 신자침례였다. 교인들 중 몇 가정이 교회를 떠남으로 뮬러의 월급은 절반으로 줄어들어버렸다. 그는 또한 매주 주만찬을 드렸고, 그때에는 누구든지 말씀을 나눌 수 있도록 허락했다. 그리고 결국 그는 봉급제도를 폐지하고 자원 헌금을 권장하였다. 이 모든 변화는 그의 목회기간의 전부였던 2년 내에 행해졌던

에번스, 뮬러, 그로브스, 크레익, 패지트

것들이었다.

　　뮬러는 헨리 크레익이 그곳에 처음 방문했을 때 친분을 갖게 되었다. 크레익은 1826년, 그가 26세 되던 해, 스코트랜드에서 이사와서 그로브스의 두 아들의 가정교사가 되었고, 또 그로브스 내외와 함께 고전을 읽었다. 그때 그로브스는 트리니티 대학에서 선교사로 안수받을 준비를 하고 있었다. 크레익은 그때 히브리어 사전 편찬을 준비하고 있었던 학자였으며, 그의 형제 중 한 사람과 함께 대학에서 그런 작업을 계속했던 것 같다. 그러나 하나님께서는 보다 더 큰 사역을 위해서 준비하고 계셨다.

　　크레익이 그로브스에게 큰 영향을 받은 것은 기대할 수 없었던 일은 결코 아니다. 그는 그로브스가 선교지로 떠난 이후 그로브스의 견해를 전파하는 주요 인물이었다. 그로브스가 1827년 중반 트리니티에서 선교사 준비를 위해 안수받을 것을 완전히 포기하고, 영국 국교와의 모든 관계를 단절해 버린 이후, 그는 크레익의 도움이 더 이상 필요 없게 되었다. 크레익은 곧 그로브스의 친구인 존 신지라고 하는 부유한 사람의 집에 가정교사가 되었다. 신지는 크레익의 첫 번째 학문적 작품이었던 히브리어 사전 출판을 재정적으로 도왔다.

　　이 기간 동안 크레익은 인근 교회들로부터 설교 청빙을 받기 시작했으며, 훌륭한 설교자라는 평을 얻게되었다. 그는 1831년 4월, 신지 집의 가정교사 계약을 마칠 무렵, 쉘던 근방에 소재한 한 작은 침례교회의 목사직을 맡았다. 이때 그는 결혼을 했으나 불과 수개월

로버트 채프만

후 그의 아내가 세상을 떠났다. 그의 설교 소문이 알려지자 크레익은 1831년 기드온 채플에서 모이는 한 회중교회로부터 청빙을 받았고, 그때 비어있었던 베데스다 채플의 사용을 또한 허락 받았다. 이 두 채플은 다 브리스틸에 있었다. 그는 조지 뮬러가 그와 함께 목사가 되는 것을 조건으로 청빙을 받아드렸고, 회중은 이에 동의하였다. 그들은 1832년 4 월 브리스틸로 이사해 왔으며, 같은 시기에 채프만은 반스터벌에 왔다.

크레익과 뮬러는 기드온 채플의 초청으로 왔지만 많은 조건들을 제시하였다. 그중 하나는 둘 다 목사 사례비를 받지 않겠다는 조건이었다. 교회당 뒤편에 상자를 놓아두고 교인들이 자원해서 목사들을 위해 헌금하도록 했다. 그들은 그들의 필요공급을 하나님께만 의뢰한다는 소원 외에 실질적인 다른 이유도 있었다. 그들에게는, 월급제도는 은연 중 생계를 회중에게 의존한다는 뜻이 있으며, 그러므로 그들의 통제로부터 자유롭기를 원하는 의도가 있었던 것이다. 이렇게 하여 회중교회의 회중정치 제도를 배척하였다. 실제로 그들은 침례교도들의 운영방향을 선택해 갔다.

새로 개척한 베데스다 채플에서는, 뮬러와 크레익이 신자침례를 받지 않은 사람은 교회 정회원으로 받아드리지 않기로 했으나, 만찬에는 참여할 수 있게 했다. 이러한 조치는 신자침례를 받지 않은 사람이 혹시 큰 불순종을 행하고 있지 않은가 하는 염려를 갖지 않도록 배려한 것이다. 그러나 머지않아 뮬러와 크레익은 둘 다 그들의

에번스, 뮬러, 그로브스, 크레익, 패지트

결정에 만족하지 못했다.

　1836년 뮬러는 채프만과 상의했다. 채프만은 아마 그의 변호사 훈련의 영향때문인지 이 문제를 논리적으로 접근하여 다음과 같이 설명했다. "침례받지 않은 신자들은 무질서하게 행동하는 사람들의 부류에 속한 사람들이거나, 만약 그렇다면 우리들은 그들과 분리해야할 것이지만, 혹은 무질서하게 행동하지 않는 부류의 사람들도 있을 것입니다. 만약 어떤 믿는 사람이 무질서하게 행동한다면, 우리는 그런 사람과는 주만찬을 함께 할 수 없을 뿐만 아니라, 모든 경우에…단호하게 구별하여 행동해야합니다." 이러한 논법은 뮬러와 크레익의 모든 문제와 교회의 교제에 어떤 사람을 영입할 것인가 하는 문제들을 다 해결해 주었다. 그들은 다음과 같은 결론에 도달하였다. "우리는 어떤 사람이 그때까지 성취해온 은혜나 지식의 분량에 상관없이 그리스도께서 받아드린 모든 사람을 영입해야 한다."는 내용이었다. 이것은 채프만이 반스터벌에서 이미 실시해온 원칙이었으며, 그로브스도 또한 공개적으로 발표한 내용이었다.

　뮬러는 자주 채프만에게 영적인 것 뿐만 아니라 법적인 조언도 구해왔다. 1834년 그는 "국내외 성경 지식 협회"라는 조직체를 설립했다. 이 협회는 "성서적 원리에 따라 교육을 제공하는 일반 학교, 주일학교, 및 성인학교 설립"을 위한 그리스도인들의 지원금을 운영하는 일종의 재정 어음 교환소와 같은 것이었다. 그러나 곧 고아들의 어려움이 그의 마음에 부담이 되기 시작하자 뮬러는 이 협회를 통해서 고아들을 돕는 일도 할 수 있기를 원했다. 주님께서 그에게 고아

로버트 채프만

원 설립을 맡기신다는 것을 확신했을 때, 뮬러는 채프만과 상의했고, 고아원을 위해서 모금운동을 하지 않기로 결심했다. 만약 주님께서 그 일을 진행하시고자 뜻하신다면, 주님께서 자금공급을 위해서 그리스도인들의 마음을 감동하실 것이다. 이리하여 궁극적으로 큰 규모의 유명한 고아원이 세워진 믿음 사역이 시작되었다. 채프만은 창립 이사 중 한 사람이 되었다.

1835년 말, 채프만은 약 두 달을 브리스털에서 보냈다. 이 기간은 크레익이 병을 앓고 있었으며 그는 자주 병에 시달리고 있었다. 크레익은 음성을 잃었고 그래서 그는 그와 뮬러가 최근에 담임한 두 교회의 목회직 사임을 신중하게 생각하고 있었다. 채프만은 그곳에 머물면서 크레익이 완쾌될 때까지 그를 돌보았다.

1842년, 채프만은 다시 브리스털에 돌아왔다. 그는 주일 설교를 위해서 토요일 저녁 뮬러의 집에 도착했다. 문간에서 그를 맞이하는 뮬러에게 작은 금일봉을 전해 주었다. 그는 최근에 뮬러에게 기부금이 대단히 적게 들어왔고, 다음 날 아이들에게 줄 빵을 살 돈이 없었던 것을 알지 못했다. 한 직원은 옆방에서 혹시 누군가 와서 기부금을 주면 곧바로 나가 빵을 살 준비를 하고 있었다. 반스터벌의 기부금은 꼭 필요한 액수였다. 뮬러는 이 사건을 하나님께서 그의 필요를 공급해 주신 많은 사례들 중 하나로 기록해 두었다. 채프만은 하나님께서 당신의 일에 그를 사용하신 것을 알고 대단히 기뻐하였다.

그해 말, 채프만은 덴마크와 유럽 다른 지역을 잠깐 돌아보았다. 귀국하는 길에 브리스털에 들러서 뮬러에게 유럽의 영적 상황을

에번스, 뮬러, 그로브스, 크레익, 패지트

이야기했다. 채프만이 보기에 상황이 썩 좋은 편은 아니었다. 독일에 있는 그리스도인들은 영국의 그리스도인들과 달리 국교로부터 기꺼이 분리되어 나올 마음이 없었다. 몇몇 비국교 그룹들은 매우 경직되어 있었으며 분파적이었다. 뮬러는 훗날 이들 그룹 중 한 파에 대하여 말하기를 "이들의 가장 배타적이며 분파적 견해들로 미루어 보아, 오직 확신을 가진 신자들만이 기성 교회에 남아있음이 분명하다."고 평했다.

그가 만난 독일 신자들에게 채프만은 자기와 친구들이 지난 몇 년 동안 진행해온 교회 제도들에 대해 설명해 주었다. 그러나 가장 전형적인 답변들은 다음과 같았다. "그것이 성경적입니다. 당신이 옳습니다. 그러나 우리가 그것을 이곳에서 실시하게 되면, 결과가 어떻게 되겠습니까? 우리들과 우리 아내들과 우리 자녀들은 어떻게 되겠습니까?" 그당시 독일의 일부 지역에서는 복음을 전파하는 사람들이 경찰의 공격과 벌금, 투옥을 당하였다. 그들의 두려움은 확실히 근거가 있었다. 새로운 형태의 예배를 시도하려는 사람은 거의 없었다.

채프만은 뮬러에게 독일을 방문하여 틴머스와 브리스털에서 겪은 그의 경험을 사람들에게 들려주고, 그가 저술한 "이야기"(Narrative)를 독일어로 출판하도록 권면하였다. (그 책은 최근에 영어로 출판되었고 많은 사람들에게 축복이 되었다.) 뮬러는 1년 후에 이 두가지를 모두 시행하였다. 그의 방문은 독일에서 여러 개의 작은 모임들이 일어나게 했고, 그들은 "규제들이 없이" (뮬러의 말을 빌리면) 예배와 기도와 성경공부와 상호 돕는 일을 위해서 모임을 갖게

로버트 채프만

되었다.

채프만은 수년간에 걸쳐 뮬러와 크레익의 사역을 도와왔다. 1845년 뮬러는 채프만에게 고아원 사역을 대대적으로 확장하는 계획이 어떠한가 하고 상의해 왔다. 브리스틀 중앙에 위치한 사역을 유지하는데 드는 비용이 충분한 적은 없었지만, 항상 충족되었다. 뮬러는 이러한 방향으로 진행하는 것이 하나님의 요구라는 확신이 있었지만, 크게 확장된 사역이 지원을 받을 수 있을 것이라는 보장은 없었다. 그러나 채프만은 이 새 계획을 추진하라고 격려해 주었다. 뮬러는 채프만에 대해서 다음과 같이 기록하였다. "그의 방문은 이 계획에 관해서 특별히 격려가 되었다. 그는 이에 관련되는 모든 문제를 하나님 앞에 가져 오도록 특히 강조해 주었다. 또한 건물 신축 문제에 대해서도 하나님의 뜻을 구하도록 권면해 주었다."

1830년대 후반, 베시 패지트의 누이 샬롯이 세상을 떠났다. 헤이크 부부는 엑시터를 떠나서 반스터벌의 서쪽으로 약 10마일 떨어진 바이드포드로 이사와서 남자 아이들 기숙학교를 운영하는 일에 대해서 생각하고 있었다. 50대 중반의 패지트는 채프만을 돕기 위해서 반스터벌로 이사할 것을 결정했다. 그녀는 재산이 있었지만, 빈민지역인 더비에 있는 채프만의 집 건너편, 뉴 빌딩 스트리트 제9호의 집을 구입하였다. 1852년말 경, 그로브스가 인도에서 귀국하였다. 그는 설교를 할 수 없을 정도로 건강이 좋지 않았지만, 여러 옛 친구들을 찾아 방문했다. 그의 일기에 다음과 같은 기록이 남아있다. "나

에번스, 뮬러, 그로브스, 크레익, 패지트

의 가장 귀한 베시가 나를 기다리고 있었다. 그녀는 내가 기대했던 것보다 훨씬 건강이 좋았다. 베어 스트리트에서 모임이 있어서 나는 일푸러쿰(Ilfracombe)에서 돌아온 여독으로 피곤하고 떨렸지만, 그녀를 부축하고 모임에 참석했다. 나는 채프만 집에서 유숙하였고, 그곳 사람들은 모두가 다 사랑이 넘치고 친절했다. 오늘 아침 우리는 좋은 모임을 가졌다. 아침 식사 후 우리는 바이드포드에 있는 터스컬럼(헤이크 부부가 운영하는 기숙학교)에 가서 사랑하는 아이들의 모습을 보았다."

베시 패지트는 그 당시 69세였다. 노리스 그로브스는 몇 개월 후에 세상을 떠났다. 베시 패지트가 1863년 세상을 떠난 후, 헤이크 부부가 그녀의 집으로 이사왔다. 윌리엄 헤이크와 채프만은 향후 25년 동안 함께 활동적인 사역을 수행해 갔다. 헨리 크레익은 1866년, 61세로 세상을 떠났다. 조지 뮬러는 1898년까지 생존했다. 서로 사랑하며 한 마음을 가진 남여 종들이 수년 동안의 기도와 사랑의 협력으로 말미암아, 기독교 역사상 가장 놀라운 믿음 사역을 이루어 놓았다.

Notes

The following references (some with annotations) are my principal sources of written information about Robert Chapman:

1. *Robert Cleaver Chapman of Barnstaple* by W. H. Bennet (Glasgow: Pickering & Inglis, 1902). This and reference 2 are among the earliest and most reliable.
2. *Memorials of the life and Ministry of Robert C. Cahpman* by E. H. Bennett (Kilmarnock, Scotland: John Ritchie, 1902).
3. *North Devon Journal*, June 19, 1902 and June 26, 1902 (Barnstaple, U.K.). Contains an extensive obituary and several short memorials and articles; has many errors.
4. *The Good Shepherd and His Ransomed Flock with a memorial of Chapman* (printer unkonw, about 1902).
5. Letter from J. Norman Case in the correspondence section of *The Witness* magazine, 1902. Amemorial to Chapman.
6. *Recollections of a Visit to Barnstaple* by E. S. Author not further identified. (Glasgow: Pickering & Inglis, 1903?). A useful early memorial.
7. *Brother Indeed* by Frank Holmes (London: Victory Press, 1956; reprint, Kilmarnock, Scotland: John Ritchie, 1988). This readable volume contains much material not found elsewhere.
8. *England, Home and Beauty* by H. B. Macartney. Quoted in *Brother*

Notes

Indeed (reference 7).

9. *A History of the Plymouth Brethren* by William B. Neatby (London: Hodder & Stoughton, 1901). Rich in information about the Brethren split of 1845-1849. This and the following two references are the best books describing the Brethren movement.
10. *The Origins of the Bretheren* by Harold H. Rowdon (London: Pickering & Inglis, 1967). Definitive; carefully researched and written by a professional historian.
11. *A History of the Brethren Movement* by F. Roy Coad (Exeter, U.K.: Paternoster, 1968). Carefully researched account of the Brethren principally of the nineteenth century.
12. *Chief Men Among the Brethren*, compiled by H. Pickering (first U.S. printing, Neptune, NJ: Loizeaux, 1986). Short biographies of selected Brethren, with significant omissions.
13. *The Pilgrim Church* by E. H. Broadbent (London: Pickering & Ingils, 1931). A fascinating account of the many "Brethren" movements since A.D. 300.
14. *Choice Sayings* by R. C. Chapman (Barnstaple, U.K.: John Inch Krill; revision, London: Morgan; reprint, Glasgow: Gospel Tract Publications, 1988).
15. *Hymns and Meditations* by R. C. Chapman (Barnstaple, U.K.: John Inch Krill, 1871). The hymns are also published under various titles, such as *Hymns for the Use of the Church of Christ*.
16. *Letters of the Late Robert Cleaver Chapman*, edited by J. Henry Hake (London: Echoes of Service, 1903). Includes three letters to Eliza Gilbert, the oldest of his preserved letter. Chapman's 1834 trip to

로버트 채프만

Spain is known only from a footnote in this collection.

17. "Select Sayings from Several Addresses" by R. C. Chapman. An article in *The Witness* magazine.
18. *How Shall We Order the Child?* A compilation of several essays written by William Hake and edited by R. C. Chapman.
19. *Seventy Years of Pilgrimage, Being a Memorial of William Hake*, edited by R. C. Chapman (Glasgow: The Witness Office and Christian Literature Depot, 1891?).
20. *A Narrative of Some of the Lord's Dealings with George Müller* by George Müller. Privately printed in several volumes over a period of forty years beginning in the 1840s. (First part, 8th edition, London: J. Nisbet, 1881).
21. *Passages from the Diary and Letters of Henry Craik of Bristol* by W. Elfe Tayler (London: J. F. Shaw, 1866).
22. *The Chapman Story, 1327-1954* by H. B. Browne (Whitby, U.K.: Horne, 1954). An account of the long history of the Chapman family. Much of appendix A is drawn from material found in this and the following two references.
23. "Chapman Pedigree," complied by Joseph Foster, 1874. Original at the Whitby Literary and Philosophical Society, Whitby, North Yorkshire, U.K. Contains a nearly complete genealogy of Chapman's forebears.
24. *The Streets of Whitby and Their Associations* by H. P. Kendall (Whitby, U.K.: Whiby Literary and Philosophical Society, 1976). Contains useful information about the history of Whitby.
25. *Memoir and Remains of the Rev. James Harington Evans*, written

Notes

and edited by his son, the Reverend James Joyce Evans (London: James Nisbet, 1852). Most of the knowledge of Harington Evans comes from this book.

26. *Recollections of an Evangelist* by Robert Gribble (London: William Yapp, 1857). A very brief autobiography. Suggests that the house churches and village chapels near Barnstaple were Congregational, but see the following two references.

27. "Origins of the Brethren Movement, with Particular Reference to North Devon," and unpublished dissertation by Hilary Pierce, 1974. Contains little-known information about the small churches near Barnstaple in which Gribble, Pugsley, and Chapman were influential. Suggests that some were Baptist, even Particular Baptist.

28. *A History of the Methodist Revival of the Last Century in its Relation to North Devon* by J. G. Hayman (London: Wesleyan Methodist Book Room, 1898). States that the chapel near Tawstock under Pugsley's guidance was Wesleyan (Methodist).

29. *Barnstaple Yesterday* by J. & J. Baxter (Ristol, U.K.: H. J. Chard, 1980).

30. The Fry Collection, compiled by H. H. Rowdon (reference 10). A source of Brethren documents not available until the 1960s, it is maintained in the Christian Brethren Archives at the John Rylands University Library of Manchester, Oxford Road, Manchester M139PP, U.K.

31. Letter from Amy Jane Toulmin, a cousin of B. W. Newton, to another cousin commenting on the Chapman rest home and H. W. Soltau. Dated December 9, 1847. Surprisingly, letter mentions a cost for

staying at the home. Copy at the John Rylands University Library of Manchester, Oxfor Road, Manchester M139PP, U.K.

32. *George Müller and R. C. Chapman: Did They Change Their Mind as to the Coming of the Lord being After the Tribulation?* by G. H. Lang, privately printed about 1956. Copy at the John Rylands University Library of Manchester, Oxford Road, Manchester M139PP, U.K.
33. Letter from K. P. Townsend to G. H. Lang, dated September 3, 1954. Copy at the John Rylands University Library of Manchester, Oxford Road, Manchester M139PP, U. K.
34. *Suggestive Questions* by R. C. Chapman, edited by William Marriot (Norwich, U.K.: 1926?). Copy at the John Rylands University Library of Manchester, Oxford Road, Manchester M139PP, U.K.
35. "Answers by H. Dyer to Questions by R. C. Chapman," unpublished letter written about 1900. Copy at the John Rylands University Library of Manchester, Oxford Road, Manchester M139PP, U.K.
36. *A Woman Who Laughed: Henrietta Soltau, Who Laughed at Impossibilities and Cried "It Shall be Done"* by M. Cable and F. French (London: China Inland Mission). The "Homer under my pillow" remark of Chapman is found in this book.
37. *Hudson Taylor and China's Open Century* by A. J. Broomhall (London: Hodder & Stoughton, 1985). The definitive sutdy of Hudson Taylor.
38. Notes written about 1960 by an elderly lady who as a young girl was a helper in Chapman's homes. Notes in the possession of Charles Fraser-Smith, Barnstaple, U.K.
39. 1851 ecclesiastical census of England. Copies in the Barnstaple library.

Notes

The census establishes 1842 as the date of completion of Bear Street Chapel. A map of Barnstaple printed in 1843 also shows a chapel on the site at Grosvenor Street.

사랑의 사도
로버트 채프만

초판발행 : 2014년 12월 30일

지은이 : 로버트 피터슨
옮긴이 : 정태윤
펴낸이 : 최석환
펴낸곳 : 다니엘하우스

등록번호 : 제 307-10호

주 소 : 서울특별시 중구 다산로18길 15(약신빌딩 3층)
영업부 : 02-392-4232   FAX 02-392-4231
편집부 : 070-8851-7578

책값은 뒷 표지에 있습니다.
ISBN 979-11-952521-3-8 03230

편집부에서 독자의 의견을 기다립니다.
danielhouse2014@hanmail.net